Gregor Schorberger

Gregorsbriefe

GRÖSSEN WAHN VERLAG

Frankfurt a. M. 18. Okt 2021

Liebe Axel,

„die Erinnerung in der Gegenwart für die Zukunft bewahren",

wünsche ich Dir mit herzlichem Gruß in der Übergabe von GREGORSBRIEFE

Gregor

Gregor Schorberger

Gregorsbriefe

Ein schwuler Seelsorger im Dialog mit seinem Vater

Autobiografie

Dr. Schorberger, Gregor: Gregorsbriefe. Ein schwuler Seelsorger im Dialog mit seinem Vater. Frankfurt am Main, Größenwahn Verlag 2021

1. Auflage 2021
ISBN: 978-3-95771-283-7

Dieses Buch ist auch als eBook erhältlich und kann über den Handel oder den Verlag bezogen werden.
ePub-eBook: 978-3-95771-284-4

Lektorat: Thomas Pregel, Berlin
Korrektorat: Sophia Krämer, Frankfurt
Satz: metiTec Satzsystem, me-ti GmbH Berlin
Umschlaggestaltung: Annelie Lamers, Hamburg
Umschlagmotiv: Dr. Gregor Schorberger
Bilder © Gregor Schorberger, Privatarchiv

Einige Personen tragen Decknamen, anonymisierte Vor- und Zunamen, insbesondere die Menschen, denen der Autor in seiner Seelsorge begegnet ist.

Bibliografische Information der Deutschen Nationalbibliothek: Die Deutsche Nationalbibliothek verzeichnet diese Publikation in der Deutschen Nationalbibliografie; detaillierte bibliografische Daten sind im Internet über https://dnb.d-nb.de abrufbar.

Der Größenwahn Verlag ist ein Imprint der Bedey und Thoms Media GmbH, Hermannstal 119k, 22119 Hamburg
https://www.bedey-thoms-verlag.de

---

https://www.groessenwahn-verlag.de
Gedruckt in Deutschland

INHALT

Für

Burkhard Cramer

Elisabeth Schorberger, geb. Ruhl

Johann Schorberger, geb. Skorupa

Teil I: 1947 – 1973

Selbstfindung
oder
Anders als die Anderen

Brief über den Anlass meines Schreibens

Frankfurt am Main, 1. Februar 2016

Lieber Papa,

heute, am 1. Februar 2016, würdest Du 108 Jahre alt. Würdest Du in Frankfurt wohnen und noch leben, wärest Du einer von 240 Hundertjährigen, die Oberbürgermeister Peter Feldmann diesen Monat in den Römer eingeladen hat. Diesen freudigen Anlass nehme ich gerne wahr, um Dir nach langer Zeit wieder einmal zu schreiben. Du selbst hast ja gerne lange Briefe an uns geschrieben, wenn Deine reiselustige Ehefrau Lieb, wie Du sie zärtlich nanntest, mit uns drei Kindern irgendwo in Holland, Frankreich oder Deutschland in Urlaub war. Nun habe ich das gleiche Alter von 68 Jahren erreicht, in dem Du am 10. Juli 1976 in meinen Armen zu Hause in Essen-Karnap gestorben bist. Grund genug, auf unsere gemeinsame Zeit und, mich in Dir spiegelnd, auf die Jahre nach Deinem Tod bis heute zurückzublicken. Bestimmt bist Du, Papa, auch gespannt zu hören, was aus Deinem »Stammhalter« geworden ist, dieser damals wie heute phlegmatischen Person. Ich höre Dich noch am Küchentisch schimpfen: »Schon hundertmal habe ich Dir gesagt: Gregor, sitz gerade! Geistesabwesend wie Du wieder bist, ist alles vergebliche Mühe, Dir etwas zu sagen.«

Übrigens feiere ich heute auch das 23½jährige Zusammensein mit Burkhard, meinem Lebenspartner. Ja, Papa, Du hast am 12. Juli 1992 einen neuen Schwiegersohn erhalten. Du bist bestimmt völlig überrascht, diese Nachricht zu hören, dass Dein Sohn einen Mann in einem Standesamt und in einer katholischen Kirche geheiratet hat, bestand doch zu Deiner Zeit in der Bundesrepublik noch der von den Nazis verschärfte Strafparagraph 175a. Du hast als Polizist an der Hauptwache in Essen eher dienstlich mit homosexuellen Menschen zu tun gehabt. Hätte ich Dir Burkhard jedoch 1992, im ersten Jahr unserer Liebe, vorgestellt, Du hättest ihn genauso gastfreundlich aufgenommen, wie es Mama, Deine Töchter Christiane und Marlene sowie ihr Mann Karlheinz mit ihren drei Kindern getan haben.

Du siehst, ich habe Dir aus meiner Lebensgeschichte viel zu erzählen, Freudiges, Leidvolles und Dramatisches. Ja, es gibt eine ganze Palette gefühlvoller Lebensereignisse, voller bunter Farben, die zwischen Sonnen- und Schattenseiten stehen. Du selbst scheutest Dich nicht, Deine Gefühle zu zeigen, seien es Tränen der Freude bei der Weihnachtsbescherung oder Tränen der Trauer angesichts eines längeren Abschieds eines Deiner Kinder. Viele Erlebnisse, die ich Dir aus meiner Kindheit und Jugendzeit erzähle, sind Dir bekannt. Andererseits ist auch einiges für Dich neu, da ich Vergangenes vor allem unter homoerotischen und spirituellen Zusammenhängen aufspüren und aus der Perspektive des neuen Jahrtausends wiedergeben werde. Meine Briefe an Dich erzählen von der alten und der neuen Heimat, von Erinnerungen aus der Kindheit, Jugend- und Erwachsenenzeit, von familiären, wohngemeinschaftlichen, partnerschaftlichen, kirchlichen, politischen und gesellschaftlichen Ereignissen. Dabei hoffe ich, mir beim Erinnern klarer zu werden über mich, wer ich bin und warum ich gerade in dieser Zeit und an diesem Ort auf die Welt gekommen bin.

Eingedenk Eurer gerade überstandenen grauenhaften Kriegserlebnisse frage ich mich, ob Du, Papa, und Mama, als Ihr mich im Oktober 1946 gezeugt habt, noch ein Kind wolltet. An meinem Geburtstag, dem 13. August 1947, waren meine Schwestern Marlene eineinhalb und Christiane fünf Jahre alt. Im Januar 1944 hatte Mama – gut ein Jahr nach Christianes Geburt –, während der Bombenkrieg tobte, sehr früh ein Kind im Mutterleib verloren. Wer war eigentlich dieses mein Geschwisterkind? Wäre es ein Bruder oder eine Schwester geworden?

Ich wurde im Wohnhaus der Polizei in Essen-Karnap geboren, Karnaper Straße 87, mitten im Ruhrpott und umgeben von vielen Zechen. Mama wollte immer drei Kinder, und Du warst überglücklich, nach zwei Töchtern nun einen Stammhalter, wie es damals hieß, zu haben. Eure erste Zweizimmerwohnung lag direkt neben der Polizeiwache oberhalb einer Gefängniszelle. Sofort nach meiner Geburt im Sommer 1947 gab es heftigen Krach. Nicht aus der Polizeiwache kam der Lärm, sondern von Deinen Geschwistern, die extra aus Essen-Altenessen angereist waren, um an meiner Namensgebung mitzuwirken. Dein cholerischer Bruder Konrad wollte, dass ich seinen Namen bekomme, Deine stolze Schwester Hedwig unbedingt den Namen ihres Mannes Heinrich in mir verewigt sehen. So wurde ich einige Tage nach meiner Geburt auf den Namen Heinz-Gregor Konrad in der katholischen St. Marien-Kirche zu Karnap getauft. Ob Dir und Mama damals bewusst war, dass die Taufe ein großes Geschenk an jedes Neugeborene ist? Entsprechend dem gemeinsamen Priestertum aller Gläubigen habe ich als Getaufter und damit als eigenständige Person Teilhabe am priesterlichen, prophetischen und königlichen Dienst Christi. Im Gegensatz dazu sahst Du, Papa, mich als Deinen Besitz an. An Mama schriebst Du in einem Deiner täglichen Briefe aus dem Polizeieinsatz während der Jahre von 1942 bis 1945 in Polen: »Was soll es mal geben, wenn wir das zweite und dritte Engelchen besitzen?« Von Dir, Mama und anderen Familienangehörigen mit Liebe überschüttet, wollte ich aus heutiger Sicht dennoch nicht von Euch bestimmt und abhängig bleiben.

Eigentlich müsste ich Heinz-Gregor Konrad Guste Paul heißen, da Deine anderen beiden Geschwister, ebenfalls sehr dominierende, temperamentvolle Personen, ihren Vornamen auch gerne bei mir verankert gesehen hatten. Du und Mama riefen mich glücklicherweise nur mit Gregor, dem Namen Deines jüngsten, viel zu früh verstorbenen Bruders. Als begabter junger Musiker besuchte er Ende der 1930er Jahre die Folkwang-Schule. Onkel Gregor war einer der vielen jugendlichen Kriegstoten des deutschen Volkes. Ob Du und Oma angesichts des Einberufungsbefehls mal daran gedacht habt, ihn zu verstecken? Ich selbst sah mir manchmal heimlich ein Foto von meinem Namensgeber an und fragte mich, wer er wohl als Kind und Jugendlicher gewesen sein mochte und ob er noch andere Hobbys außer Musik hatte. Heimlich deshalb, weil Du mir nie von Deiner Trauer über seinen Verlust erzählt hast, als wäre es ein Tabu. So weiß ich nicht einmal das Datum seines Geburtstages. Wen könnte ich da noch fragen? Gerade spüre ich, Papa, dass Onkel Gregor in mir heute wieder ganz lebendig geworden ist, so als gäbe es keine Trennlinie zwischen Toten und Lebenden.

Bist Du nicht ebenso überrascht wie ich, dass niemand von Mamas elf Geschwistern seinen Vornamen in mir verewigt gesehen haben wollte? Es lag wohl nicht nur an der demutsvollen katholischen Erziehung durch Mamas Eltern in Kamp-Lintfort. Immerhin stand Mamas jüngster, stets humorvoller Bruder Franz neben Deiner Schwester Hedwig als mein Pate am Taufbrunnen. Bemerkenswerterweise ist zwischen mir und meinen Paten zeitlebens keine nähere Beziehung entstanden. Was meinst Du, Papa, lag es an mir oder an den Paten? Spiegelbildlich muss ich eingestehen, dass ich mich um meine Patenkinder Birgit, Norbert, Fabian, Titus und Jonas nur wenig gekümmert habe.

Deine überschwängliche Freude darüber, nun einen Sohn zu haben, hatte die tragische Folge, dass Deine Tochter Christiane, die bis dato Deine Prinzessin war, »unbewusst gewollt« mich ab und an vom Fußbänkchen fallen ließ. Es war außer ein paar blauen Flecken und lautem Geschrei nichts passiert. Einige Wochen später hustete mich Christiane dermaßen an, dass ich sofort Stickhusten bekam und erstmals sechs Wochen von zu Hause fortmusste, um in der Lungenheilanstalt Essen-Heidhausen behandelt zu werden. Heute frage ich mich, ob nicht diese unbewussten Vereinnahmungen des winzig kleinen Gregors durch Dich, Mama, Tante und Onkel schon früh dazu geführt haben, dass ich von zu Hause wegwollte. Was meinst Du, Papa? Es war dann ja so, dass ich wegen der vielen Krankheiten – Stickhusten, Mandelentzündung, Blinddarm, chronische Innenohrentzündung, Halspusteln und Gelenkrheumatismus – öfters in Heilanstalten sein musste. Erstaunlicherweise bin ich bis zu meinem Rentenbeginn im Oktober 2012 als Klinikseelsorger im Krankenhaus geblieben. Papa, Deine Mutter sagte sehr früh nach meinem ersten Krankenhausaufenthalt: »Aus dem Jungen wird nichts mehr!« Doch Du und Mama habt an mich geglaubt.

Auch wenn mein endgültiger Weggang von zu Hause durch meinen Eintritt in die Ordensgemeinschaft der Kleinen Brüder Jesu Euch bestimmt nicht leicht fiel, hattet Ihr mich dennoch während der gesamten Zeit meines Postulats in Frankreich und meines Noviziats in Spanien mit vielen Aufmerksamkeiten unterstützt. Bestimmt wärest Du, wie Deine Mutter, glücklich und stolz zu hören, dass aus Deinem schwachen, infektanfälligen, phlegmatischen Sohn, abgesehen von seinen Aushilfstätigkeiten in der Bank, als Anstreicher, Schweinehirt, Friedhofsgärtner und seinen beruflichen Titeln Postschaffner, Krankenpfleger, Sehlehrer, Pastoralreferent, Lehrsupervisor, Gefangenen- Trauer- und Krankenhausseelsorger, letztlich ein zweifacher Doktor geworden ist.

Lieber Papa, ich bin selbst überrascht, von wie vielen Ereignissen ich Dir inzwischen berichtet habe. Für heute, an Deinem Geburtstag, grüße ich Dich herzlich mit den besten Segenswünschen.

Dein dankbarer Sohn Gregor

Brief über die Kindheit

Frankfurt am Main, 13. August 2018

Lieber Papa,

heute feiere ich meinen 69. Geburtstag mit Burkhard, seiner Schwester Sabina, ihrem Mann Wolfgang und einigen Freunden aus der lesbisch-schwulen Gottesdienstgemeinschaft in unserem italienischen Lieblingsrestaurant »Chimino«. Bestimmt wirst Du Dich jetzt sofort fragen: »Lesbisch-schwule Gottesdienstgemeinschaft – was ist das denn?« Ihr offiziell vom Bischof Franz Kamphaus 1996 kirchenrechtlich verliehener amtlicher Titel hat den seltsam konstruierten Namen »Projekt: schwul und katholisch in der Gemeinde Maria Hilf« (PSK). Als damaliger Sprecher unserer Gemeinde hatte Burkhard einige Jahre später dem Gemeindeforum als Namensergänzung »Eine christliche Gemeinschaft von und für Lesben, Schwule und ihre Freundinnen und Freunde« vorgeschlagen. Die Teilnehmer*innen des damaligen Gemeindeforums begrüßten diese Namensergänzung einstimmig, sind wir doch seit der Gründung im Frühjahr 1991 eine Gottesdienstgemeinschaft mit weit offenen Kirchentüren. Über die kirchlichen Nachrichten sind nicht nur die Pfarreiangehörigen der Gemeinde Maria Hilf im Frankfurter Gallus-Viertel, sondern alle Gläubigen zur Gottesdienstfeier der Schwulen eingeladen. In dieser Kirche Maria Hilf habe ich am Sonntag, den 12. Juli 1992, Burkhard kennengelernt.

Ja, Papa, Du hörst richtig, heute bin ich tatsächlich schon ein Jahr älter als Du geworden. Grund genug, Dir mit einem Segensgruß zuzuprosten, wo immer Du auch bist. Sowohl an Geburtstagen als auch an Namenstagen, die zum Vorteil von uns Kindern in katholischen Familien zusätzlich gefeiert wurden, glänzte unsere Wohnung immer festlich. Natürlich habe ich mich auch über die originellen Geschenke gefreut, so zum Beispiel über einen wunderschön aussehenden braunen Kuschelbären, der mich fortan auf allen Reisen begleitete. Kein Wunder, dass mich Burkhard heute mit dem Kosenamen Bär ruft. Zum Kindergeburtstag gehörten natürlich auch die Nachbarskinder. Ich sehe noch Dein wohlwollendes Lächeln, wenn wir alle glücklich im Heu tobten. Ob Du, Papa, mit Deinen Eltern und Geschwistern auch jeweils so festlich die Geburtstage gefeiert hast, wie Mama diese mit uns im Hause gestaltet hat?

In der Erinnerung an Dein Lob für Mamas Kochkünste verstehe ich nun, dass ich auf den ersten Fotos pummelig bin. Einige Jahre älter geworden, spielte ich gerne auf dem Hof so versunken mit Sandburgen, dass ich gar nicht hören wollte, wenn Mama mich vom Treppenhausfenster aus zum Mittagessen rief. Alle familiären Geschehnisse, Essen, Schulaufgaben, Erdbeeren säubern und Besuche empfangen, spielten sich in unserer kleinen, aber gemütlichen Wohnküche ab. Ein gemeinsamer Essensbeginn mit Dir, Papa, war für Mama sehr wichtig. Hatte Mama doch die duftendsten Speisen auf den Küchentisch gebracht, wie Du lobend festgestellt hast: »Du bist die beste Köchin der Welt!« Mama faltete bereits die Hände zum Tischgebet. Es waren immer die gleichen Gebete. Zu Essensbeginn: *Alle Augen warten auf Dich, o Herr; Du gibst uns Speise zur rechten Zeit. Du öffnest deine Hand und erfüllst alles, was lebt, mit Segen. Amen.* Und nach dem Essen: *Danket dem Herrn, denn er ist gütig und seine Barmherzigkeit wäret ewiglich. Amen.* Diese gemeinsam gesprochenen Tischgebete sind noch tief in mir, und obgleich ich sie nach meinem Weggang von zu Hause nicht mehr gebetet habe, glaube ich dennoch, dass sie meine ethisch-religiöse Haltung zu allen Geschöpfen maßgeblich mitbestimmt haben.

Gut erinnere ich mich, dass Mama uns Kindern bei längerem Verlassen der Wohnung, und ging es nur in den Kindergarten, stets ein Kreuzzeichen mit Weihwasser auf die Stirn gezeichnet hat; neben der Wohnungstür war ein kleiner Weihwasserbehälter angebracht. Ob Mama Dich auch gesegnet hat, immer wenn Du zwischen 1947 und 1954 zur Polizei-Fortbildungsschulung nach Wuppertal, Hiltrup und Düsseldorf gefahren bist? Mama hat in ihrer stillen religiösen Art nicht nur uns, sondern auch Dich, der kirchenlos groß geworden war, behutsam an die Kirche herangeführt. Christliche Feiertage wie Ostern, Pfingsten und Weihnachten waren zur Freude von uns Kindern zu Hause immer besonders festlich gestaltet.

Jeden Morgen wurde ich von der Kindergärtnerin, Tante Waltraud, auf der gegenüberliegenden Straßenseite unserer Wohnung abgeholt. Sie hatte schon eine muntere Schar anderer Kinder bei sich, und wir gingen die lange Karnaper Straße Richtung Brücke. Mir war der Weg durch die sonntäglichen Besuche bei Oma, deren Wohnung in der Nähe des Kindergartens lag, bestens bekannt. Die Leiterin Schwester Hanna, die dem Karnaper Kloster der Genossenschaft der Christenserinnen angehörte, erwartete uns dann frohgestimmt im Kindergarten. Dort gab es wunderbare Spiele sowie fantasievolle Bastelarbeiten. Gleich einen Kopf größer fühlten wir Kinder uns, Papa, als Schwester Hanna sagte: »Ihr seid die Freunde Jesu!«

Der Sonntag hatte für uns Kinder immer einen besonders feierlichen, oftmals aber auch langweiligen Ablauf. Festlich gekleidet saßen wir alle zum Sonntagsfrühstück in der Küche. Anschließend ging es zur Kirche und dann zum Mittagessen. Vor dem Kaffeetrinken mussten wir Kinder stets in die öde Christenlehre und somit noch eine weitere ewig lange Stunde in der Kirche verbringen. Anschließend ging es auf den unendlich weiten Weg zu Oma Schorberger – als Kleinkind zuerst im Fahrradkörbchen – und dann zu Fuß weiter nach Essen-Altenessen in Dein Elternhaus in die Rahmdörne. Gefreut habe ich mich über Omas Einladung, mich auf ihre Pantoffeln zu stellen. Sie nahm meine Hände und schaukelte mich hin und her. Ebenso freute ich mich dort über Tante Friedels Knöpfe aus ihrem Nähzimmer, mit denen ich auf der marmornen Fensterbank selbstvergessen spielte. Diese innere Emigration an der Fensterbank in der Rahmdörne war überlebensnotwendig für mich, da Du, Papa, mit Deinen Geschwistern an fast jedem Sonntagnachmittag heftigste Wortwechsel geführt hast. Darüber hinaus musste ich die aufdringliche, hämmernde Stimme des Fußballspielkommentators aus dem Radio hören. Du und Deine temperamentvollen Geschwister konntet noch mit Eurem Geschrei den Sprecher übertönen, selbst wenn ein Tor fiel oder der Ball daneben ging.

Noch ein Bild aus der Rahmdörne ist mir unvergesslich: wie Oma im Nähzimmer von Tante Friedel im Januar 1951 aufgebahrt ist. Sie war nur 65 Jahre alt geworden. Sie wirkte ganz friedlich, als würde sie schlafen. Als vierjähriger Junge hatte ich keine Angst, mich ab und zu aus dem Wohnzimmer zu schleichen, um zur würdevoll aussehenden Oma ins Totenzimmer zu gehen. Mit einem Handkuss nahm ich auf meine kindliche Weise Abschied von ihr.

Oma verdanken wir den Namen Schorberger. Sie glaubte, mit dem polnischen Familiennamen Skorupa hätten ihre Söhne keine gleichwertigen Berufschancen wie andere Deutsche. 1926 hatte Oma also vom preußischen Justizminister die Namensumbenennung von Skorupa in Schorberger erwirkt. Drei Namen standen ihr beim Bürgermeisteramt in Essen-Altenessen zur Auswahl: Scherbel, eine der Übersetzungen des polnischen Namens Skorupa; Rosenberger, der Oma zu jüdisch war, und Schorberger. Außer mir und Tante Friedel trägt laut Internetrecherche niemand mehr in Deutschland diesen Nachnamen. Dein Vater, Papa, mein Großvater nahm den neuen Namen Schorberger nicht an und ließ sich bis zu seinem Tod weiterhin als Skorupa ansprechen.

Dein jüngster Bruder Gregor hätte sich bestimmt für die Herkunft seines Nachnamens interessiert, zumal er, noch im Juni 1923 unter dem Namen Skorupa geboren, schon drei Jahre später den Namen Schorberger trug. Zu wenig weiß ich von ihm, außer dass er gerne Trompete und Geige spielte. Du hast ihn in seinem musikalischen Talent finanziell so gefördert, dass Onkel Gregor zur Folkwangschule gehen konnte. Später ist er mit einer Militärkapelle in Südfrankreich aufgetreten. Du und alle Deine Geschwister waren seiner Freundlichkeit, seines guten Aussehens und seiner Talente als Musiker wegen stolz auf ihn.

Du, Papa, bist nach sieben Jahren Zechenarbeit unter Tage auf dem Schacht Fritz Heinrich, Essen-Altenessen, zur Polizei gegangen. Seit Deinem Diensteintritt im Oktober 1929 hast Du es vom Polizeiwachtmeister über den Truppenoberwachtmeister 1942 bis zum Polizeihauptwachtmeister geschafft. 1942 war auch das Jahr, in dem Christiane geboren wurde. Onkel Gregor sagte noch angesichts Christianes bevorstehender Geburt: »Gebt dem Kind einen schönen Namen!«, bevor er – wie Du uns erzählt hast – 1943 als Soldat und Musiker in den Krieg nach Südfrankreich ging. Noch im gleichen Jahr war sein Lebensweg mit nur 20 Jahren jäh beendet.

Monatlich oder alle zwei Monate ging es mit dem Zug vom verwunschenen kleinen Karnaper Bahnhof auf die große Reise nach Kamp-Lintfort in die Heimat Mamas. Meistens fuhren wir zu viert, Mama, Christiane, Marlene und ich, für einige Tage an den Niederrhein. Du, Papa, bliebst bei unseren Tieren.

Als geduldete Verwandtschaft aus Essen-Karnap waren wir in den ersten Jahren bei Mamas jüngster, stets nervöser, ständig den Bohnerwachsbesen schwingenden Schwester Klärchen untergebracht. Sie wohnte mit ihrem Vater in einem Feuerwehrhaus. Wenn ich zu Opas Wohnung hinaufging, blickte mich ein furchterregender, ausgestopfter Habicht mit seinen funkelnden Augen an. Ob ich wollte oder nicht, ich musste, um zu Opas Wohnung zu gelangen, an diesem toten Tier vorbei. Bestimmt liegt es an diesem Erlebnis, dass ich mir bis heute keine toten Tiere länger ansehen kann. Opa Ruhl wirkte in seiner großen Gestalt mit seinem Kaiser-Wilhelm-Schnäuzer unnahbar auf mich, als hätte er keine Gefühle. Nur Mamas Schwester Käthe freute sich sichtlich, wenn Mama mit uns drei Kindern zu Besuch kam. Sie spielte mit uns, las uns schöne Märchen vor und überraschte uns mit kleinen lustigen Stücken, die sie aufführte. Tante Käthe wohnte in Ossenberg am alten Rhein-Arm, einer Gegend mit verwunschenen Wildpflanzen, riesigen Ulmen und Pappeln, großen Kerzen gleich, die zum Himmel loderten, und wuchtigen Trauerweiden, die sich tief vor Teichen und Seen verbeugten. Dorthin ging sie mit uns spazieren und erzählte uns viele spannende Geschichten von dieser etwas unheimlich wirkenden Urwaldlandschaft.

Da ich mit sechs Jahren etwas größer geworden war, brauchte ich nicht mehr mit Mama und meinen Schwestern in Tante Klärchens Haus zu bleiben. Einige Straßen weiter wohnte Tante Christine, eine ältere, ihren drei Kindern gegenüber sehr strenge Schwester Mamas, die zwei Söhne und eine Tochter hatte. Schnell fühlte ich mich mit diesen ein wenig älteren Cousins wohl. Johannes und Theo nahmen mich auf ihre Entdeckungsreisen in Hinterhöfe und überwucherte Wildgärten mit, wo sie geheime Buden hatten. Ich genoss beim Raufen besonders im Sommer ihre schwitzenden Körper. Auch zum Fußballplatz ging ich aus Liebe zu ihnen mit, obgleich schon damals Fußball für mich stinklangweilig war. Die Nächte im Bett zwischen Johannes und Theo hatten etwas prickelnd Erotisches an sich. Nach Kissenschlachten schmiegte ich mich unter der Bettdecke besonders eng an Theos Körper, da mir sein Po gefiel. Heute bin ich dankbar für diese erotischen Erlebnisse mit meinen Cousins, zeigten sie mir doch, Papa, schon als Kind, dass ich mich nicht nur phasenhaft, sondern manifest zu Männern sexuell hingezogen fühlte.

So unterschiedlich die beiden Orte Kamp-Lintfort und Essen-Altenessen auf mich wirkten, so unterschiedlich erlebte ich auch die beiden Herkunftsfamilien: die Schorbergers extrovertiert und selbstbewusst, die Ruhls introvertiert und schamhaft. Einig waren sich beide Familien in der Tabuisierung von Tod, Trauer, Sexualität und Familienkonflikten. Kinder galten als notwendiges Anhängsel der Eltern und gehörten bei geselligen Zusammenkünften an den Katzentisch, da sie nichts von den Themen der Erwachsenen mitbekommen sollten.

Zu Hause in Karnap erlebte ich Dich, Papa, im Garten oder auf dem sommerlichen Hof in kurzer Hose, und mit oder ohne Hemd als körperlich unbefangen. Für Dich war es selbstverständlich, mich nachts, wenn ich mit meinem Oberbett vor Eurem Ehebett im Schlafzimmer stand, in Dein Bett kommen zu lassen – im Gegensatz zu Mama, die mich abwies. Bei Dir angekommen, nahmst du mich zärtlich in den Arm, und wenn ich ängstlich war, hast Du mich zur Beruhigung gestreichelt. Überhaupt, wenn Du gute Laune hattest, konntest Du uns drei Kinder zu unserem Vergnügen lange streicheln und kitzeln, was ich immer genossen habe. Dein unkonventionelles Verhalten hat erheblich dazu beigetragen, ein unverkrampftes Körpergefühl zu mir selbst zu entwickeln.

Dennoch sind Nähe und Distanz einschließlich der vielen Schattierungen zwischen diesen beiden Polen für uns beide zeitlebens ein großes Thema geblieben. Genoss ich als Kleinkind, bei Dir zu schlafen, am Tage gekitzelt oder, wenn es heiß war, im Garten mit dem Wasserschlauch abgespritzt zu werden, wehrte ich Dich dennoch öfters und sehr zu Deinem Leidwesen ab. Vor allem dann, wenn Du mich spontan umarmen, liebkosen oder auf den Schoß nehmen wolltest, wie es viele Fotos aus der Kindheit zeigen. Vielleicht hatte ich instinktiv Angst von Dir aus Liebe zu mir einverleibt, aufgefressen zu werden? Oder lag es daran, dass ich anfänglich ein dickes Kind war, bis ich durch viel Bewegung, Rennen, Ballspielen und Turnen, mein Übergewicht verlor?

Du erfreutest Dich an unserem Schulsport, gingst selbst mit uns schwimmen, fochtst später mit uns regelrechte Tischtenniswettkämpfe aus, bei denen Du am meisten schwitztest, oder nahmst uns zum Sammeln von Huflattich am unheimlichen Emscherdamm mit. Aber trotz all dieser sportlichen Aktivitäten litt ich unter vielen Krankheiten. Die Mandeln entnahmen sie mir im Krankenhaus der Stadt Gladbeck, wo ich in einem hellen schönen Krankenzimmer lag. Gern erinnere ich mich an sehnsuchtsvoll erwartete Besucher, die Geschenke mitbrachten, wie etwa die Schokolade von Stollwerck, deren Verpackung zweigeteilt war: Oben waren die Köpfe und unten die Unterkörper. Beim Verschieben der Teile machte es mir Spaß, plötzlich Männer in Frauenkleidern und Frauen in Männerkleidern zu entdecken. Letztlich wollte ich selbst die verschiedenen Rollen dieser Schokoladen-Menschen ausprobieren. Ja, Du, Papa, hast mit mir als Kleinkind – allein der vielen Kinderkrankheiten wegen – einiges ertragen müssen. Hinzu kam noch mein phlegmatischer Charakter. Wegen meiner offenen Schnürsenkel, meiner unordentlich liegengelassenen Spielsachen und Zerstreutheit hast Du ständig mit mir gehadert. Phlegmatisch bin ich bis heute geblieben, sodass Burkhard mir in unserer gemeinsamen Wohnung nachgeht, um die von mir offen gelassenen Schubladen wieder zu schließen.

Noch vor der Einschulung unternahm Mama mit uns die ersten großen Reisen zur rundlichen, Kinder liebenden Tante Lieschen und dem sympathischen, Schnauzer tragenden Onkel Wilhelm nach Lauterbach in Hessen. Gleich zwei

Sommerferien, 1953 und 1954, verbrachten wir Kinder mit Mama in der reinen unverfälschten Natur des Vogelsbergs. Im hübschen Fachwerkstädtchen Lauterbach genossen wir Kinder die märchenhaften Entdeckungen in einer ganz anderen Welt. Weite Wiesen und Fluren, haushohe Tannen und Laubbäume, die Geschichten zu erzählen wussten.

Dort gab es einsame Aussichtstürme im Wald, die Mama mit Marlene, Christiane und mir auf dem Arm erklomm. Von oben konnten wir das sagenhafte Panorama der Vogelsberglandschaft genießen. Allein ich hatte da oben, obwohl auf Mamas Arm, solche Angst, wie es ein Foto zeigt, dass ich bei der zweiten Turmbesteigung protestierend auf der untersten Treppe sitzen blieb. Auf dem Waldboden fühlte ich mich freier und erfreute mich am Anblick der Rehe und Hirsche, die wir zu Hause nur vom Gelsenkirchener Zoo her kannten. Im Wald fanden wir außerdem Steinpilze, Schirmpilze und an den Wiesenrändern Pfifferlinge. Tante Lieschen nannte uns ihre Namen und bereitete diese zu einem schmackhaften Mittagessen. Die Spätsommer- und Herbstzeit ist auch heute ob des reichlichen Pilzangebots in der Frankfurter Kleinmarkthalle meine Lieblingsjahreszeit. Ein besonderer Genuss waren für mich als Kind Tante Lieschens Pilzmahlzeiten, nicht aber ihr Zwiebelkuchen, den wir Kinder mit Streuselkuchen verwechselten und überhaupt nicht mochten. Fast täglich schriebst Du, Papa, uns anschauliche Briefe, was sich alles zu Hause, im Stall bei den Tieren oder in Haus- wie Schrebergarten ereignet hatte. Einerseits konntest Du Dich selbst sehr gut versorgen, warst aber auch glücklich, wenn meine ledig gebliebene Tante, Deine ältere Schwester, für einige Tage kam und Dich verpflegte, wie Du uns schriebst. Meine rundliche, stets nach Luft – besonders beim Treppensteigen wegen ihres Asthmas – schnappende Tante Guste war und blieb meine Lieblingstante. Sie versorgte Dich, Papa, manchmal, wenn Mama mit uns allen in Urlaub war. Mit uns Kindern reiste sie in der Phantasie durch die ganze Welt, weil sie wusste, dass sie am nächsten Sonntag im

Lotto gewinnen würde. Und tatsächlich, am 8. Mai 1964 hatte Tante Guste »5 Richtige im Lotto«. Statt das Geld für sich zu behalten, wie Mama es wünschte, beschenkte sie ihre Lieben. Wir bekamen einen großen orientalischen Teppich für das Wohnzimmer, den wir uns sonst nie hätten leisten können. Ich freute mich jedes Mal, wenn sie zu Besuch von Altenessen nach Karnap kam, um mit Mama und mir zu unserem Vergnügen Rommé zu spielen. Begeistert erzählten wir Dir dann nach unserer Rückkehr anhand der Fotos von unseren Erlebnissen im gastfreundlichen Haus in Lauterbach.

Fremde Menschen, Landschaften und Städte durfte ich mir darüber hinaus dadurch vertraut machen, dass Ihr mich in den ersten Schuljahren der Gesundheit wegen allein in Kindererholungsstätten nach Oberbayern (Mittenwald), Oldenburg (Vechta), ins Sauerland (Meschede) und einmal mit Marlene an die Ostsee (Pelzerhaken) schicktet. Trotz heftigen Heimwehs an diesen Orten überwog in mir die Freude am Reisen. Dankbar bin ich daher Mama, die mit uns Kindern in den 1950er und 1960er Jahren viele solcher Reisen unternahm.

In Erinnerung an Deine vielen ermutigenden Briefe an mich aus der Ferne verabschiede ich mich für heute, an meinem 69. Geburtstag, an dem Dir und Mama ja auch ein Glückwunsch gebührt, wie es mein Kölner Freund Stefan Bey stets betont.

Liebe Grüße,

Gregor

Brief über die Schulzeit

Frankfurt am Main, 2. Oktober 2016

Lieber Papa,

gerade kommen Burkhard und ich vom Abendgottesdienst aus der Kirche Maria Hilf in unsere Wohnung zurück. Heute am Erntedanksonntag war sie besonders festlich mit Sonnenblumen, Dahlien, Glockenblumen und Beerensträuchern geschmückt. In Erinnerung an die vielen mit Kartoffeln, Bohnen, Karotten, Gurken und Kürbissen gefüllten Körbe vor dem Altar erzählte ich Burkhard von Deiner reichlichen Ernte im Herbst. Auf voll bepackten Handkarren brachtest Du freudestrahlend aus dem Schrebergarten vielerlei Früchte mit nach Hause. Dadurch muss ich an unsere winterlichen Karnaper Gärten denken und an die Schlüsselgeschichte. War es nicht an einem Oktoberabend, Papa, als Du völlig erschreckt feststelltest, dass einer unserer beiden Schlüsselbunde fehlte? Du verdächtigtest sofort uns Kinder, den Schlüssel verloren zu haben. Als ängstlicher Mann und noch dazu als Polizist stelltest Du Dir lautstark in unserem Beisein vor, wie leicht nun ein fremder Mann jederzeit bei uns einbrechen könne. So lebte jeder von uns wochenlang mit schlechtem Gewissen, den Schlüssel vielleicht wirklich verloren zu haben. Wegen Deiner Horrorvision ängstigte ich mich um unsere kleine, mir so vertraut gewordene Mietwohnung, die nun für jeden Dieb weit offenstünde. War es dann Januar oder Februar, als Du eines Tages mit verlegenem Gesicht und schlechtem Gewissen aus dem Schrebergarten nach Hause kamst? Reumütig sagtest Du uns, dass Du unseren zweiten Schlüsselbund wiedergefunden hattest. Er hing, wo Du ihn im Herbst hinterlassen hattest, an einem kahlen Ast des inzwischen blätterlos gewordenen Apfelbaumes. Es spricht für Dich, dass Du Dich bei uns Kindern entschuldigen konntest und trotz all Deiner cholerischen Anwandlungen nie nachtragend warst.

Deine cholerischen Anwandlungen konnte ich schnell wieder vergessen. Ich war auf Deine Anfrage, Dir bei einer Hausarbeit zu helfen, sofort dazu bereit, wohlwissend, dass ich es Dir, egal bei welcher Tätigkeit, nie recht machen konnte. Manchmal hast Du mich mit den Worten: »Du bist sowieso zu schwach auf der Brust!« entschuldigt. Säge ich heute ein kleines Brett, nicht selten schief, habe ich sofort Deine Stimme im Ohr: »Noch nicht mal die Säge kannst Du richtig halten!« Damals jedoch musstest Du mit mir Vorlieb nehmen, da sonst keiner im Karnaper Hause da war, den Du zur Mithilfe in den Hof hinunter hättest rufen können. Du hattest mal wieder viele schwere Eisenbahnschwellen aus Eichenholz kostenlos von der Zeche geliefert bekommen. Unser ganzer Hof roch durch die Gase der Schwellen nach Teer und Schwefel. Die schweren Schwellen hobst Du mit all Deiner erstaunlichen Körperkraft allein auf einen Holzbock. Ich brauchte nur die große Baumsäge am einen Ende zu halten, während Du sie mit aller Wucht hin und her zogst. Lauter dicke Holzscheiben entstanden so, die Du dann stundenlang mit der Axt zu Kleinholz verarbeitet hast. Ich schaute Dir bewundernd zu und blieb, Deiner Behauptung entsprechend, gerne schwach auf der Brust.

In meinen ersten Lebensjahren hatten wir zu Hause stets freundliche, kinderliebende Schweine, und schon als kleiner Junge konnte ich nicht ertragen zu hören, wenn der Schlachter kam und die Tiere, ihren bevorstehenden Tod ahnend, laut schrien. Ich versteckte mich im hintersten Zimmer der Wohnung und hielt mir die Ohren zu. Über die eingemachte »Fleischernte«, von der die Verwandten gläserweise beschenkt wurden, konnte ich mich mit Euch nicht freuen. Wie gingst Du, Papa, mit diesen zwei sich widersprechenden Haltungen in Dir um? Einmal die Tiere als Nutzvieh für unsere Ernährung zu betrachten und ein andermal als liebenswerte Lebewesen?

Dank Deiner Garten- und Tierpflege waren wir von Anfang an eine Selbstversorgerfamilie. Aus Sparsamkeitsgründen kauftest Du selten Futter für die Tiere. Mit der Straßenbahn schlepptest Du nach Deinem Polizeidienst in großen Eimern Essensreste aus dem Hotel »Handelshof« nach Hause. Deine Sparsamkeit selbst gegenüber den Tieren kannte allerdings ihre Grenze, wenn Du einen Sack Kleie oder Weizenkörner benötigt hast. Dann hast Du ihn gekauft oder noch lieber ihn Dir von uns zu Deinem Namenstag, Geburtstag oder sogar zu Weihnachten schenken lassen. Ich sehe noch Dein erfreutes Gesicht vor mir, wie Du, statt auf die Festtafel zu schauen, Deinen frohen Blick zuerst auf den Getreidesack unter Deinem Gabentisch richtetest. Dank der vielseitigen Ernährung blieben Deine Tiere gesund und gediehen prächtig. Deine Zuchterfolge mussten sich wohl herumgesprochen haben, denn an einem Freitag im Januar 1959 kam sogar ein Journalist von der Neuen Ruhr Zeitung, um Dich zu interviewen. Der fast ganzseitige Artikel mit einem sympathischen Foto von Dir hatte die Überschrift: *Karnaper Polizeibeamter hütet am Abend den eigenen Kleintierzoo. Ein Züchter unter Tausenden mit seinen Sorgen und Freuden bei den Tieren.*

In den acht Jahren Volksschule hatte ich weder ein Lieblingsfach noch lernte ich gerne. Eine helle Stimme dagegen, die fast atemlos immer wieder in den Pausen »Samuel« rief, faszinierte mich. Es war Joshua, einer der beiden Söhne des Lehrers Rosenberger. Den Anblick ihrer markanten Gesichtszüge, der dunkelblauen Augen, schwarzgelockten Haare und sportlichen Figuren genoss ich zwar damals sehr, wagte aber nicht, mit ihnen in Kontakt zu treten, da etwas Unausgesprochenes, Verbotenes zwischen uns stand. Meine Mitschüler trugen keine klassisch deutschen Namen und kamen, ganz im Sinne der Lehre von der »alleinseligmachenden Kirche«, nicht wie wir Katholiken in den Himmel. Ein volkstümliches Kirchenverständnis, das ich schon damals nicht glauben wollte. Erst später ist mir klar geworden, dass die attraktiv aussehenden Brüder auf mich, den blonden, Scheitelfrisur tragenden Jungen, erotisch wirkten. Wie ein inneres Selbstverbot hätte ich nicht gewagt, zu Hause über meine faszinierende Entdeckung der hellen Stimmen von Joshua und Samuel samt ihrem bildschönen Aussehen zu sprechen. Warum eigentlich nicht, Papa? Noch heute bin ich von orientalisch aussehenden, schwarzhaarigen Personen erotisierter als von blonden Männern. Nicht Skandinavien, sondern der Vordere Orient und Nordafrika wurden später meine bevorzugten Reiseziele.

Beim ersten Klassentreffen 1993, dreißig Jahre nach der Volkschulentlassung, trafen wir ehemaligen Schüler uns in der Gaststätte »Alt-Carnap«. Selbst mein inzwischen silbergrauter, hochbetagter Klassenlehrer Heinrich Schüssler freute sich an diesem Abend, von unseren Schulerlebnissen zu hören. Längst vergessene Abenteuer wie pubertäre Spiele unter der Dusche nach dem Turnen bekamen einen neuen Klang. Vor allem die Theaterstücke, die Fräulein Maria Storm mit uns einstudierte, waren lebhaftes Thema des Abends. Jeder/Jede wusste noch genau seine/ihre Rolle wieder aufleben zu lassen. Das Theaterspielen in der Volksschulzeit hat mir Spaß gemacht. Mit Vergnügen durfte ich in verschiedene Rollen schlüpfen, einmal als verzauberter »Zwerg Nase« im Märchen, dann als Maria beschützender Josef in einem Krippenspiel und schließlich als talentierter Chefkoch in »Dornröschen«. Ja, es bedurfte dieses Klassentreffens, um mir wieder einmal der vielen Facetten dieser Schulzeit bewusst zu werden.

In wie vielen Rollen warst Du, Papa, in Deiner Zeit als Schüler? Von Onkel Paul erfuhr ich, dass Du schon als Kind ein hervorragender Taubenzüchter warst und Deine ganze

Freizeit darauf verwendet hast. Kein Wunder, dass Du wie ich nur ein durchschnittlicher Schüler gewesen bist. Umso mehr freutest Du Dich mit mir, dass ich wenigstens im Fach Kunst gute Noten nach Hause brachte. Fräulein Storm war für mich eine sehr moderne, attraktive Lehrerin, die in München Kunst studiert hatte. Sie erzählte uns später von ihren Kommiliton*innen Sophie und Hans Scholl von der Widerstandgruppe »Weiße Rose«, mit denen sie gerne im Café zusammengesessen und deren Widerstand gegen Nazi-Deutschland sie mit unterstützt hatte. Heute frage ich mich, ob nicht schon da die Wurzeln meines späteren Widerstandes gegen faschistoide Tendenzen in unserer bundesrepublikanischen Gesellschaft gelegt wurden.

Von Heimatkunde, Rechnen, Schönschreiben und Turnen im Unterricht wusste ich Dir nie etwas zu erzählen, weil ich an all diesen Fächern kein Interesse hatte. Bestimmt, Papa, warst Du damals sehr stolz auf Deine begabten Töchter Marlene und Christiane. Sie wechselten im Gegensatz zu mir nach der vierten Klasse der Volksschule auf die Realschule nach Essen-Altenessen. Brachten wir gute Schulnoten nach Hause, durften wir zur Belohnung ab und an ins Karnaper Kino. Unverändert gerne gehe ich ins Kino, nicht aber ins Theater, obgleich es Mama sehr früh mit uns Kindern einmal im Jahr, meistens an Weihnachten in Märchenstücke, besuchte. Heute ist mir der Theaterbesuch zu aufwendig. Ich mag nicht, rechtzeitig Eintrittskarten zu besorgen, besondere Kleidung zu tragen und mich in einem bürgerlichen Milieu zu bewegen, das nicht meines ist. Du, Papa, hattest weder an Kinobesuchen noch am Theater Interesse, freutest Dich aber mit uns über diese Abwechslung im Alltag.

Ich erinnere mich gut an die ersten Ballettaufführungen des Nachbarn Erich Wecker in unserer kleinen Wohnung. Auf Deine Einladung hin kam dieser in Sprache und Gestik feminin wirkende junge Mann zu Besuch. Erich hatte keine Scheu, uns an seinem Balletttraining teilhaben zu lassen. Du, Papa, warst nach seinen graziösen Vorstellungen voll des Lobes, was ihn wiederum freute. Auf Mamas Frage, ob er inzwischen eine Freundin hätte, erklärte Erich ihr, dass er kein Interesse an Frauen habe. Noch vor seinen Auftritten in unserer Küche flüsterte er mir seinen Künstlernamen Konstantin zu. Ich fühlte mich dadurch von ihm geehrt. Mit Argusaugen bekam ich als Kind mit, dass Konstantin ein anderer Mann als meine Onkel Paul und Konrad war. Dass ich anders empfand als andere Jungen, durfte aber damals nicht bekannt werden. Schon im Alter von acht Jahren gab es ein strenges verinnerlichtes Tabu, öffentlich über meine Zuneigung zu einem Jungen zu schwärmen, was bei meinen Schwestern selbstverständlich toleriert wurde. Hatte ich als Kind nur Tierbilder über meinem Bett hängen, so erlaubte ich mir erst zu Studienbeginn 1971 in meinem Freiburger Studentenheim Poster von Balletttänzern, die mir in ihrer erotischen Ausstrahlung gefielen.

Zu Hause in Karnap hatten wir es geschafft: von der Zwei-Zimmer-Wohnung neben der Polizeiwache im Erdgeschoss über der Gefängniszelle in eine Drei-Zimmer-Wohnung in der ersten Etage. Der unaufhaltsame Aufstieg der Familie Schorberger. Wie wir die gemeinsame Toilette und Badewanne mit der in dieser Etage in zwei Zimmern wohnenden Familie Samer, Eltern und drei Kinder, geregelt haben, ist mir bis heute ein Rätsel. Dennoch haben wir uns vertragen, und selbstverständlich nahmen sie, obgleich evangelisch, an meiner ersten Kommunionfeier am Weißen Sonntag 1957 teil. Ich genoss es, an diesem Tag im Mittelpunkt nicht nur von Familie, Verwandten und Nachbarn zu stehen, sondern auch des gesamten Stadtteiles Essen-Karnap. Bei diesem Kommunionfestgottesdienst erstrahlte die Kirche im vollen Glanz. Angesichts des Hochfestes Mariens, der unbefleckten Empfängnis, habe ich als Kind wegen unserer Gefängniszelle im Haus allen evangelischen Nachbarn erzählt, dass wir als Katholiken das Fest »Maria im Gefängnis« feiern. Erst durch den Kommunionunterricht erfuhr ich den eigentlichen Grund des Hochfestes: Maria ist von ihren Eltern Joachim und Anna ohne Erbsünde geboren worden. Für mich, Papa, ist diese Erbsündenlehre, die sich auf die Schuld von Adam und Eva bezieht, eher ein Mythos als ein Geheimnis des Glaubens. Ohne es richtig benennen zu können, fühlte ich mich schon als Kind oft schuldig, nicht wegen der oberflächlichen »Sünden« wie ich habe genascht, ich habe den Eltern widersprochen, ich habe die Hühner gejagt, sondern wegen etwas nicht in Worte zu Fassendes. Befreit und erleichtert fühlte ich mich dann jeweils nach der Beichte durch die Vergebung der Sünden. Dank Jesu Barmherzigkeit konnte ich danach glücklich an der Kommunionfeier teilnehmen.

Beim Nachhauseweg am Kommuniontag trug ich würdevoll die Kerze über die Karnaper Straße an der Seite meines Mitschülers Axel, der meine tiefe Zuneigung zu ihm leider nicht erwiderte. Du, Papa, hattest in der Woche zuvor viele unserer Tiere geschlachtet, um die Festgäste, die Verwandten aus Kamp-Lintfort und Altenessen sowie die Hausnachbarn, zu beköstigen. Mama hat mit Hilfe ihrer Geschwister tagelang Kuchen gebacken und das Festessen vorbereitet. Ich hatte zum ersten Mal einen Anzug mit weißem Hemd und Fliege an. In diesem Kleidungsstück, das ich nach der Kommunionfeier selten trug, habe ich mich immer unwohl gefühlt. Ganz neue Kleider, und zwar einen kurzen roten Rock mit einem weißen Rochetthemd, erhielt ich danach auch zum Dienen in der Messe. Stolz trug ich in der kleinen Schar der Messdiener während der Messfeier die Kerze. Später durfte ich dem Priester Wasser und Wein zur Gabenbereitung reichen und das Weihrauchfass mal mehr, mal weniger heftig schwenken. Als kleiner Knirps von elf Jahren war ich plötzlich eine Person des öffentlichen Auftritts geworden. Besonders ehrenhaft war für mich, bei der Fronleichnamsprozession und bei den Wallfahrten nach Kevelaer eine Fahne tragen zu dürfen.

In den Messdienerstunden erhielten wir kleine Hefte mit Bildergeschichten, die von Wundern und biblischen Erzählungen handelten. Ganz aufmerksam hörte ich zu, als vom Schilfmeer die Rede war, in dem Moses im Körbchen ausgesetzt worden war, oder von Abrahams großen Karpfen im Teich von Urfa in Mesopotamien. Besonders aufgewühlt hat mich die Erzählung von der innigen Freundschaft des Königs David zu Jonatan. Erst später im Theologiestudium erfuhr ich vom erotischen Begehren Davids. In seiner Totenklage sagt er im zweiten Buch Samuel im ersten Kapitel: *Schmerz kommt mir an wegen dir, mein Bruder Jonatan, du warst mir so lieb. Wundersamer war mir deine Liebe als Frauenliebe.* Über diese spannenden biblischen Geschichten hinaus machte ich im Messdienerunterricht meine ersten Lateinerfahrungen, da wir die lateinischen Messgebete – damals wurde die ganze Messe noch in dieser Sprache gehalten – auswendig lernen mussten. Es machte mir besonderen Spaß, das Confiteor zu lernen, ohne zu ahnen, wie tief seine Inhalte später Auswirkungen auf mich haben sollten. Denn in diesem von allen Messdienern gesprochenen Gebet kommt die Aussage vor: »Mea culpa, mea culpa, mea maxima culpa« (»durch meine Schuld, durch meine Schuld, durch meine große Schuld«). Heute bin ich nicht überrascht zu sehen, dass ich später, gerade in der Zeit der Pubertät, nicht oft genug zur Beichte gehen konnte, da ich mich bewusst oder unbewusst schuldig fühlte.

Die Bilder aus der Volksfrömmigkeit von der alleinseligmachenden römisch-katholischen Kirche, von Todsünden, von ungetauften Kindern, die, wenn sie starben, nicht in die Hölle, aber auf einen Eisberg kamen, habe ich als Kind tief in mich aufgenommen. Als meine Cousine Petra, 1959 geboren, wochenlang ungetauft in ihrem Körbchen lag, hatte ich als Zwölfjähriger große Ängste um sie, falls ihr ein tödlicher Unfall passieren sollte. Bei einer Familienfeier, zu der Tante Friedel und Onkel Paul anlässlich der Geburt ihres Kindes eingeladen hatten, saßen alle gemütlich im Wohnzimmer und Petra lag allein in ihrem Körbchen in der Küche. Schnell ging ich zu ihr, nahm Wasser, goss einige Tropfen über ihr kleines Köpfchen und taufte sie im Namen des Vaters, des Sohnes und des Heiligen Geistes. Amen. Ich sehe noch, wie mich die kleine Petra bei meiner Taufhandlung lächelnd und still wie eine geheime Verbündete anschaute. Ganz erleichtert kehrte ich zur Festgesellschaft, die dank Petras Schweigen nichts von meiner geheimen Handlung gemerkt hatte, ins Wohnzimmer zurück. Ich weiß nicht, ob ich Dir, Papa, die Geschichte damals erzählt habe. Bestimmt warst Du wie ich überrascht zu hören, dass Petra uns in den 1970er Jahren erzählte, Theologie studieren zu wollen. Doppelt getauft wirkt Petra inzwischen segensreich, zuerst viele Jahre als Gemeindepastorin und seit einigen Jahren als Krankenhausseelsorgerin. Hier haben wir beide uns zu guter Letzt in derselben Aufgabe wiedergefunden, eine Profession, die mir bis zur Rente kostbar blieb.

Bis zu meinem Eintritt als Postulant in die Ordensgemeinschaft der Kleinen Brüder Jesu bin ich gerne in Karnap Messdiener geblieben. Nicht geblieben bin ich bei den Pfadfindern, deren Uniform und Symbole mich zwar sehr beeindruckten, damals genügte mir jedoch die Erfahrung, sie überhaupt getragen zu haben, wollte ich doch mal wie Du, Papa, in Uniform auftreten. Du selbst machtest kein Aufheben wegen Deiner Uniform. Mein Tragen der Pfadfinderuniform ist nur ein kleines Beispiel von vielen dafür, was Du in mir gesät hast. So wie Du uniformiert zum Dienst gingst, ging ich dann stolz in Pfadfinderkluft zu den Treffen im Gemeindehaus. 1961 war ich auf Einladung eines Mitschülers in ein Zeltlager ins Sauerland mitgefahren. Das Zelten gefiel mir überhaupt nicht, da wir behelfsmäßig draußen am Waldrand zu essen, zu schlafen und zu wachen hatten.

Mein Interesse an Uniformen blieb auf einige Monate begrenzt, und ich verabschiedete mich von der Pfadfinderschaft. Allein der Verkauf der Zeitung »Befreiung« der CAJ

(Christliche Arbeiter Jugend) begeisterte mich einige Jahre lang. Ich lernte aufgrund der Inhalte dieser Zeitung erste Anzeichen von Unrecht in Gesellschaft und Kirche kennen. Vom Kaplan angeregt, verkaufte ich die »Befreiung« erfolgreich nach der Kirche. Ging es doch hier um meinen ersten selbstständigen Arbeitsauftrag im Alter von dreizehn Jahren.

Heute, beim Rückblick auf die Schulzeit von 1954 bis 1962 stelle ich fest, dass es eine erholsam schöne, ungebundene Kindheit war. Viel wichtiger, als für die Schule zu lernen, waren mir das verträumte Spielen im Hof, im Garten und meine Freundschaft mit unseren Tieren.

Für heute verabschiede ich mich von Dir
mit einer herzlichen Umarmung und Gruß

Dein Sohn Gregor

Brief über die Zeit als Postlehrling

Frankfurt am Main, 21. November 2016

Lieber Papa,

gerade hat die Türklingel geläutet. Ich habe für Burkhard vom Briefträger einen großen Einschreibebrief entgegengenommen. Burkhard bekommt täglich wegen seiner Baustelle im Kaufhaus H&M auf der Zeil Post. Zum Glück hat der Briefträger nur eine Treppe bis zur ersten Etage zu ersteigen, um die Geschäftspost, sofern sie nicht in den Briefkasten geht, bei mir abzugeben. An der Tür sagte ich zu ihm: »Warten Sie noch einen Moment. Ich möchte Ihnen etwas geben.« Weiß ich doch aus eigener Erfahrung, was es heißt, bei Wind und Wetter und gerade bei trübnassem Novemberregen wie heute als Briefträger unterwegs zu sein. Mit erstauntem und dankbarem Blick nahm der junge attraktive Zusteller das kleine Trinkgeld in seine kaltgefrorenen Hände.

Im Rückblick auf längst vergangene Zeiten bin ich überrascht, im Alter von 14 Jahren bei der Post gelandet zu sein. Als ich im April 1962 die Ausbildungszusage erhielt, Papa, freutest Du Dich sehr mit mir. Dir war vor allem wichtig, dass ich über eine spätere Beamtenstellung zeitlebens abgesichert sein würde. Mir selbst hätte keine andere Lehre besser als die bei der Post gefallen können. Die vielseitige Praxis im Zustellungs-, Paket- und Zeitungsdienst, verbunden mit dem theoretischen Lernen, machte mir Spaß. Begeistert hatte ich die gerade eingeführten Postleitzahlen studiert. Schnell lernte ich außerdem alle Bahnstrecken im Ruhrgebiet auswendig, obgleich ich nie in einem Postzug mitfahren sollte.

Im zweiten Lehrjahr bekam ich aufgrund des sehr kalten Winters auf dem Paketwagen Gelenkrheumatismus. Drei

Monate lang war ich stationär im St. Josef-Krankenhaus in Gelsenkirchen-Horst in Behandlung. Obwohl an meiner Berufskrankheit unschuldig, bestrafte mich die Postdirektion mit einer vierteljährigen Ausbildungsverlängerung. Vergeblich versuchten meine Altenessener Vorgesetzten, die Verlängerung mit dem Hinweis zu verhindern, dass ich in Essen von 60 Schülern als Lehrgangsbester ausgezeichnet worden war. Somit konnte ich nicht mit meinen Essenern Postlehrlingen zusammen den Abschluss machen, sondern musste als einziger nach Düsseldorf zur Prüfung, was zur Folge hatte, dass ich statt der erwarteten sehr guten Abschlussnote nur eine befriedigende Durchschnittsnote erhielt. Diese enttäuschende Nachricht war für mich so bitter, dass ich auf dem Rückweg ganz depressiv am Düsseldorfer Hauptbahnhof stand. Der Aufstieg in den Mittleren Dienst blieb mir damit verschlossen. Meine neue Berufsbezeichnung »Postschaffner zur Anstellung« erhielt ich feierlich vom Postamtmann in Essen-Altenessen ausgehändigt. Du, Papa, jubeltest über dieses Papier, mit dem ich als Beamter im einfachen Dienst bestätigt wurde. War doch jetzt Dein stets kranker, schwacher Sohn in scheinbarer sozialer Sicherheit.

Ich fühlte mich nach der Postlehre so, als sei alles zu Ende, als ginge nichts mehr weiter, als wäre alles umsonst gewesen, als müsste ich immer schwach und krank bleiben. Dennoch führte mich dieser Zustand als 15jähriger erstaunlicherweise nicht in die Verzweiflung. Dank Mamas Gebetsanleitungen, der Kommunionkind- und Messdienererfahrung war in mir der christliche Glaube vor allem in den unendlich langen Krankenhauswochen zu einer stattlichen grünen Pflanze mit vielen Ablegern herangewachsen. Aber, Papa, auch Deine Worte und Dein zuversichtlicher Blick am Krankenbett – »Es wird täglich besser!«, »Nur noch kurze Zeit und Du bist wieder zu Hause«, »Wenn Du nur gut zu Hause isst und trinkst, wirst Du wieder ganz gesund!« – waren im Sommer 1963 für mich überlebenswichtig.

Als Briefträger war ich oft in den Bergmannssiedlungen des Altenessener Nordens eingesetzt. Diese einfachen Menschen wuchsen mir ans Herz. Ich freute mich, mit ihnen über Glückwunsch- oder Urlaubspost und Geldzuweisungen zu reden. Ebenso litt ich mit ihnen bei schlechten Nachrichten durch Trauerbriefe, Gerichtsbriefe und nicht bezahlte Rechnungen. Monatlich bekamen die Bergleute die Gewerkschaftszeitung »Werk und Wir«, die meine Tasche dermaßen beschwerte, dass ich erneut Knieschmerzen bekam. Auch andere Krankheitssymptome in den Füßen und Beinen, Schmerzen in der Magen- und Herzgegend überfielen mich in den ersten Jahren nach meinem Krankenhausaufenthalt. Hatte ich dazu noch Kopf- und Ohrenschmerzen, Übelkeit und Schwindel, dann musste ich mich krankschreiben lassen, da ich nicht fähig war, meinen großen Bezirk zu meistern. Von manchen Postvorgesetzten erhielt ich Mitleid, sodass sie mich wegen meiner erlittenen Krankheitsrückfälle zeitweise für den Innendienst in der Zeitungsstelle des Postamtes freistellten.

Nach meinem langen Krankenhausaufenthalt wurden wir beide uns wieder so fremd, dass wir uns gegenseitig ständig auf die Nerven gingen. Nichts, aber auch gar nichts konnte ich Dir recht machen. Deine Schimpftiraden habe ich noch heute im Ohr: »Ständig gibst du Widerworte!«, »Zum tausendsten Mal habe ich dir gesagt, nimm die Hände vom Gesicht!«, »Wenn du mich noch einmal so anguckst, schmeiße ich dich die Treppe hinunter!«. Ständig hattest Du mit strafendem Blick etwas an mir auszusetzen. Aus jedem Fehlverhalten meinerseits machtest Du eine gewaltige Sache. Als ich Dich auf dem Hof nicht mit »Guten Morgen!« begrüßte, warst Du so verärgert, dass Du auf meinen Zuruf: »Du sollst mich nicht so anschreien!«, resigniert sagtest, ich solle meiner Wege gehen, dann hättest Du endlich Ruhe vor mir und ich vor Dir. Mama sagte mir oft genug mit traurigem Gesichtsausdruck nach solchen Ereignissen: »Nimm Papas

Aussagen nicht so ernst, du musst dich wieder mit ihm vertragen, Papa hat es nicht so gemeint.« Statt von zu Hause fortzulaufen, wie ich es öfter nach solch einem Vorfall vorhatte, blieb ich auch diesmal, aus Liebe zu Mama. Mit meiner Empörung blieb ich indes allein. Auf andere Gedanken kam ich einerseits im Klagegebet an Gott und andererseits, indem ich alles in mein Tagebuch niederschrieb.

»Die 175er« nanntest Du, Papa, in meiner Jugendzeit während der 1960er Jahre Männer, die Männer lieben, wie mir kürzlich Marlene und Christiane berichteten. Wer diese Menschen waren und auf welche Weise Du mit ihnen dienstlich zu tun hattest, erfuhren wir damals von Dir nicht. Aus heutiger Sicht ist mir klar, dass »die 175er« eine der indirekt diskriminierenden Bezeichnungen für homosexuelle Männer ist. Fühltest Du, Papa, Dich als 21jähriger junger Mann in Deiner Männlichkeit durch solche Männer bedroht bzw. gezwungen, Deinen eigenen homoerotischen Anteilen begegnen zu müssen? Ob auch Du mit dem völkischen Nationalismus sympathisiert hast, der schon in der Kaiser- und Weimarer Zeit seine generelle Verachtung von Minderheiten wie jüdischen Familien, Sinti und Roma sowie homosexuellen Menschen proklamierte? Die diskriminierende Politik der Kirchen gegenüber homosexuellen Menschen hat schon in der Weimarer Zeit auch Deine und Deiner Familie prüde Sexualmoral maßgeblich beeinflusst. Wie konntest Du Dich über Erichs graziöse Ballettaufführungen in unserer Wohnung freuen und mit ihm und seinen Eltern befreundet bleiben, während gleichzeitig friedliebende schwule Männer wegen des § 175 in Essen verhaftet wurden? Als junger Essener Polizist der 1930er Jahre war Dir das schwule Lokal »Eldorado« bekannt. Weit über Essen hinaus war dieses neben anderen schwulen Lokalen beliebt und gesellschaftlich anerkannt. Heute steht auf der Gedenktafel am Geringplatz in Essen: *Bis zum 2. Mai 1933 befand sich in diesem Haus unter dem Inhaber Willi Hartenfels das Tanzlokal »Essener Eldorado«, ein beliebter Treffpunkt homosexueller Männer und*

Frauen. Mit seiner Schließung begann die systematische Ausgrenzung von Schwulen und Lesben in Essen. Die von der Gestapo durchgeführte Aktion gegen Homosexuelle zerstörte das Leben der Betroffenen. Willkürliche Schutzhaft, Misshandlungen und Internierung in Konzentrationslagern gehörten zum Schicksal von Männern, die Männer liebten. Frauen, die Frauen bevorzugten, galten als »asozial«. Durch den § 175 StGB noch bis 1994 kriminalisiert, wurden die Opfer totgeschwiegen. Welche Kuriosität, dass gerade mein Verlag an der Technischen Universität Dortmund mit dem gleichen Namen »Eldorado« meine Dissertation »Studie zum Projekt: schwul und katholisch in der Gemeinde Maria Hilf« kostenlos ins Internet gestellt hat.

Sind es zwei oder mehrere Seelen in Deiner Brust, mit denen Du als Polizeiangehöriger vor und nach dem Zweiten Weltkrieg im Umgang mit homosexuellen Menschen zurechtkommen musstest? Nicht selten sah ich Dich, Papa, mit einem traurigen, wehmütigen oder nachdenklichen Blick in die Ferne schauen und fragte mich schon damals, woran Du Dich wohl gerade erinnert hattest und was in Dir vorging. Heute bedauere ich, Dich nicht gefragt zu haben. Mama habe ich auch nicht gefragt, wie sie als junge gebildete Frau die Hetze von Kirche und Staat gegen homosexuelle Menschen oder jüdische Kinder, Frauen und Männer in Kamp-Lintfort und später in Essen erlebt hat. Bei Mama vermute ich zu diesen Themen ein noch stärkeres absolutes Tabu als bei Dir, Papa. Die Reaktion Mamas mit abweisendem Blick im Januar 1965: »So was muss man doch nicht zeigen« auf eine Fernsehreportage veranlasste mich, in mein Tagebuch zu schreiben: »Ein arbeitsreicher Tag liegt hinter mir. Nach dem Fernsehstück über Geisteskranke während der Hitlerzeit entstand zwischen Mama, Christiane, Marlene und mir eine heftige Diskussion über Sinn und Zweck dieser Filme. Sie waren gegen mich, weil ich mich für diese Filme ausgesprochen habe. Ich sagte Mama, dass es sehr wichtig sei, solche Themen öffentlich zu machen, weil der Film den ermordeten Menschen

damals und den heutigen geistig und körperlich Behinderten im Nachhinein eine Würde gibt. Nur so können tiefsitzende diskriminierende Vorurteile in der deutschen Bevölkerung angegangen werden.« Als Briefträger des Essener Nordens habe ich oft genug erlebt, wie Eltern ihre körperlichen und geistig behinderten Kinder in den Wohnungen versteckten, wissend, dass die auch in den Kirchen nicht erwünscht waren, da sie sabbern oder Laute von sich geben konnten. Mir griffen diese Kinder besonders in den Obdachlosensiedlungen ans Herz. Zu Weihnachten brachte ich einigen von ihnen Spielzeug und den Eltern Kaffee und Süßigkeiten, wenn der Vater arbeitslos und in vielen Fällen gleichzeitig Alkoholiker war. Bei der Zustellung hatte ich ihr Vertrauen gewonnen und fühlte mich nach diesen Weihnachtsaktionen als der durch diese Erlebnisse besonders Beschenkte. Ist es doch viel leichter zu geben, als nehmen zu müssen.
Permanent warst Du, Papa, über mein widerspruchsvolles Verhalten als Jugendlicher enttäuscht. Heute würde ich sagen, dass ich überhaupt nicht Deinem national-deutschen, preußischen Sittenbild entsprach: stark, sportlich, tapfer, pflichtbewusst, diszipliniert, wachsam, gefügig und gehorsam gegenüber der Obrigkeit. Ja, Papa, trotz meiner Uniform als Briefträger bin ich nicht zu dem geworden, wie Du mich haben wolltest. In Deinen Augen war ich eben kein dem traditionellen Familienbild entsprechender Mann. Natürlich hätte ich nie gewagt – hier wirkten sowohl mein Unterbewusstsein als auch unausgesprochen die kirchlichen Verurteilungen homosexueller Männer in mir –, Dir zu sagen, dass ich mich erotisch zu Männern hingezogen fühlte. Nur mein Körper reagierte immer stark bei homoerotischen Begegnungen, wie in der Straßenbahn, als ich nach meiner Briefzustellung diesen überaus schönen, schwarzgelockten Jungen mit großen blauen Augen ansah. Er kam aus dem Leibniz-Gymnasium, das neben dem Postamt lag, und benutzte am frühen Nachmittag die gleiche Straßenbahn, um wie ich nach Hause zu fahren. Seine anmutige, auf mich ansprechend wir-

kende Gestalt und sein gewinnendes Lächeln zogen mich wie ein Magnet an. Ich spürte sofort Schmetterlingsgefühle im Bauch, wenn ich ihn an der Haltestelle oder im Straßenbahnwagen antraf. Nach wochenlanger Stummheit und erregtem Herzklopfen kam es dann zu einem ersten Gruß, an späteren Tagen zu kurzen Gesprächen über seine Lieblingsfächer Kunst und Geschichte. Ich erzählte ihm stolz von meinen Schwestern, die diese gleichen Fächer an der Realschule hatten und deren Inhalte sie mit mir teilten. Ich war beglückt und erleichtert über diese sympathischen, erotisierenden, mehr und mehr unverkrampften Begegnungen. Nach einigen Monaten verloren wir uns sprichwörtlich aus den Augen.

Unsere Familie stand Dir, Papa, über allem. Keinen anderen Mann habe ich je kennengelernt, der so stark das Familienidyll predigte und versuchte zu gestalten wie Du. Nicht als Ehemann habe ich Dich erlebt, sondern als einen Mann, der seine Frau als Mutter seiner Kinder ansah und uns Kinder über alles liebte. Weder Freunde, Stammtisch, Kulturveranstaltungen noch Vereine kamen für Dich infrage. Kein Wunder, dass ich in der Kinder- und Jugendzeit keinen festen Freund finden konnte. Nach Deinem täglichen Polizeidienst galt Dir nur das Familienleben mit Tieren und Garten als Lebenselixier. Dein gesamtes Gehalt gabst Du selbstverständlich und stolz monatlich an Mama ab. Am Zahltag hattest Du meistens gute Laune, und hocherfreut über Deinen Monatsverdienst brachtest Du frische Brötchen mit nach Hause. Angesichts dieses äußerlich harmonischen Familienlebens frage ich mich, warum ich mich als Kind und als Jugendlicher von Euch Eltern abgewandt und zunehmend intensiver geistlichen Bezugspersonen wie Jesus, Maria und einigen Heiligen, insbesondere der kleinen Theresia von Lisieux, zugewandt habe?

Wegen meines permanenten Widerspruchs Dir gegenüber sagte Marlene mit blitzendem Blick zu mir: »Du musst immer alles besser wissen und hältst Moralpredigten. Renne nicht dauernd zur Beichte, sondern verhalte Dich mal anders zu Papa!« Meine wöchentlichen Besuche der Salve-, Rosenkranz- oder Marienandacht waren für mich nichts anderes als wunderbare meditative Stunden zum Abschalten von anerzogenen moralischen Skrupeln, vom Alltagsstress, vom Ärger über Vorgesetzte bei der Post, von nerviger Familie und letztlich auch von meinen vielfältigen Krankheitssymptomen. Manchmal begleitete Mama mich zur Salve-Andacht. Da sie mit Dir, Papa, weder zu geselligen Veranstaltungen noch ins Theater oder in Konzerte ging, konnte sie wenigstens in der Kirche vom häuslichen Stress abschalten.

Besonders nach Christianes plötzlichem Verlobungsende mit Xaver litt die ganze Familie mit ihr. Xaver, der schlaksige, Elvis ähnelnde Automechaniker, war uns allen sehr sympathisch gewesen. Ich genoss es, wenn er mich zärtlich wegen meines schmalen Aussehens »Röhrchen« nannte und mich dabei minutenlang streichelte. In ihrer tiefen Trauer über das Ende dieser großen Liebe flüchtete sich Christiane in Alkohol und nahm permanent Kopfschmerztabletten. Nicht nur einmal waren durch ihre Abhängigkeit und ihr damit verbundenes Erbrechen unsere Weihnachtsfeste betrübt. Ihr größter Albtraum war, keinen Mann mehr zu bekommen und als jungfräulich Sitzengebliebene von Familienangehörigen, Kolleginnen und Nachbarn verachtet zu werden. Papa, in was für einer Gesellschaft der 1960er Jahre lebten wir, in der nicht nur schwule Männer tabuisiert und verachtet wurden, sondern generell auch ledig gebliebene Frauen und Männer? Anderthalb Jahre nach der Trennung von Xaver lernte Christiane Werner kennen.

Ja, Papa, trotz der Liebe zu Dir und Mama hatte ich mich Euch mit meinen Problemen als pubertierender Junge nicht anvertraut. Als gefühlter Außenseiter hatte ich noch im August 1963 nach meinem langen Krankenhausaufenthalt begonnen, fast täglich Tagebuch zu führen. Im Hinblick auf das gerade erworbene Buch »Zwischen 15 und der Liebe« sagte ich mir damals, was Danny, die sympathische Hauptfigur, kann, kannst Du auch, eben Tagebuch schreiben. Mit Begeisterung habe ich diesen Roman von Michel Quoist gelesen, jedoch nur heimlich, da die sexuelle Thematik in unserer Familie tabu war. Obgleich von einem katholischen Priester geschrieben, hatte ich dennoch Angst, dass Du, Papa, oder Mama das Buch finden könntet. Ich sehe Dich noch vor mir, wie Du über das Verhalten unserer Cousine Maria geschimpft und sie als unanständig bezeichnet hast, weil sie auf dem Schoß ihres Freundes saß.

Über die Schriften von Michel Quoist lernte ich die französische spirituelle Literatur und eine befreite, basiskirchliche, linke Religiosität kennen, die mir, dem Außenseiter, vom Herzen her entsprach. Zu Deinem Leidwesen, Papa – Du warst nämlich ein begeisterter CDU-Anhänger – begann in dieser Zeit in mir auch ein Quantensprung von anerzogener traditioneller Lebenseinstellung zu progressiver Gesellschaftseinstellung. Mir gelang es, von einer prüden, moralischen, CDU-gefärbten Familientradition weg- und hin zu einer toleranten, weltoffenen und differenzierten Haltung gegenüber Kirche und Gesellschaft zu kommen. Ich begann, mich allen Menschen gegenüber zu öffnen, egal welche sexuelle Identität, Lebensform, Hautfarbe, Weltanschauung und Religiosität sie hatten, da für mich jede Person die gleiche Würde hat.

Obwohl gut versteckt und voller Angst, dass ein Familienmitglied jemals mein Tagebuch finden könnte, erzählte ich Dir dennoch von meinem ständigen Schreiben. Stammt doch von Dir der Ausdruck: »Wer schreibt, der bleibt.« Von der Elektrogroßhandlung Robert Merkelbach KG in Essen brachtest Du mir jährlich wunderbare Jahreskalender mit, die ich mit Begeisterung vollschrieb. Körperliche, homoerotische, seelische, soziale, familiäre, berufliche, gesellschaftliche, kirchliche und vor allem spirituelle Ereignisse und

Erfahrungen »schrieb ich mir von der Leber weg« – auch so ein Ausdruck von Dir. Mein Tagebuch, dem ich alles anvertrauen konnte, wurde mir zum wertvollen Lebensbegleiter. Als ich im Oktober 1965 aufhören wollte, es zu führen, da ich wegen des Besuchs des Abendgymnasiums keine Zeit mehr dazu hatte, stellte ich fest: »Muss ich doch einfach wieder schreiben, habe einen starken Drang danach, das Schöne, das ich erleben durfte, in meinem Tagebuch aufzuzeichnen.«

Priester zu werden war ein weiteres, stets wiederkehrendes Thema darin. Ich stellte mir ständig die Frage, ob ich überhaupt wegen meiner Lernschwäche als Legastheniker und mit einem unzureichenden Volksschulabschluss zu diesem Dienst taugte. Dennoch hatte ich den tiefen Glauben in mir, Wege zu finden, meinem Freund Jesus nachzufolgen. Über meine Briefzustellung im Altenessener Norden lernte ich in der Pfarrei St. Ewaldi Pater Augustinus kennen. Bei meiner täglichen Postabgabe dort lud er mich zu einer kleinen Kaffeepause ein, die ich jedes Mal gerne annahm. Bei einem unserer Gespräche im September 1964 fragte ich Pater Augustinus, ob ich nach meiner Postlehre Priester werden könnte, obgleich ich als Abschluss nur die Volksschule hätte. Er machte mir Mut, zum Bischöflichen Abendgymnasium (BAG) in Essen zu gehen. Mit Marlene besprach ich sofort die Vor- und Nachteile einer Abendschule. Entsprechend ihrer Frohnatur spornte sie mich an, beim Bischöflichen Generalvikariat Informationen über das BAG einzuholen. Sie hatte inzwischen das Abitur erfolgreich bestanden und ihr Studium an der Pädagogischen Hochschule begonnen. Obgleich Marlene 21jährig und zu dieser Zeit frisch in Karlheinz verliebt war, nahm sie sich Zeit, mit mir zu lernen. Ich war Marlene für ihre Hilfe sehr dankbar, jedoch auch krankhaft eifersüchtig auf ihren Freund Karlheinz. Heute, Papa, muss ich schmunzeln über die Weisheit, dass »Eifersucht eine Tugend ist, die mit Eifer Leiden sucht«. Ganz erleichtert war ich im Mai 1965 über die Zusage meiner optimistischen

Schwester, mich zum Erstgespräch mit dem Schuldirektor des BAG, Dr. Heinrich Allekotte, zu begleiten.

Mit dem 1. Oktober 1965 und meinem Antritt am BAG begann für mich ein ganz neuer Lebensabschnitt, der entscheidend meine begonnenen Lebensveränderungen, insbesondere die neu gewonnene ethisch-religiöse Einstellung, vertiefte.

Mit Deiner stets aktuell gebliebenen Botschaft im Ohr »Niemals aufgeben!« verabschiede ich mich für heute
von Dir mit einem herzlichen Gruß

Gregor

Brief über die Zeit als Abendgymnasiast

Frankfurt am Main, 5. Dezember 2016

Lieber Papa,

gestern hat das neue Kirchenjahr begonnen. Für unsere kleine schwul-lesbische Gottesdienstgemeinschaft war der 1. Adventssonntag Anlass, auf das vergangene Jahr mit seinen großen Ereignissen zurückzuschauen – besonders auf unser 25jähriges Bestehen am Weißen Sonntag. Unter dem Thema: »Wandlungsgeschichten« feierten wir mit den Delegierten unserer verschwisterten lesbisch-schwulen Gottesdienstgemeinschaften von Basel bis Berlin (LSGG) ein ganzes Wochenende mit Studientag und Festgottesdienst.

Adventssonntag – verbunden mit wehmütigen Erinnerungen an die glückliche Kindheit, als bei uns zu Hause auf dem Küchentisch der Adventskranz mit vier roten Kerzen stand. Durch das Anzünden einer weiteren Kerze wurde unsere kleine Küche auf Weihnachten hin jedes Mal heller. Jedoch verdüsterte sich meine Stimmung am 3. Adventsonntag 1967 wegen schlechter Noten am Bischöflichen Abendgymnasium. Mein Verbleib an der Abendschule war infrage gestellt. Ebenso wie ich warst Du, Papa, betrübt, von meinen großen Schwierigkeiten in der Schule zu hören. Als ich Dir sagte: »Mein Verbleib an der Schule sei mir wichtiger als das Abitur zu erreichen«, hast Du mir zwar freundlich geantwortet, aber für mich unverständlich, dass ich mit aller Gewalt das Abitur schaffen solle. Als zukünftiger Klosterbruder – vom Wunsch, Priester zu werden, hatte ich inzwischen wegen der privilegierten Stellung des Klerus in der Amtskirche Abstand genommen – brauchte ich keinen »höheren Dienstgrad«, da ich auch ohne Abitur in eine Ordensgemeinschaft aufgenommen worden wäre. Zur Post wollte ich nicht zurückgehen, nachdem ich mich ein Jahr zuvor, im September 1966, im Hauptpostamt Altenessen verabschiedet und eine Halbtagsstelle bei der Dresdener Bank angenommen hatte. Mir war die eigene Bildungserweiterung über das BAG zunehmend wichtiger geworden.

Anders als in der Volks- und Berufsschule lernte ich am BAG nicht nur für die sympathischen Lehrer, sondern begann mich über meine bisherigen Lieblingsschriftsteller George Bernanos, Reinhold Schneider, Johannes XIII. hinaus mit weiteren bedeutungsvollen Autoren zu befassen. Du, Papa, erklärtest: »Deine Lernbegeisterung und Deinen Fleiß weiß ich trotz der schlechten Klassenarbeiten dennoch zu schätzen.« Diese Worte ermutigten mich, am BAG zu bleiben. Dein und Mamas nächtlicher Empfang nach meinem Schulbesuch mit leckerem Essen gegen 23.00 Uhr, wenn ich, gerade aus der Straßenbahn ausgestiegen, müde und niedergeschlagen in die Wohnung kam, trug entscheidend dazu bei, trotz schlechtester Noten nicht zu resignieren. Ihr gabt mir bei der Nachricht von einer missglückten Klassenarbeit niemals Schelte, sondern jederzeit Trost und Mitgefühl.

Aufgrund meiner mangelhaften Durchschnittsnote Ende 1967 hatte das Lehrerkollegium des BAG nach Aussage meines Klassen- und Lateinlehrers Bernhard Tobias keine Hoffnung mehr, dass ich je das Abitur bestehen würde, wie er mir auf dem langen dunklen Schulkorridor mitteilte. Er hatte recht, denn vom Lateinunterricht habe ich nur das Zitat: »Non scholae, sed vitae discimus« behalten, also dass wir nicht für die Schule, sondern für das Leben lernen, und die geflügelten Worte: »Veni, vidi, vici.« Aussagen, die mich zwar hoch motivierten, eifrig weiter zu lernen, jedoch nicht reichten, um das große Latinum zu erlangen. Ich bat meinen Lateinlehrer das Jahr wiederholen zu dürfen, da für mich nicht der Wunsch, das Abitur zu erlangen, wichtig sei, sondern als

Bruder in eine Ordensgemeinschaft einzutreten. Die neue Klassengemeinschaft nahm mich wohlwollend auf. Dank dieser Hilfe und der unveränderten Unterstützung durch meine Schwester Marlene in Deutsch und Latein sowie der ihres Freundes Karlheinz in Mathematik wurde ich tatsächlich in den nächsten Zeugnissen in allen Fächern um eine Zensur besser. Darüber hinaus kam mir die Beendigung meiner Halbtagsstelle in der Dresdner Bank Ende 1967 zugute.

Nach den Weihnachtsferien pilgerte ich im Januar 1968 nach Kevelaer zur Muttergottes. Dieser Pilgerort war mir aus Kindheitstagen gut vertraut. Im Glauben ahnte ich, wenn ich allein unterwegs war, dass von diesem Ort Kraftquellen ausgingen. Zuversichtlich bat ich dort Maria, noch eine Weile an dieser Abendschule bleiben zu dürfen. Diese kleine Weile ging tatsächlich noch über zweieinhalb Jahre, bis zum 9. Juni 1970, dem Tag, als der neue Schuldirektor Horst Graebe mir und dem Klassensprecher mitteilte, dass wir nicht mehr in das mündliche Abitur gehen mussten, da unsere Vorzensuren mit den Zensuren der schriftlichen Abiturarbeiten übereinstimmten. An den Abschlussfeierlichkeiten und der Zeugnisübergabe am 28. Juni 1970 nahm die ganze Familie einschließlich meiner Schwester Christiane, die extra aus Aachen angereist kam, teil.

Einen echten Freund in Deiner Nähe, Papa, habe ich nicht gesehen. Du hast aber auch weder von einem befreundeten Kollegen in Deiner langen Ausbildungszeit bei der Polizei noch von einem guten Kameraden aus dem Krieg erzählt. Allein Deine vielen Fotos von der Polizei und vom Krieg, die Dich mit jungen Männern beim Baden, beim Sport, bei der Arbeit oder in Uniform zeigen, lassen vermuten, dass Du dem einen oder anderen Mann näher standst. Mir erging es lange ähnlich. Immerhin blieb Jesus in freudigen wie in schweren Tagen mein Begleiter. Dank seiner frohen Botschaft war er mir Tröster und Kraftquelle zugleich.

So kannst Du, Papa, Dir vorstellen, dass ich überglücklich war, nach wenigen Tagen am Abendgymnasium im Oktober 1965 einen Freund gefunden zu haben. Fast noch ungläubig schrieb ich in mein Tagebuch: »Ich habe es kaum zu hoffen gewagt, dass ich mit Wolfgang, einem Klassenkameraden, in meiner neuen Schule eine Freundschaft begonnen habe.« Wolfgang blieb mir über die gesamte Schulzeit bis zu meinem Weggang ins Ausland in Freundschaft verbunden. Seine angenehme Nähe beim gemeinsamen Lernen und Diskutieren half mir, die permanenten Anstrengungen der Abendschule zu überstehen.

Besonders die gemeinsamen Fahrradtouren an Wochenenden und in den Ferien waren für Wolfgang und mich der gelungene Ausgleich zum ständigen Lernen. Bestens hattest Du, Papa, mein Fahrrad präpariert, und so fuhr ich an diesem Pfingstmontag voll Freude, Glück und Zufriedenheit mit Wolfgang los und prallte keine drei Schritte von zu Hause entfernt gegen ein stehendes Auto. Der Fahrer stellte sofort fest, dass an seinem Auto kein Schaden entstanden war. Doch mein Fahrrad war so verbogen, dass es nicht mehr fuhr. Du, Papa, kamst sofort angelaufen und hörtest nicht mehr auf, zu schimpfen und zu schreien. Du hättest mir alles schon vorausgesagt, nur ich, ich habe ja nicht hören wollen. Vor Wolfgang schämte ich mich am meisten, denn durch meine Schuld stand die ganze vorbereitete Fahrradtour auf dem Spiel. Zu guter Letzt durfte ich dann Marlenes Fahrrad nehmen. Natürlich habe ich Dir, Papa, nicht erzählt, dass ich schon einige Kilometer weiter, in Bottrop-Mitte, gegen einen Eisenpfahl gefahren bin. In meinem Tagebuch steht dazu: »Wolfgang hatte wieder einen ordentlichen Schrecken bekommen. Gleich half er mir, obwohl ich schon aufgestanden war, mit einigen seiner passenden tröstenden Worte. Mit schiefem Lenker, Knie- und Hinterteilschmerzen und einer Handabschürfung fuhr ich mit lachendem Gesicht über meine eigene Dummheit weiter, als wenn was anderes nicht infrage kommen konnte.« Heute ist mir sonnenklar, dass nach Schul- und Arbeitsstress in meiner großen Vorfreude auf diese Fahrradtour meine übergroße Gefühlsanspannung ein Ventil in den beiden kleinen Unfällen gefunden hatte.

Erfreulicherweise konnten wir letztlich am sonnendurchfluteten Niederrheinufer den Ausflug genießen. Auf der Rückfahrt über Ossenberg stellte uns die gastfreundliche Tante Käthe ihr Ehebett zum Übernachten zu Verfügung. Das ließ mich schmunzeln, da mir Wolfgang bei der vorherigen Fahrradtour nach Xanten erst die drei Wärmevorteile des Zusammen-Schlafens in der Jugendherberge benannt hatte: »1. Wir hätten jetzt die doppelte Anzahl von Decken zum Zudecken. 2. Da nur eine von beiden Matratzen trocken ist, schlafen wir beide am bestens auf der einen trockenen zusammen. 3. Die gegenseitige Körperwärme bringt uns die ersehnte Ruhe trotz der anhaltenden lauten Rattengeräusche.« Den Genuss und die Erotik, unsere Körper zu genießen, trauten wir uns nicht einzugestehen. Zu dieser Zeit war Sexualität für Wolfgang wie für mich ein Tabu und mit vielen Vorbehalten belegt.

In diesen Jahren der Abendschulzeit standen drei Hochzeiten an. Silberne Hochzeit – in meinem Tagebuch schrieb ich, dass auch Du, Papa, der sich so leicht über alles aufregte, an diesem großen Tag mit 30 Gästen in unserer Karnaper Wohnung zufrieden warst. Die Kopfschmerzen, die Mama in den Tagen zuvor plagten, hatten sich zum Glück gelöst. Mitten in der Woche, am Dienstag, dem 14. Februar 1967, hast Du mit Mama in der Karnaper Marienkirche einen Dankgottesdienst gefeiert, bei dem ich als Messdiener mitwirken dufte. Genau 25 Jahre zuvor hattest Du Mama im Alter von 34 Jahren in der Kamp-Lintforter St. Josefs-Kirche mit ernstem Gesichtsausdruck, wie es mir das Foto zeigt, geheiratet. Im Rückblick auf 25 Jahre mit Mama hörte ich Dich sagen: »Alles, es war einmal!«

Drei Jahre nach Deiner Silbernen Hochzeit und ebenfalls gut drei Jahre nach Christianes Hochzeit stand Marlene, mein

23 Jahre altes Schwesterchen, am 14. März 1970 vor dem Traualtar in der Karnaper Marienkirche. Nach der festlichen Messe durften Karlheinz' Bruder und ich als Brautzeugen in der Sakristei das Hochzeitsdokument unterschreiben. Beim Fest in einem Restaurant am Kaiserpark mit seinen frühlingserwachenden Bäumen hattest Du, Papa, Deinen großen Auftritt mit dem Sologesang des Kuckuckswalzers. Gerade fällt mir auf, warum man Hochzeiten eigentlich so groß feiert, da sie immer auch etwas Trennendes, Abschiednehmendes, Zukunftsveränderndes in sich bergen, um so gestärkt den Schmerz – noch versteckt – zu überbrücken.

Wenige Monate nach Eurer Silbernen Hochzeit, Papa, musstest Du im Juni 1967 wegen des Verdachts auf einen Nierentumor für fünf Tage ins Krankenhaus. Erfreulicherweise bestätigte sich die Diagnose nicht. Aus dem Krankenhaus brachtest Du zu Marlenes und meiner Freude den jungen Krankenpflegehelfer Ottmar nach Hause mit. Er hatte gerade als 20jähriger Abitur gemacht und arbeitete zur Überbrückung, bis er im Polizeidienst eingestellt würde, auf der urologischen Station. Ihm gefiel es so gut bei uns, dass er mehrmals zu Besuch kam. Ich hatte vorher viele Hemmungen, ihm zu begegnen, und Angst, ob wir uns gut unterhalten können würden, sowie tausenderlei andere Bedenken. Ohne es mir eingestehen zu wollen, hatte Ottmar mit seinem sportlich durchtrainierten Körper und bestechenden Charme eine offensive, starke erotische Ausstrahlung auf mich. Bei seinem zweiten Aufenthalt genoss ich seine Nähe beim Hören von Chansons Père Aimé Duvals, den er wie ich gut kannte. An diesem Abend sprachen wir über den Glauben und über französische Literatur.

Ob mein Freund Ottmar als Krankenpflegehelfer für mich ein Vorbild war oder Du, Papa, als ehemaliger Polizeisanitäter die Ursache dafür warst, mich für den Stationssonntagsdienst im St. Josef-Krankenhaus zu bewerben? Meine vielen eigenen Krankheitserfahrungen der letzten Jahre, schmerzhafte

Nierenkoliken, giftige Akne, deren Pusteln am Hals mich für einen Monat stationär in die Uniklinik brachten, heftige Kopfschmerzen verbunden mit Sehstörungen und die inzwischen vertraute chronische Ohrenentzündung, waren bestimmt ein weiterer Grund dafür, anderen Kranken solidarisch beizustehen.

Dank dem Stipendium für das BAG war meine Arbeit in der Dresdner Bank zum 31. Dezember 1967 beendet. Am Neujahrsmorgen schrieb ich in mein Tagebuch: »Da ich ja jetzt mehr Zeit für das Studium habe, möchte ich gerne an einem halben Tag in der Woche eine andere Arbeit tun, nämlich sonntagmorgens auf einer Station im Krankenhaus helfen.« Der Sonntagsdienst junger Leute im St. Josef-Hospital in Gelsenkirchen-Horst war Tradition. Nach einem Gespräch mit der Oberin teilte sie mir die innere Männerstation von Schwester Zita zu. Der Dienst begann um 7.00 Uhr und endete nach dem Mittagessen. Der erste Sonntagsdienst sollte für mein ganzes Leben prägend werden, da gleich zwei Patienten, ein junger Suizident und ein älterer Herr, in meinem Beisein starben. Ich hatte doch, Papa, ein starkes Zittern in den Beinen bekommen, zumal die Schwester vom Umbetten und Leichenhaus sprach, und deshalb bat ich, aus dem Sterbezimmer gehen zu dürfen. Auf dem Flur ging es mir gleich besser, und kurz darauf kam Schwester Zita und sagte, ich möge doch in die moderne Kantine des Neubaus frühstücken gehen.

Im Dienst an den Kranken und Sterbenden half mir meine Freundschaft zu Jesus. Besonders das Leiden junger, mir gleichaltriger Männer ging mir nahe, und ich fragte an den nächsten Sonntagen Christus: »Warum?« Sr. Zita sagte mir zu meiner Ermutigung, dass wir in jedem kranken Menschen Jesus begegnen. Sie selbst litt an Unterleibskrebs. Nach zweieinhalb Jahren Sonntagsdienst war zwischen mir und manchen Kranken, insbesondere zu den chronisch Kranken, die immer wieder kommen mussten, Freundschaft entstanden. Der Abschied später von den Kranken, Sterbenden, dem Stationspersonal, den Raumpflegerinnen und Stationsschwestern des St. Josef-Hospital fiel mir viel schwerer als in der gleichen Zeit von den Schülern und Lehrern des Bischöflichen Abendgymnasiums.

Das ganze Jahr 1967 über reifte in mir der Entschluss, in den Krankenorden der Kamilianer einzutreten, doch erst Anfang November wagte ich, Mama und Marlene davon zu erzählen. Wie meine Schwestern weinte Mama heftig nach dieser Nachricht, ahnend, dass ich bald einmal endgültig von zu Hause Abschied nehmen würde. Du, Papa, sahst Mamas verheultes Gesicht, erfuhrst den Grund und sagtest zu meiner angenehmen Überraschung, darüber brauche man doch nicht zu weinen, sondern man solle sich freuen, und Du seiest stolz, dass ich einen solchen Beruf gewählt habe. Letztlich nahm ich von dieser Ordensgemeinschaft Abstand, als mir nach wiederholten Klosterbesuchen bewusstwurde, wie sehr der Pater Provinzial auf die Privilegien und Immobilien seines Ordens bedacht war. Ich dagegen war gemäß dem Vorbild der französischen Spiritualität ganz und gar von einer Nachfolge Christi überzeugt, die bereit ist, auf alles zu verzichten und von selbstloser Liebe zu Gott und zu den Menschen erfüllt lebt. Ja, Papa, damals war ich, was meine Nachfolge Jesu anging, sehr radikal und konsequent gesinnt.

Auf dem Katholikentag in Essen 1968 lernte ich bei einem Seminar Bruder Michael von den Kleinen Brüdern Jesu kennen. Er wohnte mit noch zwei Brüdern in einer kleinen Mietwohnung in einem sozialen Brennpunkt am Gleisdreieck von Duisburg-Hamborn. Tagsüber arbeitete er als Müllmann. Bei meinem ersten Besuch kam ein Nachbar hinzu. In der kleinen Küche saßen wir zu dritt bei Kaffee und Plätzchen. Die Teilnahme an der stillen Anbetungsstunde vor dem Abendessen bestärkte meine Bereitschaft für dieses Leben mitten unter den Menschen. Später kam noch Bruder

Manfred hinzu. Er arbeitete in einer Fabrik als Hilfsarbeiter. Ich war berührt von ihrem freundschaftlichen Umgang mit den Nachbarn und zugleich fasziniert von der kargen, jedoch auch warmen Zimmergestaltung der kleinen Fraternität inmitten einer Obdachlosensiedlung.

Jedoch noch vor dem Entschluss, zu den »Kleinen Brüdern Jesu« zu gehen, lernte ich durch unseren Lateinlehrer Bernhard Tobias Trier, »das kleine Rom«, wie er es nannte, und die dortige Benediktinerabtei St. Matthias kennen, die der Legende nach über dem Grab des Apostels Matthias gebaut ist. Der freundliche Gastpater Maurus lud uns Schüler anlässlich unserer Klassenfahrt im Herbst 1968 herzlich ein, in den Ferien für einige Tage in die Abtei zu kommen. Ernst, ein immer modern gekleideter, schlanker, charmant blickender, auf mich erotisierend wirkender Klassenkamerad nahm mit mir sofort das Angebot an, in den Weihnachtsferien eine Woche lang mit dem jungen Konvent den Jahreswechsel zu verbringen. Ernst hatte sich den Namen Sadri zugelegt, da er sich zum Islam hingezogen fühlte. Trotz der hohen mittelalterlichen, fast morbiden, winterlich kalten Räume und Flure des Klosters erfuhren wir beide eine warme herzliche Atmosphäre in der Begegnung sowohl mit den jungen Novizen als auch mit den erfahrenen älteren Brüdern. Wir durften an ihren gemeinsamen Mahlzeiten teilnehmen und beteten mit ihnen im Chorgestühl die Liturgie entsprechend den Tageszeiten. Die Mönche waren in gesellschaftlichen und interreligiösen Fragen gut informiert. Ihre Theologie und benediktinische Spiritualität machten auf Ernst einen besonders großen Eindruck.

Doch meine Sehnsucht nach dem Leben der Kleinen Brüder Jesu hatte sich bestätigt. Dankbar sagte ich einmal zu Mama, dass ich durch die Familie sehr viel positive Veranlagung mitbekommen hätte. Mithilfe dieser kostbaren Ressourcen konnte ich mich ein Leben lang leicht auf die Seite derjenigen Menschen stellen, die als Kinder und Jugendliche von zu

Hause kein herzliches Willkommen mitbekommen haben. Deine, Papa, Mamas, Marlenes und Christianes wunderbaren Talente und lebensbejahende Botschaft nahm ich mit in die Ferne nach Frankreich. Am 1. September 1970 begann ich in St. Rémy bei Montbard in Burgund das Postulat der Kleinen Brüder Jesu.

Heute, am Nikolausabend, bin ich gespannt, Papa, womit Burkhard mich morgen überraschen wird. Jetzt werde ich mich erst einmal schlafen legen.

Liebe Grüße

Dein Sohn Gregor

Brief über die Ordenszeit als Kleiner Bruder Jesu

Benediktiner Abtei St. Matthias, Trier, 12. Dezember 2016

Lieber Papa,

gerade sang der Abt der Benediktinerabtei St. Matthias, Bruder Ignatius, zum Schluss des gemeinsamen Abendessens mit Brüdern und Gästen: »Gott, segne alle, die uns Gutes tun und schenke ihnen um Deines Namens Willen das ewige Leben. Amen.« Gerne schließe ich mich zu Beginn meines erneuten Aufenthaltes hier im Kloster der Bitte des Bruders Ignatius für Dich, Mama, Marlene, Christiane, Burkhard und alle uns Anvertrauten an.

Bestimmt war es nicht leicht für Euch, mir an jenem frühen Dienstagmorgen des 1. September 1970 bei der Abfahrt des Zuges nach Paris auf dem Essener Hauptbahnhof nachzuwinken. Mein heftiges Winken aus dem Fenster sehe ich heute im Rückblick als Metapher, dass ihr mich trotz meines ernsthaften Entschlusses zur Nachfolge Jesu nicht loslassen konntet – und ich Euch auch nicht. Trotz meiner intensiven Vorbereitung auf das neue geistliche Leben in der kontemplativen Gemeinschaft der Kleinen Brüder Jesu, trotz der Vorfreude, das Postulat jetzt im Spätsommer nach dem gerade bestandenen Abitur beginnen zu können, trotz Deiner Versicherung: »Wir freuen uns, dass Du Dich glücklich fühlst mit Deiner Berufung«, fragte ich mich, ob ich es letztlich schaffen würde, dem Lied von Edith Piaf »Non, je regrette rien« entsprechend, alles hinter mir zu lassen, alles Anvertraute wegzufegen, um am Punkt Null mit Jesus Christus im Orden ganz neu zu beginnen.

In St. Rémy stellte ich fest, dass ich als Postulant nur ein Viertel des Gepäcks benötigte. Der äußerst feinfühlige, und sympathische geistliche Leiter des Postulats, Bruder Dominique, empfing mich, ohne eine Bemerkung zu meinen vielen Koffern zu machen, herzlich am nächtlichen Bahnsteig der kleinen Stadt Montbard. In seiner großen, leicht von Krankheit nach vorn gebeugten, mageren Gestalt, gehüllt in einen billigen Lodenmantel und mit ausgetretenen Schuhen, glich Bruder Dominique eher einem müden Fabrikarbeiter als einem Ordensmann. Allein seine großen, leuchtend dunkelbraunen Augen, die Menschenfreundlichkeit, Weisheit, Hoffnung und Wärme ausstrahlten, verrieten mir einen lebenserfahrenen, spirituellen, interessierten Menschen, dem anzuvertrauen sich lohnte. Bruder Dominique war der leibliche Bruder des Ordensgründers René Voillaume.

Kaputt und müde fiel ich in dieser ersten Nacht in St. Rémy ins Bett. An Schlaf war nicht zu denken, da ich ständig die am Klostergebäude vorbei donnernden Züge hörte. In kurzen Albträumen sah ich mich vergeblich mein schweres Gepäck von einem Bahnhof zum anderen schleppen, um dann am Bahnsteig dem letzten Waggon des abfahrenden Zuges ohnmächtig nachzuschauen. Am Morgen beim kargen Frühstück, Baguette und Butter, fragte mich Bruder Dominique, ob ich gut geschlafen hätte, was ich natürlich nicht bestätigen konnte. Auf meine Gegenfrage, ob er gut geschlafen hätte, erfuhr ich, dass er wegen seines Asthmaleidens kaum schlafen konnte. Das erklärte sein hageres Aussehen und sein Fehlen um 5.20 Uhr bei der Laudes, dem Morgengebet der Mönche.

Nach drei Tagen St. Rémy, in denen ich gerade einmal die anderen sieben Postulanten, vier Franzosen, zwei Spanier und ein Amerikaner, ein wenig kennengelernt hatte, war ich wieder auf Reisen, um auf Empfehlung von Bruder Dominique in Besançon Französisch zu lernen, hatte ich doch am Abendgymnasium nur Latein und Griechisch als Sprachen. Papa, ich war in St. Rémy angekommen, um wieder zu gehen – auch eine bedeutungsvolle Erfahrung, die, wie Du weißt, mich mein Leben lang begleiten sollte und letztlich erst mit Beginn meiner Liebesbeziehung zu Burkhard im Sommer 1992 endete.

Die Sprachschule, das »Centre Linguistique de Besançon«, ein Ableger der Universität, lag inmitten dieses malerischen, baulich total heruntergekommenen, morbiden Städtchens, das vom Fluss Doubs wie eine Halbinsel umgeben war. Über den vielen alten Häusern, Villen und Palästen mit bunten, formschönen Dachziegeln erhob sich auf dem vor der Altstadt liegenden Berg Mont Saint Étienne »La Citadelle«, ein großer Militärstützpunkt aus der Zeit Napoleons. In der katholisch dominierten Stadt ragte die Kathedrale Saint Jean über die kleinen Gassen mit ihren grünen Baumoasen und vielen kleinen barocken Brunnen hinaus. Weiterhin gab es schon damals Fußgängerzonen entlang kleiner Geschäfte, Bäckereien und Cafés, kleine Parkanlagen und Uferwanderwege, die ich in den ersten Tagen als einsamer Fremder und nachdenklicher junger Mann von 23 Jahren entlangging. Direkt neben dem imponierenden barocken Krankenhausgelände Hôpital Saint Jacques lag die Kirche Saint Pierre, eine ebenso barocke wie halb verfallene, dunkle, selten durch ein paar Sonnenstrahlen erhellte Kirche aus dem 18. Jahrhundert. Ich suchte sie täglich für meine Anbetungsstunde auf. Alles, einschließlich meiner Unterkunft in dem übergroßen leeren Priesterseminar »Le Grand Seminaire de Besançon« in der Rue Mégevand, entsprach meiner traurigen Gemütsverfassung: wehmütig über den Verlust der Familie, den Verlust der Karnaper Heimat und den gerade kurz zuvor erfahrenen Verlust der Brüdergemeinschaft in St. Rémy.

Allein die klagende Stimme Edith Piafs aus einem sozialistisch angehauchten Kellerlokal gleich schräg dem Priesterseminar gegenüber zog mich am 5. September 1970, dem ersten Samstagabend in Besançon, wie ein Magnet an. Hier, inmitten eines Arbeitermilieus, hielt ich mich gerne auf, um ein Käsebaguette mit einem Glas Rotwein zu mir zu nehmen. Nur zwei Menschen, den freundlichen Pförtner, der drei Jahre in deutscher Kriegsgefangenschaft gewesen war, und den libanesischen Medizinstudenten Antoine, lernte ich anfänglich in dem großen Priesterseminar kennen. Antoine half mir bei kleinen Reparaturen in meinem kargen Zimmer mit äußerst trockenem Dielenholzbodengeruch. Obgleich Antoine eine größere Nähe zu mir suchte, blieb ich als junger Postulant instinktiv distanziert. Gerne aber nahm ich seine Einladung an, mit ihm und seinen arabischen Freunden zum gemeinsamen Mittagessen in die Mensa der Sprachschule zu gehen.

Mit Schulbeginn am »Centre Linguistique de Besançon« traf sich nach drei Stunden Sprachlabor unsere kleine internationale Gruppe täglich zum Mittag am eigenen Mensatisch. Neben der Ordensschwester Elisabeth war ich der einzige Deutsche unter Finnen, Japanern und Arabern. Obgleich wir uns nur mit Gestik, Mimik und ersten französischen Worten verständigten, begann schon nicht nur zu Elisabeth, sondern auch zu Kamal aus Libyen und zu Tunichi aus Japan eine Freundschaft. Völlig erschöpft vom vielen Sprachunterricht traf ich mich dennoch am Abend mit Kamal und Tunichi zum Weiterlernen. Elisabeth arbeitete im Hôpital St. Jaques und wohnte im Konvent der »Weißen Schwestern« am Bergabhang. Sie lud uns drei Freunde öfter zum Kaffeenachmittag in ihren Konvent ein. In Erinnerung an meine Kindergartenschwester Hanna in Essen-Karnap und an die Krankenschwester Zita vom Sonntagsdienst im St. Josef-Hospital in Gelsenkirchen-Horst traf ich in Elisabeth die dritte sympathische, vorbildliche, freundschaftliche Ordensfrau an.

Gleich am ersten Schultag saß ich drei Reihen hinter Kamal in meiner Sprachbox. Sein attraktives orientalisches Aussehen lenkte mich immer wieder von der Wiederholung französischer Alltagsredewendungen ab. Die Sprachsentenzen rasselten bewusst-unbewusst in mein Ohr – besonders dann, wenn Kamal sich mit einem fragenden Blick zu mir umschaute. Es brauchte keine Worte, um zu spüren, dass zwischen uns der Funke einer gegenseitigen Zuneigung entstanden war. Kamal, von großer schlanker Gestalt, mit schwarzen Locken, edlen Gesichtszügen und gutmütigem Blick, war aus Libyen zum Philosophiestudium nach Paris gekommen.

Bei wunderschönen Spaziergängen mit ihm entlang der herbstlichen Ufer des Doubs erholten wir uns von den Anstrengungen der Schule. Gemeinsam bestaunten wir die Fluss-, Menschen- und Häuserlandschaften. An den Abenden trafen wir uns öfter mit unserem japanischen Kursfreund Tunichi zu gemeinsamen Schulaufgaben im Priesterseminar. Auf Einladung von Elisabeth fuhren wir am letzten Septemberwochenende nach Taizé zu einer ökumenischen Kommunität. Elisabeth hatte ein Auto organisiert und fuhr mit einem polnischen Priester, Kamal und mir über Lyon zuerst nach Tournus, der Stadt mit der beschaulichen frühromanischen Kirche aus dem ersten Jahrtausend nach Christus. An diesem Ort nahe Taizé bezogen wir vier Pilger eine kleine Pension. In Taizé waren wir vom meditativen Gesang der christlichen Mönche berauscht. Die Mehrheit von ihnen war evangelischer Konfession, doch auch katholische und orthodoxe Mitbrüder gehörten zu ihrem Konvent. Vor der Abreise aus Taizé, diesem segensreichen Ort der Gnaden, hörten wir noch einmal während des Gottesdienstes den leisen, ständig sich wiederholenden, meditativen Gesang der Mönche »Lass alle eins sein, damit die Welt glaube«, in den wir summend einstimmten. Mit den zahlreichen Jugendlichen aus aller Welt, aus allen Religionen und Weltanschauungen konnten wir vier Pilger in Taizé, diesem Ort des Friedens, der Versöhnung und der Kraft, an unsere eigenen Energien und Ressourcen kommen.

Diese Kraft brauchten Kamal und ich besonders in den nächsten Wochen. Denn noch am Abend unserer Rückkehr bekam Kamal so starke Schmerzen in der Seite, dass wir sofort ins Krankenhaus gingen. Nach einer ersten Diagnose wollten die Ärzte Kamal gleich stationär aufnehmen, jedoch bekam er eine solche Angst vor der fremden, nach Äther riechenden Atmosphäre des alten Krankenhauses, dass er es fluchtartig verließ. Die Stationsschwester nahm mein Erschrecken und meine Ohnmacht über Kamals Verhalten sowie meine Tränen wahr und gab mir ein Päckchen schmerzlindernder Tabletten für ihn mit. Auf der Straße trafen wir uns wieder und gingen gemeinsam durch den Hintereingang in mein Zimmer des Priesterseminars. Schon seit einigen Tagen wohnte und schlief Kamal illegal bei mir im Priesterseminar, da ihm aus Geldmangel sein Zimmer gekündigt worden war. Ich bat den Direktor des Priesterseminars aufgrund seiner aktuellen Notlage, Kamal für einige Zeit eines der vielen leerstehenden Zimmer zur Verfügung zu stellen. Trotz all meiner Argumente, Kamals soziale Absicherung, Studienplatz, die Aufenthaltsgenehmigung und finanzielle Unterstützung meiner Familie aus Essen, lehnte der Leiter des Priesterseminars meine Bitte ab. Auch als ich letztlich den Direktor um der Barmherzigkeit Christi willen bat, eine Ausnahme zu machen, blieb der Priester hart. Ich ärgerte mich nachträglich, den Direktor gefragt zu haben, da wir ja schon einige Tage im Zimmer zusammengewohnt hatten. Euch schrieb ich damals, »dass es mir nicht schwerfällt, mit Kamal zusammen zu schlafen, da er einen guten Charakter hat und ich mir selbst die Erlaubnis gab, angesichts der ›christlichen Torheit der Liebe‹ laut Jesu ›Froher Botschaft‹ Gesetze zu umgehen.«

Dank der Härte des Seminardirektors kamen Kamal und ich uns noch näher, indem wir zusammen in einem schmalen, durchgelegenen Bett schliefen. Ich genoss natürlich seine körperliche Nähe, da wir nicht, wie Elisabeth vermutete, wie Bretter nebeneinander schliefen. Allein die zärtliche Berührung seiner Füße glich einer Liebkosung, die ich gerne entgegennahm. Mehr an körperlicher Nähe ließ ich nicht zu, da ich doch mit Eintritt in den Orden das Gelübde der Keuschheit versprochen hatte. Interessanterweise hatte ich seit dem Ordenseintritt keine sexuellen Fantasien mehr, wie sie noch zu Hause gang und gäbe waren. Statt die erotische genoss ich in dieser Zeit die caritative Liebe zu leben. Mama schrieb einmal in einem ihrer Briefe, dass das schlimmste für mich war, wenn man mir das Helfen verweigerte. Ja, so war es.

Für Kamal, der seit drei Monaten Schmerzen im Unterleib hatte, fand ich für seine Krankheit weitere Lösungswege. Da die Tabletten seine Schmerzen nur zeitweise linderten, holte ich den Medizinstudenten Antoine hinzu, der als genehmigter libanesischer Bewohner des Priesterseminars um unsere illegale Übernachtung wusste. Er vermittelte auf Arabisch Kamal schließlich die Notwendigkeit einer stationären Behandlung. Gleichzeitig sorgte Elisabeth, die im Hospital arbeitete, für einen kostenlosen Krankenhausaufenthalt. Allein auf mein Versprechen hin, Kamal täglich im Krankenhaus zu besuchen, ließ er sich aufnehmen und am inzwischen entzündeten Blinddarm operieren. Glücklich nahm ich die Erlaubnis von Bruder Dominique auf, bei Kamal in Besançon auf der Station zu bleiben, entgegen der Vereinbarung, vierzehntägig das Wochenende im Kloster St. Rémy zu verbringen. Zuspruch, feuchte Umschläge und die Bitte um schmerzlindernde Tabletten ließen mich stundenlang an Kamals Krankenbett bleiben. Auf die Idee, ein Placebo-Präparat von dem behandelnden Arzt zu erbitten, wie Du, Papa, es mir als fünfzehnjährigem Patienten damals täglich im St. Josef-Krankenhaus wohltuend hast zukommen lassen, was aus heutiger Sicht Kamals Schmerzen nochmals erheblich erleichtert hätte, bin ich leider nicht gekommen. Letztlich stärkte gutes Essen aus Deinen und Mamas Paketen seine Heilung. Mama schenkte Kamal eines ihrer Emaille-

Medaillons. Eure finanzielle Unterstützung hinsichtlich der wirtschaftlichen Notlage Kamals und vor allem Eure herzliche Einladung an ihn, nach Essen zu kommen, förderten darüber hinaus erheblich den Gesundungsprozess, sodass er nach acht Tagen aus dem Krankenhaus entlassen werden konnte. Mit Tunichi stand Kamal am 14. November 1970 bei meiner endgültigen Abreise von Besançon ins Postulat nach St. Rémy frühmorgens am Bahnsteig. Die herzliche Umarmung und Küsse zeigten uns beiden noch einmal die entstandene innige, unzertrennliche Freundschaft.

Im letzten Waggon des Zuges auf Besançon und seine Umgebung zurückblickend, half mir in meiner Trauer ein wenig die Zeile »Und jedem Anfang wohnt ein Zauber inne, der uns beschützt und hilft zu leben« aus dem Gedicht »Stufen« von Hermann Hesse, das Marlene mir in ihrem letzten Brief nach Besançon beigelegt hatte. Angesichts des traurigen Abschieds von Kamal, den Freund*innen und zehn Wochen Besançon schrieb Christiane mir: »Wisse, dass wir im Zug bei Dir sitzen!«

Zwar äußerlich Mitte November 1970 im Postulat von St. Rémy angekommen, blieb ich innerlich noch ganz mit meiner zweiten Heimat Besançon verbunden. Allein das heiligmäßige Vorbild von Bruder Dominique ließ mich nicht an meiner Liebe zu Jesus in Gebet, Meditation, Anbetung und geistlicher Betrachtung zweifeln. Dominique bestärkte meinen Entschluss, hier am Ort die Nachfolge Jesu zu leben. Ich hatte Angst davor, die tägliche stille Anbetung von anderthalb Stunden wegen Kreislaufversagens nicht durchhalten zu können. Erstaunlicherweise verspürte ich in dieser Zeit in der Kapelle eine spirituelle Kraft: einerseits für den harten Alltag des Postulates, und andererseits fühlte ich mich mit allen mir anvertrauten Menschen, insbesondere den am Rande der Gesellschaft stehenden Armen, Verlassenen, Kranken, Arbeitern, Ungläubigen und Hoffnungslosen, verbunden.

Mit Bruder Dominique verstand ich mich bestens, sowohl was meine persönliche Erfahrungswelt als auch was das Ordensleben, insbesondere das Postulat, anging. Erstaunlicherweise blieben mir meine sieben Mitpostulanten fremd, da ich mich trotz zweieinhalb Monaten Sprachstudiums nicht mit ihnen verständigen konnte. Lag es nur an ihrer schnell gesprochenen Sprache oder auch daran, dass sie kein Interesse an meinen Erlebnissen in Besançon, geschweige an meiner Herkunft hatten? Bestimmt hätte ich sie mit meiner Erwartung eines brüderlichen Zusammenseins überfordert, da jeder zu Beginn der Ordenszeit mit sich selbst zu kämpfen hatte.

Neben der hilfreichen Anleitung zum Ordensleben sorgte sich Bruder Dominique um Kamal, ganz so wie Du, Papa, in Deinen Briefen. Er schlug vor, nachdem er von Deiner vergeblichen Geldüberweisung an Kamal hörte, das Geld an einen für die Araberseelsorge beauftragten Priester in Besançon zu schicken, bei dem Kamal dann nicht nur Eure finanzielle Unterstützung hätte abholen können, sondern auch seelische und soziale Begleitung erhalten hätte. Er war aber auch damit einverstanden, dass Ihr mir das Geld ins Kloster schickt. Dominique wollte, dass ich zu Weihnachten einen anderen deutschen Bruder namens Ludwig in Annemasse bei Genf für einige Tage kennenlernte. Bei dieser denkwürdigen Reise am Jahresende über Besançon hätte ich dann Gelegenheit gehabt, Euer Geld Kamal zu seiner Unterstützung zu übergeben. Bei meiner Ankunft in Besançon am 30. Dezember 1970 stand Kamal auf dem Bahnsteig. Minutenlang hielten wir uns beide, den Tränen nahe, in den Armen. Es war ein berührendes, herzliches Wiedersehen und zugleich voller Wehmut, da wir beide ahnten, uns zum letzten Mal zu treffen. In einem dem Bahnhof nahegelegenen, uns vertrauten Café hatten wir uns so viel zu erzählen, dass wir gar nicht merkten, wie schnell die drei Stunden meines Zwischenaufenthaltes vergingen. Ich kam, um zu gehen. Entsprechend der Aussage der Kleinen Theresia von Lisieux: »Wir haben nur das Heute Gottes«, genossen Kamal und ich dennoch dankbar unser spontanes Zusammensein. Erstaunlicherweise war ich bei meiner Weiterfahrt nach Annemasse nicht so betrübt, da ich Kamal gesund, finanziell gestärkt und im Segen Gottes wusste.

Bruder Ludwig erwartete mich am Bahnsteig, umarmte und küsste mich brüderlich, wie es bei den Franzosen üblich ist, und ich fühlte mich fast wie zu Hause. Bestand aus meiner heutigen Sicht in der Brüdergemeinschaft von St. Rémy eine überwiegend kalte »Männerwirtschaft«, so erfuhr ich in der Fraternität von Annemasse eine einfühlsame, warme Atmosphäre, in der mein Herz sofort aufging. Papa, Ludwig sah genauso aus wie Ottmar, Dein Krankenpfleger, den Du damals zu uns nach Hause eingeladen hattest. Ludwig hatte einen angenehmen, heiteren Charakter, lachte viel und war wie ein leiblicher Bruder um mich besorgt. Es tat mir unheimlich gut, nach drei Monaten mal wieder mit einem gleichaltrigen Bruder deutsch sprechen zu können.

Wieder in St. Rémy, begann meine Ende November aufgenommene Arbeit als Anstreicher in einer kleinen Gruppe in Montbard. Gemäß der benediktinischen Ordensregel Ora et labora – bete und arbeite -, arbeiteten wir als Postulanten der Kleinen Brüder Jesu in verschiedenen Hilfstätigkeiten. Mit den Kollegen und dem Chef verstand ich mich bestens. Und das Essen war jeweils fürstlich vom Chef in einem Restaurant bestellt – mit Vor- und Nachspeise und immer mit Wein. Allein der etwas zudringliche Chef wollte immer noch einige Worte mehr mit mir sprechen und erzählte mir glücklich, dass sein Sohn in Deutschland Ingenieurwissenschaft studierte. Während der drei Monate harter Anstreicherarbeit beglückte mich die Hin- und Rückfahrt von St. Rémy nach Montbard mit dem Fahrrad am Kanal entlang. Wie oft sind wir, Papa, gemeinsam bis zu unserem Schrebergarten am Rhein-Herne-Kanalweg entlanggegangen. Ohne über meinen Weggang zu klagen, berührte es mich tief, in Deinem zweiten Brief nach Frankreich die Zeile zu lesen: »Seit Du fort bist von hier, trage ich Deinen dunkelblau gestreiften Pullover. Du glaubst nicht, wie gut er mir passt, brauch' jetzt nicht mehr die Jacke im Schrebergarten.«

Gespannt sah ich Ende Februar 1971 dem bald beginnenden Noviziat in Nordspanien am Rande der Pyrenäen entgegen – dank dem Vorbild der Kleinen Theresia von Lisieux, der ich anvertraute, dass ich in dieser Gemeinschaft der Kleinen Brüder Jesu am richtigen Ort in meiner Nachfolge Jesu war. Sagt sie doch, dass wir Gott in seiner Herrlichkeit schauen und erfahren werden, vor allem seine Frohe Botschaft, die er denen verheißen hat, die ihn in Christus lieben. Vor der Abreise ins Noviziat nach Farlete hatte ich in der ersten Märzwoche 1971 noch fünf Tage Heimaturlaub, bei dem ich überglücklich war, die geliebte Familie wieder zu sehen.

Vom Novizenmeister Bruder Daniel de la Fressange, einer großen Gestalt mit durchdringendem Blick und adliger Herkunft, erfuhren wir Postulanten, dass das Noviziat der Meditation, Kontemplation und geistlichen Betrachtung der Schriften von Charles de Foucauld und Père René Voillaume diente. In Farlete arbeiteten wir deshalb nur halbtags. Seit 1968 kirchlich anerkannt, breitete sich die Gemeinschaft über die ganze Welt aus. Sie ist eng mit den Kleinen Schwestern Jesu verbunden, die sich wenige Jahre später 1946 gründeten und heute ebenfalls international vertreten sind. Im Noviziat war der Kontakt zur Außenwelt auf ein Minimum beschränkt.

Ich war jedoch erst einmal nach der Ankunft im kleinen Dorf Farlete nahe der Großstadt Zaragossa vor allem von der Blütenpracht in karger wüstenähnlicher Landschaft überwältigt. Freute ich mich mit Dir, Papa, in jedem Frühling über jede neu entstandene Blüte in unserem Garten, so half mir hier die malerische Landschaft, mich von der Last des Alltags zu befreien. Im Gegensatz zu meinen Brüdern, die Steine von den Feldern der Bauern wegräumten, hatte ich die kleine Herde der Schweine des Bauern zu hüten. Der Beginn meines vegetarischen Lebens in einer sympathischen Verbundenheit zu meinen Schwestern und Brüdern, den Schweinen, wie Franz von Assisi sagen würde, rief in der Fraternität Befremden und Verwunderung hervor. Dennoch wurde ich mit fünf Postulanten Ende März 1971 feierlich während eines Gottesdienstes in das Noviziat aufgenommen. Zuvor verweilten wir zehn Tage zu Exerzitien in den Pyrenäen. Trotz aller Härte dachte ich wieder an Marlenes Gedichtzeile von Herrmann Hesse: »Und jedem Anfang wohnt ein Zauber inne, der uns beschützt und hilft zu leben.«

Nein, nicht die mir ans Herz gewachsenen Schweine, noch die faszinierend tiefschwarzen Kaulquappen, die ich bei zunehmender Sonne im Mai von einer ausgetrockneten Pfütze in die nächst größere trug, waren der Grund für Daniels Zweifel an meinem Verbleib in Farlete, sondern die vielen Briefe aus Karnap. Er verbot mir, selbst Briefe von Mitbrüdern aus Annemasse zu beantworten, auch nicht vom Bruder Noi aus Ho-Chi-Minh-Stadt, den ich in St. Rémy kennengelernt hatte und seitdem mit ihm in Brieffreundschaft verbunden war. Nach zwei Monaten stellte Bruder Daniel fest, dass ich mich nicht verändert, sondern wegen Eurer vielen Briefe, wie er sagte, »meine Heimatstadt Essen nach Farlete ins Noviziat geholt hätte«, was eben seiner Meinung nach nicht ging. Er sah meinen Verbleib im Noviziat als gefährdet an.

Damals war ich zu sehr von meinem Leben in der Gemeinschaft der Kleinen Brüder Jesu überzeugt, als dass mich Daniels Aussagen beunruhigt hätten. Daher sagte ich ihm, der an einen Krankenorden für mich dachte, dass keine andere Ordensgemeinschaft für mich infrage käme. Dennoch blieb ich nach Daniels Mitteilung nur noch zwei Monate, bis zum Juli 1971, im Noviziat. Ich nahm unverändert gerne am religiösen Leben teil, ging meiner Arbeit als Schweinhirt nach und genoss die Exerzitien-Tage in den Grotten der Pyrenäen.

Um die spirituellen Anforderungen der Kleinen Brüder wissend, der Menschenkenntnis und Fürsorge kundig, verabschiedete mich Bruder Daniel Anfang Juli 1971 vorzeitig aus dem Noviziat, nicht ohne für meine Zukunft gesorgt zu haben.

Er fand, ich sollte erst mal Theologie studieren, nicht, wie die Eltern es wollten, in ihrer Nähe in Bochum, sondern in der von Essen weit entfernten Stadt Freiburg. Daniels unausgesprochene Empfehlung, die in der Ordenszeit begonnene Abnabelung von zu Hause über ein Universitätsstudium selbstbewusst und selbsttätig fortzusetzen, war für mich, Papa, zukunftsweisend. Noch in Spanien begann ich, Abschied von meinem Wunsch eines ideellen kontemplativen Lebens zu Gunsten eines caritativen Lebens »mitten in der Welt« zu nehmen, und letztlich ebneten diese tränenreichen Schritte mir den Weg zu meinem bevorstehenden Coming-out als schwuler Mann.

In Gedanken an Deine vielseitigen Ausbildungswege verabschiede ich mich für heute aus dem Kloster in der Adventszeit 2016, diesmal aus der Abtei St. Matthias in Trier

mit einem herzlichen Gruß.

Dein Sohn Gregor

Brief über die Zeit als Theologiestudent in Freiburg

Frankfurt am Main, 13. Januar 2017

Lieber Papa,

in diesen Tagen habe ich oft an Dich wegen der im September anstehenden großen Bundestags- und Landtagswahlen in Deutschland gedacht. Ich sehe Dich noch an den Wahlabenden vor mir sitzen, wie Du mit hochrotem Kopf, mit Bleistift und Zettel alle Wahlergebnisse aus den Bundesländern aufgeschrieben hast und jeweils bangtest, ob Deine geliebte CDU wieder den Bundeskanzler stellen würde. Heute sitzt Dein Kind Gregor ebenso wie Du damals mit hochrotem Kopf nicht vor dem Radio, sondern vor dem Fernseher, in der gespannten Erwartung, ob seine geliebte Partei Bündnis 90/Die Grünen wieder mit über 10% der Stimmen in den Bundestag kommt. Ist sie doch für mich die einzige Partei, die sich für die Menschenrechte von Lesben, Schwulen, Bisexuellen und Transsexuellen ernsthaft einsetzt.

Mit Beginn meines Theologiestudiums in Freiburg hatte sich bei mir, Dir und Mama gegenüber, Wesentliches verändert. Am 15. August 1971 stand ich in der fremden Stadt im Alter von 24 Jahren mit meinem wie immer schweren Gepäck auf dem Freiburger Hauptbahnhof ganz allein da. Immerhin hatte ich die Adressen einer Jugendherberge und der Katholischen Hochschulgemeinde. Allein den vagen Vorschlag von Bruder Daniel, in Freiburg Theologie als Studienfach zu beginnen, hatte ich noch im Ohr. Ebenso erinnerte ich mich schmerzlich an meine vorzeitige Verabschiedung durch ihn aus dem Noviziat in Spanien, die ich weiterhin nicht akzeptierte.

Beim Kauf eines Freiburger Stadtplanes am Bahnhofskiosk blickte mich direkt das friedvolle Gesicht eines wunderschönen jungen Mannes vom Titelblatt der Illustrierten »him – das magazin mit dem mann« an. Er trug eine große rote Rose vor seinem attraktiven Körper. Ich kaufte mir diese Zeitung nicht, trotz des berauschenden, mir noch verbotenen Anblicks des erotisierenden Mannes. Mein Kopf war zudem voll mit den Fragen, wie ich Unterkunft und Arbeit fände, um Geld für meinen Lebensunterhalt zu verdienen.

Statt zur Jugendherberge zu gehen, ging ich an diesem schwülen Nachmittag erstmal in das Büro der Katholischen Hochschulgemeinde (KHG). Ich hatte das große Glück, dass mir trotz der Semesterferien der Studentenpfarrer die Tür aufmachte und mich mitfühlend anhörte. Er gab mir die Adresse der Albertus-Burse, eines Studentenheims am Hintereingang des Hauptbahnhofs. Eine sehr kleine, bucklige und schief gehende Ordensschwester mit Namen Zebedea empfing mich freundlich. Mit einem blitzenden, kibitzartigen Blick bei schnarrender Stimme teilte sie mir mit, dass ich vorübergehend das Zimmer eines Studenten haben konnte, der damals in den Semesterferien war. Die hinzugekommene Oberschwester Dignata hieß mich willkommen und zeigte mir im Altbau, einem im 19. Jahrhundert gebauten, verwinkelten Gründerzeittrakt, mein Zimmer. Du, Papa, kannst Dir bestimmt vorstellen, wie glückselig ich mein eigenes Zimmer mit hohen Wänden, großen Fenstern, einem altmodischen Holzbett, Holzschrank und übergroßem Schreibtisch in Beschlag nahm.

Glücklich war ich, als völlig Fremder in dieser fremden Stadt gleich am ersten Tag ein Studentenzimmer mit Verpflegung durch die aufmerksamen Schwestern erhalten zu haben. Jedoch bremste ich als Vegetarier entschieden die Fürsorge der Küchenschwester Alfonsa, die mir täglich statt Fleisch und Fisch drei Eier zum Essen geben wollte. Bei meinem ersten

Spaziergang durch den baulich leicht heruntergekommenen Gründerzeitstadtteil Stühlinger holte ich mir für mein neues Zimmer in einer verwunschenen Blumenboutique eine Rose.

In Freiburg, Papa, landete ich bald wieder im Krankenhaus, diesmal jedoch auf einer Kinderstation. Mama schrieb: »Ich glaube, dass wird Dir bestimmt Spaß machen, denn mit Kindern kamst Du ja immer gut aus.« Jetzt in Freiburg hatte ich auf der Arbeitssuche in den ersten Tagen das große Glück, eine Stelle als Krankenpflegehelfer zu finden.

Auf der Kinderstation Escherisch der Uniklinik Freiburg war ich vom blau geschlagenen dreijährigen Samuel fasziniert, wie er trotz seiner schrecklichen Erlebnisse mit seinen Eltern bei jeder Zuwendung lächelte. Samuel strahlte glücklich, wenn ich ihn nach der Grundpflege noch einige Minuten zärtlich im Arm hielt, zumal er wegen seiner Verletzungen und Abmagerung nicht laufen konnte. Nach drei Wochen durfte ich das kleine, so schnell gesund gewordene Wunderkind in das Spielzimmer mitnehmen. Samuel erfreute sich an allen Ballspielen mit den anderen Kindern, gleichzeitig achtete er mit Argusaugen darauf, ob ich auch anwesend blieb. Er hatte uns, die Pflegenden, Ärzte und Raumpflegerinnen, in den Wochen seines stationären Aufenthaltes liebevoll erobert. Umso entsetzter waren wir, vom Freiburger Jugendamt zu hören, dass seine Eltern ihn in den nächsten Tagen wieder abholen würden. Zu gerne hätte ich mit der Stationsschwester Gaby Samuel adoptiert und ihm eine willkommene Lebensperspektive ermöglicht. Schmerzvoll mussten wir erkennen, dass unser Vorhaben unrealistisch und rechtlich nicht durchführbar war. Als die sichtlich verwahrlosten und gestressten Eltern Samuel, der bitter schrie, abholten, standen nicht nur mir, sondern auch einigen anderen vom Stationspersonal die Tränen in den Augen.

Euch, Papa, berichtete ich ausführlich von meinen Begegnungen mit den Jungen und Mädchen dieser Kinderkrebsstation.

Besonders betroffen war ich durch die wochenlange Begegnung mit der zwölfjährigen Daniela, die erst erfolgreich an ihrem Gehirntumor operiert worden war, jedoch dann ein Rezidiv bekam und von Übelkeit und Kopfschmerzen heimgesucht wurde. Obwohl ich am Samstag frei hatte, entstand in mir das Verlangen, sie zu besuchen. Das Stationspersonal war überrascht und erfreut, dass ich trotz meiner Freizeit kam. Daniela bekam wenig Besuch, weil ihre Familie weit von Freiburg entfernt wohnte. Obgleich sie an diesem Nachmittag heftige Kopfschmerzen hatte, freute sie sich so sehr über mein Kommen, dass sie mich einlud, mit ihr in den Berliner Tiergarten zu gehen. Beim Zuhören nahm ich die Einladung gerne an, sagte aber verwundert, dass es doch hier in der Nähe auch einen schönen Zoo gäbe. Ja, davon wisse sie, aber dort wolle sie nicht mit mir hin, sondern nach Berlin. Ausführlich erzählte mir Daniela von diesem Tiergarten, in dem Wölfe mit den Schafen, Löwen mit Rehen und Schlangen mit Kindern spielten. Nach einer Stunde schlief Daniela beim Erzählen ein. Ich verließ ganz leise das Zimmer mit dem Wunsch, dass sie schmerzfrei schlafen möge. Gleich bei Dienstbeginn am Sonntagmorgen erzählten mir die Schwestern, dass Daniela nach meinem Besuch nicht mehr wach geworden sei. Sie habe ganz friedlich, fast glücklich ausgesehen. Trotz meines Erschreckens über diese traurige Nachricht war ich dennoch dankbar, meiner inneren Stimme gefolgt zu sein und Daniela noch einmal besucht zu haben.

Die Zusammenarbeit mit dem Stationspersonal gestaltete sich nach wenigen Wochen so sympathisch, dass die Kolleg*innen mich zu ihrem Betriebsausflug einluden. Die Oberschwester bat mich, auch während meiner Studienzeit zur Aushilfe zu kommen. Sie teilte mich dann in den folgenden Monaten zur Nachtwache ein, damit ich keine Vorlesung verpasste. Als sie hörte, dass ich neben dem Studium über Abendkurse eine qualifizierte Krankenpflegehelferausbildung in Freiburg absolviert hatte, veranlasste sie aufgrund meines Zertifikats, dass ich ab sofort eine Gehaltserhöhung erhielt.

Die neu erworbenen Krankenpflegekenntnisse kamen mir in den Nächten bei einem an Parkinson erkrankten Zahnarzt zugute. Mein Mitstudent Werner, mit dem ich gemeinsam Hebräisch übte, fragte mich, ob ich bei einem ihm bekannten Freundespaar helfen könne. Fritz Mahler war mit der täglichen und nächtlichen Pflegebetreuung seines Freundes Dr. Norbert Nagel überlastet. Er brauchte dringend für einige Nächte in der Woche Entlastung. Inzwischen wusste ich dank der schwulen Zeitungen um meine eigene Homosexualität. Gefühlt hatte ich meine Liebe zum gleichen Geschlecht schon immer, Papa, ich habe Dir ja bereits von meinem Kindheitserlebnis mit den beiden Cousins, von der Begegnung mit dem Gymnasiasten in der Straßenbahn und von meiner Nähe zu Kamal in diesen Briefen erzählt. Jetzt war ich gespannt und bereit, das erste schwule Paar in seinem Stadthaus kennenzulernen. Zu den beiden, die mich stets gastlich bewirteten, entstand von Anfang an eine starke Sympathie, wobei die zu Fritz Mahler über den Tod von Dr. Norbert Nagel im März 1973 hinaus anhielt.

In die Albertus-Burse kam täglich eine Gruppe von Obdachlosen zum Mittagessen. Daher nannten die Freiburger das Haus »Zum goldenen Löffel«. Die Ordensschwestern hatten für diese zum Teil sehr verwahrlosten, übelriechenden Männer liebevoll einen Extraraum gleich neben der Pforte gedeckt. 20 Jahre bevor in Deutschland die »Tafel« Tradition wurde, war der Tisch für hilfesuchende Menschen dort schon gedeckt. Im Speiseraum der Studenten sah ich öfter eine elegant gekleidete, schmale Frau mit ihrem 13jährigen Sohn beim Mittagessen. Im Herbst 1972 sprach mich Schwester Zebedea mit ihrer knarrenden hellen Stimme an, ob ich nicht der armen Frau Ruth helfen könnte, da ihr Sohn nur noch schlechte Noten aus der Schule mitbrachte. Ihre schmale Gestalt, rehbraunen Augen und markanten Gesichtszüge erinnerten mich an Mama. Ihre hübsche, kunstvoll eingerichtete Wohnung mit einigen wertvollen alten Möbeln faszinierte mich bei jedem Besuch. Schnell war das Du zwischen uns etabliert. Neben dem Nachhilfeunterricht lud ich René öfter zu mir in die Albertus-Burse ein, damit er hier im Haus auch andere Studenten kennenlernte. Mit dem Gitarristen Rafael freundete er sich gleich an. Am Samstag saßen die beiden zusammen in der Fußgängerzone Eisenbahnstraße. Rafael sang, untermalt von seinen Gitarrenklängen, zur Freude der Vorübergehenden die aktuellen Lieder von Joan Baez, Paul Simon und Art Garfunkel. Gelegentlich gingen wir zusammen in ein Konzert. René entdeckte mit zunehmender Lebensfreude seine musikalischen Talente. Später spielte er selbst in einer Rockgruppe Gitarre. Sofort kamen mir angenehme Erinnerungen an Onkel Gregor und seine musikalischen Talente, die Du, Papa, so gerne gefördert hast. Wie hat wohl Onkel Gregor seine künstlerische Begabung entdeckt?

Mit Max, dem Biologen aus der Albertus-Burse, fuhren wir zu dritt zum herbstlichen Weiher. Max zeigte uns, wie er mit seinen großen Netzen aus dem Bach wunderschön leuchtende Elritzen und Weißfische fing. Nicht nur René, sondern auch ich begeisterte mich so stark für sein Vollglasaquarium, dass er sich anbot, uns ebenfalls eins mit Fischen und Wasserpflanzen einzurichten. Selbst die für die Zimmerreinigung zuständige Flurschwester Consummata bekam Freude an unseren Aquarien. Sie machte sich Sorgen, wenn es einem Fisch einmal nicht so gut ging. Mit Rafael teilte ich eine gemeinsame Liebe zur Literatur, insbesondere zu Franz Kafka. Er nahm mich zu einem Freiburger Literaturkreis mit, der von der Lyrikerin Margarete Jenne geleitet wurde. Im Februar 1973 nahmen wir beide an einer Studienreise nach Prag teil. Von der kafkaesken Atmosphäre dieser Stadt im weißen Winter waren wir besonders angetan. In verräucherten dunklen Studentenlokalen, in denen Kafka seine literarischen Freunde traf, hielten wir uns bei anregenden Gesprächen stundenlang auf. Auf dem großen Prager Friedhof suchten wir so lange sein Grab, bis wir es letztlich gefunden hatten.

Beim Einkaufen im Lebensmittelladen am 13. März 1973 schaute ich eine Sekunde zu lang in das traurige Gesicht eines orientalisch aussehenden Menschen. Sofort kam Khalil auf mich zu und bat mich in gebrochenem Deutsch, ihm zu helfen, einen Platz für die Übernachtung zu finden, da er schon die dritte Nacht auf der Bahnhofsbank verbracht hatte. Mein Verlangen zu helfen war, Papa, voll angesprochen. Khalil war von seinen Eltern aus Amman nach Deutschland geschickt worden, um hier Deutsch zu lernen und später Bauingenieur zu werden. Sein letztes Geld habe er für das Zimmer in der Jugendherberge ausgegeben. Er habe Angst, von der Polizei auf der Straße festgenommen zu werden. Ich wagte, Schwester Zebedea um Hilfe zu bitten. Misstrauisch schaute sie Khalil, den ersten Araber der Albertus-Burse, von oben bis unten an und krähte dann mit ihrer hohen Stimme: »Ja, wenn Sie, Herr Schorberger, sich um ihn kümmern, kann er einige Tage hier bleiben.« Ich hätte Schwester Zebedea vor Freude umarmen können. Aus Khalils grobhäutigem, dunklem, von schwarzen Locken umrahmten Gesicht wich jede Traurigkeit. Aber wie sich bald herausstellte, war er nicht gesund. Letztlich, Papa, wurden Khalils vorhandenen psychischen Störungen wie Angst, und Orientierungslosigkeit so stark, dass er ins psychiatrische Landeskrankenhaus nach Emmendingen eingewiesen werden musste. Dreißig Kilometer von Freiburg entfernt, besuchte ich ihn täglich in dieser Kleinstadt. Ich schätzte an Khalil seinen gutmütigen, lieben, einfachen und kindlichen Charakter. Der 65jährige Fritz Mahler gab mir jedes Mal Grüße und Geld für ihn mit. In Zusammenarbeit mit den Ärzten schickte das Ausländeramt Khalil schließlich direkt vom Krankenhaus aus nach Jordanien zurück.

Erfreulicherweise gesundete er im Kreise seiner Familie in Amman und kam schon nach einigen Wochen zurück. Da Khalil eine Aufenthaltserlaubnis für England besaß, blieb er nur kurze Zeit in Freiburg. Weil aber seine psychische Erkrankung erneut ausbrach, musste er sein Studium in England vorzeitig abbrechen und für immer nach Amman zurückkehren. Dort heiratete er und bekam zwei Söhne, von denen er mir stolz Fotos schickte. Khalils reger jahrzehntelanger Briefverkehr zeigte mir seine ungebrochene Liebe zu Freiburg, besonders zu den vielen Bewohnern und Ordensschwestern der Albertus-Burse. Jedes Mal enthielten seine zahlreichen Briefe auch herzliche Grüße nach Karnap. Anlässlich seiner Aufenthalte bei Dir, Mama, Christiane und Marlene wäre er am liebsten bei uns in Essen geblieben. Seit dem Spätherbst 2015 aber fand ich plötzlich keine blauen Luftpostbriefe mehr in unserem Frankfurter Briefkasten. Nach einem halben Jahr stellte ich meine Briefe an Khalil nach Amman ein, da sie unbeantwortet blieben. Gemeinsame Freiburger Freunde hatten von ihm auch kein Antwortschreiben mehr bekommen. Meine Segenswünsche schicke ich Khalil weiterhin von Herzen, wo immer mein langjähriger Freund auch sein mag.

Nicht der »Fakultäten« Feldberg, Schauinsland und Kaiserstuhl wegen, die so viele Studenten nach Freiburg lockten, noch wegen der bezaubernden uralten Schwarzwaldstadt kam ich zum Studium in die Stadt. Bruder Daniel de la Fressange hatte mich hierhergeschickt, um ein Philosophie- und Theologiestudium zu beginnen. Überraschenderweise traf ich dort Manfred von der Duisburger Fraternität bei einem Konzert von Mireille Mathieu. Er hatte das Noviziat erfolgreich beendet, arbeitete als Kleiner Bruder Jesu in Toulouse und sollte laut der Ordensleitung erst einmal in einer Freiburger Fabrik arbeiten, da für ihn, wie auch für mich, dieses Gemeinschaftsleben nicht infrage kam. Ich traf mich regelmäßig mit ihm nach seiner Arbeit zu einem Glas Wein. Ich war ganz überrascht, Papa, wie vollmundig und süffig ein Wein, zum Beispiel der Spätburgunder Weißherbst, schmecken kann, da ich ja nur den sauren Moselwein kannte, den Mama der Festlichkeit wegen zu Weihnachten servierte. Ein gutes Glas Wein ist mir, dem geborenen Ruhrpottmenschen, seitdem lieber als eine Flasche Bier. Manfred teilte mit mir die Haltung, dass man auch außerhalb der Ordensgemeinschaft, »mitten in der Welt«, auf der Straße, im Krankenhaus, in der Begegnung mit Freunden und Bedürftigen, die Nachfolge Jesu im einfachen Stil leben konnte. Manfreds Auftreten in seiner zurückhaltenden, stillen, aufmerksamen Art mit gütigem Schlafzimmerblick entsprach seiner inneren tiefen Spiritualität. Für uns beide stellte sich im Spätherbst 1971 die zu diesem Zeitpunkt nicht zu beantwortende Frage: Wohin geht unser Lebensweg?

Äußerlich in Freiburg angekommen, blieb ich dennoch seelisch und innerlich in Frankreich. Die vielseitige Post, sowohl von den Kleinen Brüdern Jesu, insbesondere von Daniel und Dominique, als auch von vielen französischen Freunden, hielt mich wehmütig mit diesem Land verbunden. Mein Besuch des Sonntagsgottesdienstes oder anderer kirchlicher Veranstaltungen ging gegen Null. Allein die französische Spiritualität, von der die ordenseigenen Hefte »Mitten in der Welt« berichteten, blieb mir eine Herzensangelegenheit. Über die Ankündigung des Besuches von Bruder Dominique in Freiburg freute ich mich dermaßen, dass ich bei der Fahrradfahrt zur Uni am Bergabhang bei regem Auto- und Straßenbahnverkehr einen Moment lang an einen glücklichen Suizid dachte, indem ich nicht mehr bremsen wollte. Papa, wusste ich mich doch in der Freundschaft mit Dominique über meinen Tod hinaus in seinem Gebet vor Gott bestens geborgen. Im Februar 1972 war er endlich da. In seiner liebenswürdigen Art unterhielten Manfred und ich uns mit ihm über alltägliche Dinge. Sein Segensgruß beim herzlichen Abschied gab mir Kraft für mein gerade neu begonnenes

Leben. Papa, angesichts Dominiques vorbildlicher Nähe zu Gott im Gebet bin ich überzeugt, dass das stille Gebet in den Klöstern und außerhalb, verbunden mit der Liebe zu den Menschen, das Destruktive in der Welt begrenzt.

Ein Jahr nach Dominiques Besuch verließ Manfred Freiburg, um bei seiner Tante in Berlin zu leben.

Man sollte meinen, ich hätte einen traumhaften Einstieg in diese ganz neue Freiburger Welt gehabt. Es stimmt, was Freunde, Wohnung, Arbeit und Studienplatz anging, und doch blieb mein Herz in Frankreich zurück. Weder die interessanten Einführungen in die orientalische Welt der Bibel durch die in Theologiekreisen berühmten Professoren Alfons Deissler, zuständig für das Erste Testament, und Anton Vögtle, zuständig für das Neue Testament, die zusammen die Jerusalemer Bibel herausgegeben hatten, noch das bestandene Hebraicum, noch meine gelungene Vordiplomarbeit über Meister Eckhart bei Professor Bernhard Welte begeisterten mich. Den sehr guten Abschluss bei Prof. Karl Lehmann in Propädeutik, dem Zusammenhang von Gottesdienst und Dienst an den Menschen, ordnete ich als Zufallstreffer ein, da sein bei der Prüfung anwesender Assistent Werner Löser ein Jesuit und zugleich mein Zimmernachbar aus der Albertus-Burse war.

Allein die Vorlesungen bei Prof. Hans Bender vom Parapsychologischen Institut haben bei mir einen unvergesslichen Eindruck hinterlassen. Bei seinen Vorlesungen saß ich immer in der ersten Reihe und staunte über die von ihm vorgetragenen Phänomene, zum Beispiel, dass es einer russischen Frau im Beisein von Wissenschaftlern gelungen war, ein Tischgedeck einen halben Meter über den Tisch steigen zu lassen, ohne Tasse, Teller und Glas mit ihren Händen zu berühren. Nach ihrem Werk von wenigen Minuten wog sie zehn Kilo weniger, wie die Forscher feststellten. Ein andermal erzählte uns Hans Bender von den Gänsen: Kurz vor Ende des zweiten

Weltkrieges dachten die Freiburger schon, dass ihre wunderschöne, über 850 Jahre alte Stadt vom Krieg verschont bliebe. Doch am 16. November 1944 schrien die Gänse im Stadtpark so laut wie noch nie, und kein Freiburger konnte sich dieses ungewöhnliche Verhalten erklären. Am folgenden Tag wurde durch einen Hagel von 55.000 Bomben die gesamte Innenstadt völlig zerstört.

Von diesen Vorlesungserlebnissen berichtete ich meinen Studienfreunden Bernhard und Egon in unserer Friedensinitiative. Als der junge Familienvater Egon Spiegel wegen seiner nachträglichen Verweigerung des Zivildienstes als Totalverweigerer ins Gefängnis kam, hielt ich mit seiner Frau Barbara sowie seinen Freunden Bernhard und Werner Mahnwache vor dem Gefängnis. Mit Egon und Bernhard begann ich, außerhalb der Theologischen Fakultät den Marxisten Herbert Marcuse, den Friedensforscher Carl Friedrich von Weizsäcker und den Befreiungstheologen Dom Helder Camara zu hören. Wir nahmen an Friedensseminaren in Straßburg teil und protestierten gegen den Einsatz von Napalm gegen die Zivilbevölkerung im Vietnamkrieg. Noi, mein vietnamesischer Brieffreund und Kleiner Bruder Jesu, berichtete aus Saigon von den täglichen Bombardierungen durch die Amerikaner, von den Gräueltaten des Vietkong und von der ausweglosen Lage der Flüchtlinge. Von den vielen Nachrichten aus Vietnam berührt, sammelte unsere kleine Friedeninitiative 1.500 DM für Nois Fraternität in Saigon.

Eigentlich wollte ich mit Freunden der Friedensinitiative zusammen das preiswerte Angebot einer Studienreise nach Moskau und Leningrad wahrnehmen, um die Realität der sogenannten sozialistischen Friedenspolitik näher kennenzulernen. Letztlich flog ich im Herbst 1972 allein mit anderen Studenten in die UdSSR. Ich musste schmunzeln, wenn unsere Gruppenleiterin, Frau Tamara, in Superlativen von den sozialistischen Errungenschaften ihres Landes berichtete. Alles Religiöse tat sie als antiquiert und überholt ab. Dennoch ging sie während der Moskauer Stadtrundfahrt auf meinen Wunsch ein, das »Neue Jungfrauen-Kloster«, in dem noch orthodoxe Gottesdienste gefeiert wurden, zu besichtigen.

An einem freien Nachmittag besuchte ich ein dem Hotel nahegelegenes Kunstmuseum. Beim Rundgang spürte ich, wie ein junger bärtiger Russe mich verfolgte, bis ich ihn wegen seiner sympathischen Ausstrahlung spontan auf Französisch ansprach, ob er Lust auf eine Tasse Kaffee hätte. Nach dem anregenden Kaffeegespräch zeigte mir Aljoscha den Platz am Bolschoi-Theater, auf dem sich die Schwulen heimlich trafen. Vor unserem herzlichen Abschied am Hotel tauschten wir gegenseitig Adressen aus. Aljoscha kam aus Wladiwostok, wo er als Museumsdirektor arbeitete. Jahrelang verband uns ein herzlicher Brief- und Paketkontakt, durch den ich ihm deutsche Ballettkalender und er mir Schallplatten mit russisch-orthodoxer Musik schenkte. Sein letzter Brief kam aus Brüssel, wo Aljoscha ohne permanente Angst endlich als offen schwuler Mann im Kreise von Freunden leben konnte. Egon und Bernhard freuten sich mit mir, von meiner Freundschaft mit ihm zu hören. Über meine Erfahrungen während dieser Studienreise diskutierte ich mit den Freunden der Friedensbewegung in Freiburg zum Thema sozialistischer Anspruch und Realität.

Papa, jedes Mal, wenn ich durch die Bahnhofsvorhalle ging, strahlte mich der sympathisch-erotisierende Mann mit der Rose von seiner Titelseite des Magazins »him« an. Täglich gab es zwischen ihm und mir ein kleines Gespräch, in dem ich ihm mitteilte, dass ich, von ihm inspiriert, mir am ersten Freiburger Tag aus Dankbarkeit für die gelungene Ankunft eine Rose gekauft hatte. Seine unausgesprochene Einladung: »Nimm mich doch mit!« vermochte ich aus Unsicherheit noch nicht anzunehmen. Der Preis von fünf Mark für diese Zeitschrift erschien mir sündhaft teuer, als ich mich ihr mit Herzklopfen näherte. Schließlich traute ich mich, verunsichert und mit hochrotem Kopf, diese ungewöhnliche Männerzeitung zu kaufen. Schneller als der Wind war »Er« nach dem Kauf in meine Aktentasche verschwunden. Der sichtlich amüsierte Verkäufer wünschte mir noch einen guten Tag!

Dank dieser schwulen Zeitung erfuhr ich zum ersten Mal Aufklärung über mein So-Sein. Obgleich damals immerhin 24 Jahre alt, hatte ich mich bisher nie mit Sexualität, geschweige Homosexualität befasst. Dieses Wort kannte ich noch überhaupt nicht. Jetzt las ich in dieser und anderen schwulen Zeitungen (»Du&Ich«, »DON«) von der Normalität »Männer liebender Männer«. Unter den Annoncen in der »him« fand ich die Adresse des katholischen Priesters Klaus Wegerle. Er lehrte als Religionslehrer und Oberstudienrat in einem Mannheimer Gymnasium. Als erfahrener Gymnasiallehrer bot Pfarrer Wegerle Seelsorge für Homophile an. Diese fast ausschließlich in kirchlichen Kreisen benutzte Bezeichnung erinnerte mich eher an eine seltene Orchideenart als an schwule Männer. Mit Pfarrer Wegerle entstand ein reger Briefwechsel. Erleichtert erfuhr ich durch ihn, dass Katholischsein und Schwulsein kein Widerspruch war. Voll Freude nahm ich seine Anregung wahr, in einer schwulen Gruppe der Katholischen Hochschulgemeinde Freiburg mitzuarbeiten.

Als absolutem Neuling in der schwulen Welt verhalf mir dieser studentische Arbeitskreis zu einem selbstbewussteren, selbstverantworteten und selbsttätigen Auftreten als schwuler Mann. »Prima, dass Du da bist. Wir brauchen dringend jemanden, der unsere Korrespondenz übernimmt. So viele unbeantwortete Briefe haben sich in der letzten Woche angesammelt. Gregor, hast Du nicht Lust, sie zu beantworten?«, fragte mich der Gruppensprecher Markus. Gleich dachte ich, Papa, an unseren regen Briefverkehr der letzten Jahre und sagte ihm zu. Zwei Briefe bewegen mich heute noch. Der

17jährige Bruno aus Donaueschingen schrieb an die Gruppe: *Ich sitze im Rollstuhl. Ich bin ganz verzweifelt. Meine Eltern bedrängen mich, mit Rosie öfters auszugehen. Rosie hätte schon die Verlobung mit mir vorbereitet. Was soll ich nur tun? Ich bin doch mit Michael befreundet. Am liebsten würde ich mit Michael flüchten. Aber ich sitze im Rollstuhl.*

Der 40jährige Franz schrieb uns aus Rastatt: *Seit ich aus dem Gefängnis entlassen bin, wollen meine Eltern und Geschwister nichts mehr von mir wissen. Selbst der Pfarrer hat mir die Tür vor der Nase zugeschlagen, als ich ihn um Hilfe bat. Dabei habe ich jahrelang die Seniorenfreizeiten der Gemeinde mit vorbereitet und durchgeführt. Von einer Nachbarin bin ich wegen unzüchtigem, widernatürlichem Verhalten bei der Polizei angezeigt worden. Ich hatte Anfang der 60er Jahre meinen Freund Erich aus Hamburg für zwei Wochen zu Besuch. Gleich nach dem Verhör auf der Wache haben sie mich verhaftet, nachdem ich zugab, homosexuell zu sein. Nicht mal meine beiden Katzen durfte ich zu Freunden bringen. Nach § 175 habe ich ein Jahr in der JVA Hohenasperg verbracht. Sie wollten mich umpolen. Ich kam nie mehr auf die Beine. Bei der Bundesbahn haben sie mich sofort gekündigt. Meinen Beamtenstatus habe ich dadurch verloren. Jetzt bin ich arbeitslos und lebe auf der Straße.*

Papa, Euch gegenüber wagte ich erst ein Jahr nach Beginn meiner Mitarbeit von diesem homosexuellen Arbeitskreis zu erzählen.

Im Gegensatz zu Eurem sonstigen, intensiven brieflichen Eingehen auf meine besonderen Freiburger Erlebnisse, hat keiner von Euch, weder Du oder Mama noch Marlene oder Christiane, auch nur ein Wort zu meinem homosexuellen Arbeitskreis verloren.

Meine homosexuelle Identität sprach ich Euch gegenüber in den Freiburger Briefen nicht mehr an. War ich mit Wohnung, Arbeits- und Studienplatz auf mich allein gestellt beziehungsweise im guten Sinne erwachsen geworden, so wollte ich nun endlich auch als schwuler Mann eigenverantwortlich meine Wege gehen. Rückblickend auf meine Freiburger Zeit war es sehr gut, mich mit Gleichgesinnten in diesem Arbeitskreis zu emanzipieren, um mich weiterhin als ganz normalen Menschen zu akzeptieren. Die Themen des Arbeitskreises, unter anderem »Geschichte des § 175 – Für homosexuelle Männer in der BRD ist das Nationalsozialistische Terrorregime noch nicht zu Ende«, »Tabuisierung von zwei bis drei Millionen schwuler Männer in der BRD«, »Schwules Recht«, »Homosexualität und Kirche – eine lange Geschichte der Diskriminierung und Verurteilung«, »Liebe unter Gleichgesinnten«, »Coming-out – Die Annahme seiner selbst«, halfen mir, als schwuler Mann aufrecht zu gehen. Der Zuspruch des Psychologen in unserer Gruppe: »Ihr seid genauso wie eure heterosexuellen Geschwister Geschöpfe Gottes und zur Liebe berufen, erlaubt Euch Nähe, Erotik und Sex zum gleichen Geschlecht«, klang damals für mich wie eine befreiende Einladung, über eine platonische Freundschaft hinaus Zärtlichkeit, körperliche Nähe und Sex in meinen Beziehungen zuzulassen.

Beim Besuch mit den Freunden des Arbeitskreises in einer Diskothek, in der überwiegend junge Franzosen verkehrten, schaute ein begeisterter Tänzer mit funkelnden Augen öfter zu mir hinüber. Einerseits genoss ich die verlockenden Blicke, war ich doch begehrt, andererseits fürchtete ich mich vor einer näheren Begegnung. Tage später saß ich, wie so oft im sonnigen Freiburger Spätsommer, im Colombi-Schlosspark, in ein Buch von Meister Eckhart versunken. Plötzlich setzte sich ein junger Mann neben mich und legte sogleich seinen Arm um mich. Mit schalkhaftem Lächeln begrüßte er mich mit »Bonjour, mon ami!«. Ich erkannte in ihm den Tänzer aus der Diskothek. Als ob wir uns schon immer gekannt hätten, unterhielten wir uns auf Französisch über Gott und die Welt. Beim Kaffee in einem der vielen Studentenlokale tauschten wir unsere Namen und Adressen aus. Jean Milou war für drei

Monate zu einem Deutschkurs nach Freiburg gekommen. Noch am gleichen Abend lud er mich zu einem Glas Wein in seine hübsch möblierte, gemütliche kleine Wohnung ein. Verliebt auf den ersten Blick, verbrachten wir bis zu seiner Abreise nach Berlin viele Nächte miteinander. Trotz aller Zweifel genoss ich die Zärtlichkeit mit Jean, den Sex und die körperliche Nähe. Gott sei Dank war unsere Liebe stärker als die von Familie, Kirche und Gesellschaft anerzogenen negativen Gefühle.

Von Jean erfuhr ich, dass er seit dem 15. Lebensjahr Gedichte schrieb. Bei seinem ersten Besuch in unserem Literaturkreis ermutigte die Leiterin Magarete Jenne ihn nach Durchsicht seiner Werke, diese zu veröffentlichen. Zum Abschluss seines Freiburger Aufenthaltes schenkte mir Jean ein kleines grünes Bändchen mit seinen handgeschriebenen Gedichten. Einen Refrain von ihm in deutscher Übersetzung habe ich noch im Ohr: »Die einen gehen zu zweit, die anderen zu dritt, jedoch ich gehe allein durch diese faszinierende schöne Welt.« Vor seiner Abreise im Oktober 1972 nach Berlin verabredeten wir uns mit dem Wunsch, uns im nächsten Sommer in Paris wiederzusehen. Jean wollte mir seine Eltern vorstellen, bei denen ich als sein Freund herzlich willkommen wäre. Sogleich dachte ich wieder an Dich, Papa. Du freutest Dich jedes Mal mit mir, meine Freunde zu Hause in Karnap kennenzulernen.

Ohne zu ahnen, dass ich jemals wieder von Ernst, genannt Sadri, dem Freund vom Abendgymnasium, hören würde, freute ich mich, durch Mamas Brief ein Lebenszeichen von ihm zu erhalten. Als Du, Papa, von meinem Wunsch hörtest, wieder Kontakt zu ihm aufzunehmen, war Dir kein Weg zu viel, um bei Familie Keller in Karnap seine Münchner Adresse zu erfragen. Ich schrieb Sadri sofort, und sechs Wochen später kam er mich in Freiburg besuchen. Wie ich hatte er weiterhin keine sexuellen Beziehungen zu Frauen, pflegte jedoch seine Männerfreundschaften. Dank der zuvorkommenden Schwestern der Albertus-Burse durfte Sadri, da kein Zimmer frei war, bei mir übernachten. Bei meinem Gegenbesuch Mitte Februar in München festigte sich unsere Freundschaft. In den folgenden Jahren studierte er dann in Tübingen Islamistik und Politologie.

1973 erhielt Sadri einen Ruf als Dozent an eine Hochschule in Saudi-Arabien. Vor seiner Abreise verabschiedete er sich mit den Worten, dass er mir leider aus Saudi-Arabien nicht mehr schreiben dürfe. Ich erinnerte mich sofort an das Verbot Daniels, aus dem Noviziat meinen Freunden zu schreiben. Dennoch sollte ich Sadri später bei einer Tasse Kaffee in Frankfurt wiedersehen. Ich stieg Ende der 1970er Jahre an der Friedberger Anlage aus der Straßenbahn und sah eine große schwarze Limousine mit arabischem Kennzeichen, die der aussteigenden Fahrgäste wegen halten musste. Mir dabei nichts denkend, ging ich meinen Weg zur nahe gelegenen Sozialstation. Wie so oft in Gedanken versunken, erschrak ich, als das große Auto direkt neben mir am Bürgersteig hielt. Vier weiße Gestalten sprangen heraus, und ein lächelnder Sadri, ganz in Weiß gekleidet, begrüßte mich mit »Salam aleikum«. Ich antwortete spontan, wie inzwischen in meiner Knastarbeit gelernt, mit »Aleikum Salam«. Heute, Papa, frage ich mich, ob dieses Erlebnis ein Traum oder Wirklichkeit war, da ich keine nähere Erinnerung mehr an die Inhalte unseres Gesprächs habe, außer dass wir samt seinen Bodyguards in ein nahegelegenes Café gingen. Ich glaube mich noch zu erinnern, dass Sadri mir sagte, dass er in der saudischen Botschaft zu tun hatte. Danach hörte ich nie mehr von ihm. Wie sagtest Du, Papa, doch so oft mit wehmütigen Augen: »Alles es war einmal.«

Nach der gemeinsamen Zeit mit Jean im November 1972 bewarb ich mich als Laien-Seelsorger in Paris. Ich war hocherfreut über die persönliche, sehr freundlich gehaltene Einladung des Kardinals von Paris, Monsignore Marty, im April 1973, nach Paris zum Gespräch zu kommen. Dagegen empfing mich der Direktor des Priesterseminars, Monsieur Bouchaud, kalt und abweisend. Ich erzählte ihm von meiner Liebe zur Spiritualität der Kleinen Brüder Jesu und von meinem Aufenthalt bei ihnen. Ich berichtete ihm unbefangen vom Studium in Freiburg und von meiner Mitarbeit im Friedens- und homosexuellen Arbeitskreis. Vermutlich war ich ihm weder demütig noch traditionell fromm genug, sodass er nach 15 Minuten mein Gesuch, eine Seelsorgeausbildung in Paris zu absolvieren, ablehnte. Vielleicht hatte er von seinem Kollegen aus Besançon erfahren, dass ich mich damals um der Barmherzigkeit Christi willen wegen der Aufnahme eines obdachlosen Studenten heftig mit ihm gestritten hatte. Vielleicht aber hatte Monsieur Bouchaud auch sofort zu Recht erkannt, dass ich ehrlicherweise nicht in erster Linie nach Paris kommen wollte, um Seelsorger zu werden, sondern um als frankophiler Mensch nach Frankreich zurückkehren zu können.

Während meines mehrtägigen Pariser Aufenthalts wohnte ich bei Jeans gastfreundlicher Familie. Seine Eltern hatten mich am Gare de l`Est abgeholt und willkommen geheißen. Jean selbst war extra aus Berlin gekommen und tröstete mich wegen der Absage des Seminardirektors in den Nächten. Um meine Liebe zum Krankendienst wissend, ermutigte er mich, nicht in der Kirche, sondern in einem weltlichen Krankenhaus die Ausbildung zum Krankenpfleger zu beginnen, da es seiner Meinung nach kein Problem war, als schwuler Mann in der Welt des Krankenhauses offen aufzutreten. Das lebensfrohe schwule Pariser Milieu, das mir Jean zeigte, half mir, aus der kirchenbedingten Depression herauszufinden. Noch in Paris fragte mich das Centre Pax Christi an, ob ich wieder wie im letzten Sommer bei ihnen arbeiten wolle. In Paris hatte man dieses Jahr zwar genug Helfer, jedoch in Avignon benötigte man meine Mitarbeit. Ich sagte gern zu, hatte ich doch im letzten Sommer, parallel zum Studium, im Pariser Centre viele anregende und sympathische Begegnungen mit Menschen aus aller Welt gehabt und lieben gelernt.

Jean Milous Rat folgend, hatte ich mich noch im Frühsommer in mehreren Kliniken größerer Städte für die große Krankenpflegeausbildung beworben. Zum 1. Oktober 1973 erhielt ich die Zusage eines Ausbildungsplatzes als Krankenpflegeschüler am Klinikum der Johann Wolfgang Goethe-Universität in Frankfurt am Main. Rechtzeitig hatte ich mir die Anschrift des Homosexuellen Arbeitskreises Frankfurt (HAF) besorgt. Am Abreisetag waren René, seine Mutter Ruth, Khalil und Rafael zum Bahngleis mitgekommen. Als Reiselektüre kaufte ich mir wie so oft am Freiburger Bahnhofkiosk die Monatszeitung »him«, diesmal ohne roten Kopf. Wir alle waren von einer wehmütigen Stimmung erfüllt, ungewiss, ob die entstandene freundschaftliche Nähe auch noch in der Ferne halten würde.

Mit Deinen stimmungsvollen, leicht wehmütigen Worten »Alles es war einmal …« lege ich mich, Papa, zwar nicht traurig, aber dankbar für das Erlebte ins Bett
mit einem herzlichen Gruß an Dich

Dein schwuler Sohn Gregor

Teil II: 1973 – 1992

Coming-out
oder
Wege in die Emanzipation

Brief über die Zeit als Krankenpflegeschüler

Frankfurt am Main, 17. März 2017

Lieber Papa,

»Alles es war einmal …« Dieser von Dir zitierte Ausspruch kommt mir in dieser Zeit der Erinnerung oft in den Sinn. Die Jahre, von denen ich Dir heute berichten möchte, sind vom Abschiednehmen geprägt. Für mich galt es nach der Ankunft in Frankfurt, von Menschen, Ereignissen, Ländern und Städten endgültig Abschied zu nehmen, da sie nicht meine Heimat werden sollten. Und Du, Papa, nahmst in dieser Zeit Deinen leisen Abschied vom Leben. In Deinen letzten Briefen an mich sprachst Du das Thema Zeit an. Du hast mich an Deiner Lebenszeit teilhaben lassen, die für Dich so schnell verging. Sofort fällt mir Burkhards Lieblingsvers aus der Bibel im Buch Kohelet ein, der mit den Worten beginnt: *Für alles gibt es eine Zeit – Zeit für jedes Vorhaben unter dem Himmel: eine Zeit zum Gebären und eine Zeit zum Sterben.* Die weiteren Zeilen des Psalms passen für mich rückwirkend genau auf Deine Lebens-, Kriegs-, Arbeits-, Wohn- und Familiengeschichte.

Im Gegensatz zu Deinem »Alles es war einmal …« schreibt Kohelet: *Ich habe erkannt, dass alles, was Gott macht, immerfort sein wird.* Also bist Du, Papa, als Geschöpf Gottes, obgleich am 10. Juli 1976 gestorben, weiterhin für mich da und ansprechbar. Daher bin ich froh, Dir mit diesem achten Brief von meinen ersten drei Jahren in Frankfurt am Main berichten zu können. Um vieles intensiver als in Freiburg begann ich hier, mich neben den Kranken, Gefangenen, Entrechteten, Diskriminierten, auf Seiten anderer »Verfolgter«, und zwar für suchtabhängige Menschen, zu engagieren –

ebenso wie es Mama für Christiane tat, die jahrelang tabletten- und alkoholabhängig war. Während sie Gott sei Dank von beidem loskam, erlebte ich in der Drogenberatungsstelle »drop in« immer wieder schmerzhaft die Rückfälle der befreundeten, langjährig begleiteten Suchtabhängigen. Aber waren diese Menschen der einzige Grund, dass ich in Frankfurt gelandet war?

Heute frage ich mich: Warum lebe ich in »Bankfurt« und nicht in München, warum in »Krankfurt« und nicht in Berlin? Du, Papa, hast mir auch nie von dieser »verrufensten Stadt Deutschlands«, wie Frankfurt in der Zeit meiner Ankunft im Herbst 1973 genannt wurde, erzählt. Im Gegensatz zu Freiburg fand ich hier eine Innenstadt vor, die zwar ebenso total vom Krieg zerstört war, sich mir aber mit vielen hässlichen Betonbauten zeigte. Anders als bei der Zugankunft im malerischen Freiburg war das Frankfurter Hauptbahnhofsviertel von Rauschgift, Sex, Banken und Kriminalität bestimmt. Nach Frankfurt am Main bin ich dennoch gekommen, weil ich eine Krankenpflegerschule suchte. Pflegerschule deshalb, weil sie den von der Gesellschaft verachteten Berufsstand des Krankenpflegers (Krankenwärters) zum gleichwertigen Pflegeberuf neben der Krankenschwester qualifizierte. Von diesen Schulen gab es damals nur drei, in München, Berlin und diese. Nach Frankfurt ging ich deshalb, da sie als einzige Pflegerschule im Anschluss an meinen Freiburger Studienabschluss im Herbst mit einem Ausbildungskurs von 18 Männern begann. Statt neun Stunden Anreise von Freiburg nach Essen waren es jetzt nur noch vier, um in Karnap anzukommen. Äußerlich viel näher an meinem »ersten Zuhause«, entfernte ich mich doch innerlich über meine weitere schwule Emanzipationsbewegung, über meine zunehmende pazifistische und sozialistische Arbeit so sehr von Euch, dass Marlene zu mir sagte: »Auf einmal begannst Du in Frankfurt, statt von Mama und Papa von Vater und Mutter zu sprechen.« Stimmt das, Papa?

Auf jeden Fall, Papa, begannen wir, uns auf den Fotos – Du als damaliger Sanitäter und ich als Krankenpfleger – zu ähneln, da wir, beide in Weiß gekleidet, wie »gleich aussehende Zwillinge« wirkten. Ja, mit meiner Krankenpflegerausbildung zum 1. Oktober 1973 im Alter von 26 Jahren begann ich, wie Du damals im Staatskrankenhaus in Berlin, im Klinikum der Johann Wolfgang Goethe-Universität in weißer Berufskleidung aufzutreten. Von dem emanzipatorischen Anspruch der Schule begeistert, Pfleger gleichwertig wie Schwestern auszubilden, ließ ich mich auf Vorschlag mehrerer Mitschüler, von denen sechs wie ich Abitur hatten, sogar zum Schulsprecher wählen. Nach einem Jahr jedoch war ich erleichtert, dieses konfliktreiche Amt wieder abgeben zu können – hatte ich so doch wieder mehr Zeit für den Homosexuellen Arbeitskreis Frankfurt und für die Knastarbeit.

Zu den Schülerversammlungen kam der 18jährige Krankenhilfspflegeschüler Ulrich Herbst. Seine körperliche Ausstrahlung verbunden mit seinem Charme verunsicherten mich so sehr, dass ich anfangs nicht wagte, ihn anzusprechen. Ulrich dagegen kam nach jeder Sitzung meistens mit einem Kompliment zu mir: »Stell dir vor, ich habe ein größeres Zimmer bekommen! Danke, ihr habt den Rechtsanspruch der Schüler auf einen angemessenen Wohnraum durchgesetzt.« Als Kriegsdienstverweigerer nutzte er die Gelegenheit, seinen Ersatzdienst mit der einjährigen Krankenpflegehelferausbildung zu verbinden. Er hatte daher auch ein Zimmer in der Uniklinik. Er unterstützte uns vehement bei der Veröffentlichung von Missständen beim Personal wie bei den Patienten.

Mit Ulrich, meiner neuen Freundin Renate und vielen anderen Schülern nahm ich an einer Demo gegen den grauenhaften Vietnamkrieg teil. Weil wir uns bei dieser Demo als Pflegende in weißer Berufskleidung zu erkennen gaben, wurde zwei Kolleginnen von der Schwesternschule und einem Klassenkameraden vom Klinikdirektor gekündigt. Erfreulicherweise gelang es uns über den Protest aller Krankenpflegeschüler*innen zu erreichen, dass die Kündigung drei Personen von der Pflegedienstleitung zurückgenommen wurde.

Viel mehr als der monatliche Theorieunterricht an der Schule hat mir, Papa, der dreimonatige Stationseinsatz gefallen. Neben dem Dienst auf den chirurgischen und medizinischen Stationen arbeiteten wir auch in Spezialkliniken. Über meine Erfahrungen in der Kinderklinik war ich so glücklich – wie kann ich von Glück bei der Arbeit mit schwerkranken Kindern sprechen? Monatlich schrieb ich von den Kindern in mein Tagebuch und bat Gott um seinen Segen für sie und für das oftmals gestresste Personal. Im Umgang mit den kranken Kindern waren mir die Erfahrungen von Freiburg hilfreich. Gerne nahm ich mir ein Kind, dem es aktuell gut ging, im Einvernehmen mit dem Stationspersonal mit hinunter ins Spielzimmer. Wie in einer anderen, verzauberten Welt voller wilder Tiere und bunter Spielsachen konnten die zum Teil schwerkranken Kinder abseits ihrer sterilen Station auftanken.

Ebenso wie die Erfahrungen auf dieser Kinderstation begeisterten mich die Begegnungen mit Patienten in der medizinischen Liegendaufnahme, in der ich nicht nur Tag-, sondern auch Nachtdienst hatte. Sie ist eine Notaufnahmestelle, Papa, in der die Akutkranken meistens liegend von den Ambulanzen gebracht und erstversorgt werden. Der Grund meiner Freude an der Arbeit dort war das sympathische Stationspflegeteam, das gleichwertig mit den Ärzten den akut Kranken erste medizinische wie gute Pflegeversorgung zukommen ließ. Besonders schätzte ich Schwester Ursula, mit der eine Freundschaft begann, die bis heute anhält. Als Pfleger versuchte ich, den Patienten adäquat beizustehen und ihre Not zu lindern. Ein junger Mann, der sich nach seiner Tablettenvergiftung mit aller Kraft wehrte, wiederbelebt zu werden, lag letztlich erschöpft und schluchzend auf der Liege, zusammengekrümmt wie ein Embryo. Ich setzte mich neben ihn und fragte, ob ich seine Hand halten dürfe, die er mir dann entgegenstreckte. Nach einiger Zeit sagte ich ihm, dass ich selten so schöne große Finger gesehen hätte, die sich zum Klavierspiel bestens eignen würden. Plötzlich strahlte er mich an, lachte und sagte mir, dass er Pianist sei. Unser gerade aufkeimendes Gespräch brach abrupt ab, als zwei Krankenwagenfahrer kamen, um ihn in die Psychiatrie zu bringen.

Meine erste Nachtwache im Oktober 1974 verbrachte ich mit Elmar, einem Klassenkameraden, auf der geschlossenen psychiatrischen Station. Hier begegneten wir Niklaas Ochuko aus Kenia. Ich weiß nicht, Papa, was mich bewegte, mich so sehr mit Niklaas anzufreunden, dass er mir von seinen studierenden Geschwistern in London erzählte. Er sagte mir, dass er keinen sehnlicheren Wunsch hätte, als hier in Deutschland Pädagogik zu studieren, da seine Mutter Lehrerin war. Vielleicht war es auch die Erfahrung mit Khalil, der es trotz seiner psychischen Attacken schaffte, wieder gesund zu werden, die mein Engagement für Niklaas herausforderte. Anlässlich seiner Gesundung und bevorstehenden Entlassung suchten Elmar und ich vergeblich für ihn ein Zimmer in Frankfurt; selbst das Africanum, ein Studienzentrum samt Wohnheim für Afrikaner, wollte ihn nicht nehmen. Plötzlich hatte Elmar die geniale Idee, dass wir beide eine Drei-Zimmer-Wohnung anmieten sollten, in der Niklaas ein eigenes Zimmer und dadurch eine Anmelde- und später auch eine Aufenthaltsgenehmigung erhalten hätte. Das wurde schließlich im Apfelweinviertel von Frankfurt-Sachsenhausen Realität.

Von einer anderen nachhaltigen Begegnung im Sommer 1975 in der Uniklinik, und zwar mit Ramu Singh, möchte ich Dir, Papa, noch erzählen. In mein Tagebuch schrieb ich: »Noch ganz fasziniert von der Schönheit Ramus, eines jungen indischen Studenten, der wegen seines Freundes (Malariaverdacht) vor einigen Stunden in die Liegendaufname kam, fiel mir eine Zeile aus August Platens Gedicht ›Tristan‹

ein: *Wer die Schönheit angeschaut mit Augen, ist dem Tode schon anheim gegeben …*« Dieses Gedicht, Papa, des schwulen Autors, stammt aus seinem Dramenfragment »Tristan und Isolde«. Als hätte er meinen Wunsch erraten, ihn näher kennenlernen zu wollen, fragte Ramu mich nach meinem Namen und ob ich hier in Frankfurt wohne. Wir tauschten unsere Adressen aus. In der Folgezeit kam er öfter abends nach seiner Arbeit in einer Pizzeria zu Besuch in unsere neue Wohnung.

Zum Abschluss meiner praktischen Ausbildung im September 1976 war ich auf der orthopädischen Intensivstation eingesetzt. Die dortigen Langzeitpatienten halfen mir durch ihr verständnisvolles Mitwirken, eine gute Note in der praktischen Abschlussprüfung zu erhalten.

Auf die Frage von Mama an Dich: »Was ist das, ein Pazifist?«, antwortetest Du, Papa, abfällig: »Kriegsdienstverweigerer!« Auf jeden Fall gab sich Mama mit Deiner Antwort nicht zufrieden, schaute in Christianes großem Brockhaus nach und fand dort die Definition »friedensliebend«. Sie schrieb mir: »Deine Freunde haben Dir den Namen Pazifist gegeben, da Du für alles Verständnis hast. Und jedem helfen möchtest.« Nicht Dir, Papa, aber meinen Schwestern glaubte ich in einem langen Brief Ursache, Begründung und Verhalten meiner pazifistischen Einstellung zumuten zu können. Marlene und Christiane wussten, dass ich von Kindheit an mit Jesus befreundet war und bin. Und wer war ein größerer Revolutionär als Jesus, der gegen die Obrigkeit, gegen die unbarmherzigen Gesetzeslehrer und gegen die privilegierte, hierarchische Priesterschaft zugunsten der Entrechteten auftrat? Auch wenn ich erst in der Freiburger Zeit die rebellische Gegnerschaft Jesu gegen die Gesetzeslehrer kennengelernt hatte, erfuhr ich doch schon als Jugendlicher, dass Jesus auf Seiten der Diskriminierten, Verfolgten, Entrechteten, Armen und Kranken stand. Aufgrund des menschenverachtenden Umgangs großer Teile der deutschen Bevölkerung mit homosexuellen Menschen fühle ich mich zeitlebens unbewusst/bewusst in Erinnerung an die schwulen Opfer der Nazi- und BRD-Zeit mit ihnen besonders verbunden.

Hier in Frankfurt erfuhr ich im Homosexuellen Arbeitskreis von den berüchtigten »Frankfurter Homosexuellenprozessen« in den Jahren 1950 bis 1961. Frankfurter schwule Männer hatten gerade die Schrecken der Nazi-Terrorherrschaft überlebt und begannen Ende der 1940er Jahre, sich wieder glücklich in Gemeinschaft zu treffen. Dank der neuen deutschen Demokratie dachten sie, sich in ihrer Szene wohl fühlen zu dürfen, wie zum Beispiel in den beiden Frankfurter Lokalen »Felsenkeller« und »Kleist-Kasino«. Umso mehr empörte mich, Papa, zu hören, dass in unserer jungen Bundesrepublik homosexuelle Menschen erneut verhaftet wurden. Dieselben Nazi-Juristen, die schon im sogenannten Dritten Reich durch ihre Urteile homosexuelle Männer in den Gefängnissen foltern und in den KZ ermorden ließen, begannen erneut im Namen der BRD, sie zu verfolgen, anzuklagen und zu Gefängnisstrafen zu verurteilen. Selbst wenn sie die Strafhaft überlebten, war vielen von ihnen der soziale Tod in Familie, Kirche und Beruf gewiss.

Nein, Papa, ich bin nicht durch gewisse radikale politische Frankfurter Gruppen, wie meine Schwestern meinten, beeinflusst worden, sondern ich fühlte mich als schwuler Christ und Krankenpfleger berufen, gegen Unrechtsverhalten der Mächtigen in Kirche, Industrie, Justiz, Medizin und Politik zugunsten einer Gesellschaft vorzugehen, in der weniger Ausbeutung und Unterdrückung von Minderheiten und ärmerer Bevölkerungsschichten stattfinden sollte. Gerade muss ich wieder an die Verurteilung damaliger Totalwehrdienstverweigerer im Namen des deutschen Staates denken. Trotz seiner pazifistisch begründeten christlichen Haltung kam der Zivildienstleistende Egon Spiegel ins Gefängnis. Meinen damaligen sechsseitigen Brief an meine Schwestern, Papa, sehe ich als das beste schriftliche Plädoyer für eine gerechtere, friedlichere und sozialere Gesellschaft, das ich jemals erstellt habe. Anlass meines Briefes war ein Gespräch mit Christiane und Marlene über meine Argumente, nicht an der Bundestagswahl teilzunehmen. Dank der Anregung pazifistischer Gruppen und engagierter Freunde hatte ich begonnen, als schwuler Christ politisch aktiver das Unrechtsverhalten von Kirche und Staat vor allem gegen Minderheiten zu benennen.

Meinen damaligen Brief beendete ich mit der Bitte um Verständnis meiner Schwestern dafür, dass ich aus den genannten Gründen an der Bundestagswahl nicht teilnahm, mich aber dennoch von Jesu »froher Botschaft« weiterhin inspirieren lassen, nicht aus seiner Kirche austreten und nicht nach Holland auswandern wollte, da die BRD 1976 weiterhin an dem Strafparagraphen 175 festhielt. Mit Jesus und Pierre-Joseph Proudhon bin ich überzeugt, dass der Mensch grundsätzlich gut ist. Gleichzeitig stelle ich, Papa, aus heutiger Sicht fest, dass ich Christiane und Marlene mit meiner pazifistischen Argumentationsweise zur damaligen Zeit überfordert habe. Mein Einsatz gegen das Totschweigen schwuler Opfer und für einen humanen Gefängnisvollzug brachte mir, ebenso, wie die Teilnahme an Friedensdemonstrationen, eine neue, von traditionell bürgerlichen Werten befreite Sicht.

Gleich in den ersten Ausbildungstagen an der Krankenpflegerschule freundete ich mich mit dem 17jährigen Robert an. Sein Aussehen und jugendlicher Charme erinnerten mich unmittelbar an meinen Freiburger Nachhilfeschüler René. Aufgrund seiner Drogenerfahrung wollte er nach erfolgreichem Abschluss der Realschule Krankenpfleger werden, wurde jedoch nach der dreimonatigen Probezeit nicht in den Dienst der Uniklinik übernommen. Robert lebte nicht im Wohnheim, sondern weiterhin bei seinen Eltern, weshalb er in der Freizeit oft auf mein Zimmer kam. Als stolzer Frankfurter erzählte er mir, dem absolut Fremden, von den

Schönheiten seiner Stadt, der grünen Lunge des großen Stadtwaldes mit ihren kleinen Seen, vom Goetheturm, von dem am Main gelegenen »schönsten Flohmarkt Deutschlands«, vom Apfelwein- und Vergnügungsviertel sowie vom Dreh-Café des Henninger-Turms; Sehenswürdigkeiten, die Robert mir alle zeigen wollte. Im Frühjahr 1974 fragte er mich dann: »Du hast Dich doch in Freiburg mit Gefangenen befreundet. Hier im ›drop in‹ stellen die Sozialpädagogen gerade eine Knastgruppe zusammen. Hast Du nicht Lust, mit mir dorthin zu gehen?« Du, Papa, kannst Dir sicherlich vorstellen, wie in mir sogleich – als Dein über einer Gefängniszelle geborener Sohn – mein Helfersyndrom erwachte.

Das therapeutische Konzept für Inhaftierte des »drop in«, einer Drogenberatungsstelle, überzeugte mich. Der dortige Sozialarbeiter schulte uns Ehrenamtliche gemeinsam mit einer Bewährungshelferin und einigen Angestellten beziehungsweise Beamten der Justizvollzugsanstalt Preungesheim. Die Gruppe bestand anfangs aus drei Frauen, Studentinnen der Pädagogik und Sozialarbeit. Nach dem Sommer 1974 sollten über persönliche Kontakte einerseits die Haftbedingungen der Drogenabhängigen in der Untersuchungshaft erleichtert werden, anderseits sollten über unseren wöchentlichen Gesprächskreis die Gefangenen zu einer Langzeittherapie motiviert werden. Letztlich konnte ein Therapieplatz ihre Haftdauer erheblich verkürzen. Eigene Ängste, Unsicherheit und Fehlverhalten den Gefangenen und ihren Aufsichtsbeamten gegenüber konnte ich in der jeweils 14tägigen Gruppensupervision ansprechen. Ich freute mich besonders, dass nach einigen Monaten der Anstaltsleiter der JVA Preungesheim unsere Gruppe aufwertete, indem er jedem einen Ausweis als ehrenamtlicher Vollzugshelfer ausstellte. Du hörst richtig, Papa, nicht als Polizist wie Du, sondern als Vollzugshelfer war ich plötzlich im staatlichen Dienst für »Kriminelle« angestellt. Einige Jahre später erhielt ich als Theologiestudent einen bezahlten Teilauftrag. Wie in einem Sisyphos-

Erlebnis wurde die weitaus überwiegende Zahl der drogenabhängigen Gefangen leider wieder rückfällig. Von den vielen Begegnungen in der JVA Preungesheim und dem Jugendgefängnis in Frankfurt-Höchst möchte ich Dir, Papa, heute zwei Personen näher vorstellen: Joachim und Rodriguez.

Im Herbst 1973 fragte mich der Sozialarbeiter des »drop in«: »Gregor, Joachim aus der Psychiatrie Marburg bittet um Briefkontakt. Vergeblich hatte Joachim in den letzten Jahren versucht, clean zu werden. Zwischen Jugendknast, Therapie und Drogenszene hat er ständig hin und her gewechselt. Stabilen Kontakt hat er zu seiner Mutter. Sein Vater hat ihn als Fünfjährigen verlassen, und seitdem fühlt Joachim sich schuldig, dass sein Vater von ihm und seiner Mutter weggegangen ist. Magst Du ihm nicht antworten? Ich habe die Hoffnung noch nicht aufgegeben, dass er letztlich von den Drogen loskommt.« Ich sagte ihm sofort zu. Nach einem gemeinsamen Jahr mit Joachim schrieb ich in mein Tagebuch über meine Begleitung des damals 15jährigen, selbstbewusst auftretenden jungen Mannes von großer Statur, mit vernarbtem Gesicht, dunkelblondem Haar, stets prüfenden, unruhigen grauen Augen und Kölnisch-Wasser-Geruch:

»Trotz seines hoffnungsvollen Willens, von den Drogen wegzukommen, ging Joachim immer wieder ins Bahnhofsmilieu zu seinen Drogenkonsumenten und Dealern zurück. Weder Jugendgefängnis, Psychiatrie noch Drogentherapiestätten verhalfen letztlich Joachim zu einem neuen drogenfreien Leben. Es berührte mich, von seinen Enttäuschungen, Schmerzen, und Suizidversuchen durch Schlaftabletten zu hören. Natürlich ließ ich ihn ausnahmsweise im Zimmer meines Pflegerwohnheims übernachten, nachdem Joachim mir im letzten Herbst seine verletzte Schlagader, ›um mit allem Schluss zu machen‹, wie er sagte, gezeigt hatte. Er hatte den Wunsch, wenigstens einmal auszuschlafen, um am anderen Tag, frisch geduscht, sich bei einer neuen Arbeitsstelle vorzustellen. Zu meinem Entsetzen zeigte er mir an diesem Abend eine Pistole, die er zu seiner Sicherheit mit sich führte. Noch in derselben Nacht verlangte ich von ihm, in meinem Beisein die Pistole in den Main zu werfen, was Joachim dann auch zu meiner großen Erleichterung tat. Trotz aller kleinen Unterstützungen wie Reinigung seiner Wäsche durch die Freunde der HAF, Blumen für seine kranke Mutter, finanzielle Hilfen, zahlreiche Briefe, Knastbesuche in Höchst, Unterbringung in einem Therapiezentrum und trotz engagierter Begleitung der Bewährungshelferin half dies alles nicht zu seiner Resozialisierung. Joachims Erpressungsversuche, da er um mein Schwulsein wusste, hatten zur Folge, dass ich ihm, mit Unterstützung meiner Zimmernachbarn, im Pflegerwohnheim einige Wochen lang nicht die Tür öffnete. Nach meiner Urlaubsreise im letzten September 1974 hörte ich vom Sozialarbeiter, dass es Joachim in einem Therapiezentrum bei Gießen gut ginge. Diese Nachricht erleichtert mich sehr.«

Du siehst, Papa, alle Fehler – Geld geben, Privatadresse mitteilen, keinen konstruktiven Widerstand entgegensetzen –, die man in der Begleitung eines Süchtigen nur machen kann, sind mir unterlaufen. Familienangehörige, die sich zu ihrem drogenabhängigen Kind ähnlich verhalten, nennt man heute Co-Abhängige, was man von mir damals auch hätte sagen können. Spannend bleibt für mich heute die Frage, warum ich mich damals gerade für süchtige Menschen eingesetzt habe. Ob die Tabletten- und Alkoholabhängigkeit Christianes, die ich als Jugendlicher intensiv mitbekommen hatte, eine mehr unbewusste Motivation für diese Arbeit war?

Nicht in der JVA, sondern zufällig, Papa, obgleich es für mich keine Zufälle gibt, traf ich im November 1975 in der Eingangshalle der Uniklinik Rodriguez aus Spanien. Ich hatte als Pflegeschüler Befunde von der Station ins Labor zu bringen und sah zwei Krankenwagenfahrer mit zwei mir bekannten Vollzugsbeamten aus Preungesheim. Auf der Bahre lag ein laut schreiender, südeuropäisch aussehender, gefesselter junger

Mann. Bei der Begrüßung schimpften die Beamten mir gegenüber: »Dieses Schwein ist beim Zahnarzt aus dem Fenster gesprungen, während wir dabeisaßen. Der kann noch nicht mal richtig Englisch sprechen, den versteht doch keiner!« Nach der Erstversorgung erzählte mir der Patient in perfektem Französisch, dass er Rodriguez Ramonez hieß, Spanier war und wegen Drogen in der JVA Preungesheim einsaß. Ich berichtete ihm von unserer Knastgruppe und versprach ihm, bei meinem nächsten Besuch in der U-Haft, ihn besuchen zu kommen. Beim Abschied umarmte mich Rodriguez spontan mit einem strahlenden Lächeln und ließ sich ohne Gegenwehr von den Beamten wieder ins Gefängnis abführen.

Mein Freund Ulrich gehörte inzwischen auch der Knastgruppe an und hatte erst kürzlich vom Anstaltsleiter einen Ausweis als Vollzugshelfer erhalten. So konnten wir abwechselnd neben den anderen Gefangenen in der Weihnachtszeit 1975 auch Rodriguez besuchen. Sah ich ihn anfangs als einen Freund unter anderen gefangenen Freunden, ohne mir meine erotische Empfindung ihm gegenüber einzugestehen, so tat er alles, um mir seine persönliche Zuneigung zu beweisen. Beim letzten Besuch umarmte und küsste er mich, der von mir nur noch Pepe, eine spanische Koseform von José, genannt werden wollte. Letztlich gestand ich mir meine Freundschaft zu ihm ein. Zu meinem 29. Geburtstag schrieb mir Rodriguez in gestochener Schrift einen Liebesbrief, der mit den Worten: »I love you.« begann. Gegen Ende des Jahres 1976 fragte ich mich verunsichert, »ob die Freundschaft Pepes, seine Zärtlichkeit und Liebe zu mir nur aus einem Zwangs- und Abhängigkeitsverhältnis aufgrund seines Knastaufenthaltes besteht und er nur wegen materieller Dinge auf meinen persönlichen, freundschaftlichen Besuch angewiesen ist. Hätte Pepe die Gelegenheit, mir draußen zu begegnen, so würde er vielleicht, wie Ramu, eine kurze Weile Interesse und Bedürfnis nach Freundschaft und Liebe zu mir haben, sich jedoch dann wieder von mir befreien wollen, da

Rodriguez spürt, dass ich keine ausschließliche Beziehung zu ihm haben werde, da mir die Freunde der WG gleichwertig sind und bleiben.«

Durch meine Mitgliedschaft im Homosexuellen Arbeitskreis Frankfurt, Papa, hatte ich nämlich wertvolle Freunde gewonnen. Schon in Freiburg hatte ich mir die Adresse und die Abendtermine des HAF besorgt. Zu meiner großen Freude traf sich die Gruppe immer am ersten Montag im Monat in der Wohnung eines Mitglieds namens Olaf Lüders. Er wohnte zehn Minuten Fußweg von der Uniklinik entfernt, sodass ich gleich am ersten Tag in Frankfurt abends den schwulen Kreis kennenlernen konnte. Der herzliche Empfang durch die anwesenden sieben Gruppenmitglieder ließ mich sofort ein Stück Heimat in dieser völlig fremden Stadt spüren.

Olaf hatte im Haus des monatlichen Gruppentreffs seinen Reformhausladen. Als noch junger Vegetarier ließ ich mich gerne von ihm ab und zu nach meiner Klinikarbeit zur gesunden Kost beraten. Wenn keine Kunden da waren, erzählte er mir ausführlich von den Anfängen des HAF. Mit einigen Freunden hatte er ihn im Oktober 1971 gegründet. Über eine Annonce in der Frankfurter Rundschau meldeten sich aus dem ganzen Rhein-Main-Gebiet Interessierte zu diesem Arbeitskreis an, sodass selbst seine große Wohnung für die monatlichen Treffen zu klein wurde. Über einen katholischen Theologiestudenten erhielt der HAF im Kolpinghaus am Allerheiligentor einen großen Raum in zentraler Stadtlage. Sie meldeten sich dort jedoch nicht unter ihrem Namen an, sondern als »Sozialpolitischer Arbeitskreis«. Die schwule Gruppe hatte Angst, als öffentlich auftretende homosexuelle Männer den schönen Raum, der ihnen kostenlos zu Verfügung gestellt wurde, wieder zu verlieren. Nach wie vor durften sich homosexuelle Menschen in der bürgerlichen Gesellschaft und in den Kirchen nicht zeigen. Olaf berichtete mir mit einem schalkhaften Lächeln auf seinem Gesicht:

»Betrat ein Kellner das Zimmer, verstummte jedes Gespräch, bis eine lesbische Teilnehmerin plötzlich rief: ›Ist doch unerhört! Wir wollen eine Emanzipationsgruppe sein, und sobald ein Kellner erscheint, müssen wir den Mund halten‹.« Dennoch hat der Arbeitskreis sich im Kolpinghaus nur ein paar Mal getroffen, bis er doch aufflog. Eines Tages kam nämlich ein interessierter Neuer, der den Portier fragte: »Wo ist denn der Raum, in dem sich die Schwulen treffen?« Dem Pförtner war laut Aussage des neuen Mitglieds fast das Gebiss aus seinem Gesicht herausgefallen. Er erzählte es sofort der Heimleiterin, und unser sogenannter »Sozialpolitischer Arbeitskreis« erhielt im Kolpinghaus keinen Raum mehr. Olaf bot sogleich wieder seine Wohnung als monatlichen Treffpunkt an.

Die erste große öffentliche Aktion des HAF war die Teilnahme einiger ihrer Mitglieder an der ersten deutschlandweiten schwulen Demonstration mit über 200 Teilnehmer*innen in Münster am 29. April 1972. Initiator war Rainer Plein. Er gehörte der »Studentischen Aktionsgruppe Homosexualität Münster« (HSM) an und war der erfolgreiche Organisator dieser ersten öffentlichen Großveranstaltung homosexueller Menschen, und zwar, Papa, nicht in Berlin, sondern in einer katholischen Bischofsstadt. Später erfuhr ich von ehemaligen Mitgliedern der HSM, dass sich Rainer neben seinem Biologiestudium für die schwule Bewegung so sehr erschöpft hatte, dass er die weiterhin bestehende gesellschaftliche Diskriminierung durch Staat und Kirche nicht mehr ertrug und sich schließlich das Leben nahm. Noch im Januar 2013 verweigerte der Münsteraner Bezirksrat Mitte, eine Straße nach Rainer Plein zu benennen.

Wie in der Freiburger schwulen Gruppe hatte ich in der HAF die gesamte Korrespondenz übernommen. Mir machte es Freude, anderen, manchmal verängstigten Männern mit Rat und Tat zur Seite zu stehen, um sie zu ihrem Schwulsein als einem wesentlichen Teil ihres Lebens zu ermutigen. Gleichzeitig lud ich sie im Namen der HAF zu geselligen Veranstaltungen ein. Mit einigen Gruppenmitgliedern lernte ich im ersten Frankfurter Winter mit viel Spaß und blauen Flecken im Waldstadion Schlittschuhlaufen. Anschließend saßen wir in froher Runde bei einem heißen Apfelwein mit Zimt im Vergnügungsviertel. Dabei erzählte ich Herbert von meiner Familie in Karnap und dass ich meiner Mutter ein Thesenpapier zur Homosexualität geschickt hatte. Darin hatte ich ihr einige Grundthesen der Gesellschaft zur Förderung sozialwissenschaftlicher Sexualforschung e. V. aufgeschrieben, u. a.:

Alle Menschen werden mit einem undifferenzierten Sexualpotential geboren; sie sind ursprünglich psychosexuell neutral und grundsätzlich fähig, Lust ebenso allein wie mit anders- und gleichgeschlechtlichen Partnern zu erleben.

Fortpflanzung ist nur e i n e Funktion der Sexualität, nicht deren ganzer Inhalt.

Eine »homosexuelle Veranlagung« im Unterschied etwa zu einer »heterosexuellen Veranlagung« gibt es ebenso wenig wie eine »Veranlagung« – also eine genetisch bedingte Entwicklungsdisposition – zum Hilfsarbeiter, Generaldirektor oder Zuhälter.

Jeder Mensch sollte ohne Furcht vor Nachteilen gleich welcher Art die sexuellen Partner und Praktiken wählen können, die den Bedürfnissen und Wünschen der Beteiligten gerecht werden.

Jede Diskriminierung eines bestimmten, einverständlichen, die Bedürfnisse der Beteiligten befriedigenden Sexualverhaltens als »widernatürlich« zu bezeichnen, entspricht irrationalen, teleologischen Mythologemen oder ist manipulative Diffamierung.

Herbert sagte mir spontan, dass das nichts brächte. Als er seiner Mutter von seinem Schwulsein berichtet hatte, hätte sie einen Heulkrampf bekommen und gejammert, dass sie nicht schuld wäre, dass ihr Sohn homosexuell geworden sei. Sein Vater hätte gedroht, ihn aus der Wohnung zu werfen, da er die ganze Familie beschmutzen würde. Doch vorher ging er mit ihm in die Uniklinik zum Arzt, damit dieser seinen Sohn von seiner perversen Veranlagung heilte. Der Arzt stellte jedoch fest, dass sein Sohn ganz gesund und normal war, jedoch er, der Vater, dringend eine Therapie brauchte, worauf sein Vater noch mal ausgeflippt war. Ich, Papa, hatte dagegen großes Glück mit meiner Familie. Nach Eurem langen, eisigen Schweigen aufgrund meiner Mitteilung von 1972 vom Freiburger Homosexuellen Arbeitskreis, begannen sich Mama und Marlene seit meiner Frankfurter Zeit für meine homosexuelle Orientierung zu interessieren. Beide wünschten mir für meine geplante Teilnahme an der schwulen Tagung in Würzburg 1973 einen guten Aufenthalt, und Marlene meinte noch, dass es schön wäre, wenn ich dort auch Bekannte aus Freiburg anträfe. Ein halbes Jahr später schrieb sie mir, dass Mama ihr mein schwules Thesenpapier gebracht hätte. Sie hätten alle durch mich eine mehr oder weniger neue Einstellung zur Homosexualität bekommen. Sicherlich, Papa, kannst Du Dir vorstellen, wie erleichtert ich über Marlenes Interesse war. Bei Christiane spürte ich im Gegensatz dazu eine größere Abwehr, über die Normalität meiner Sexualität zu sprechen. Noch ganz bewegt von meinem Coming-out in Freiburg war ich natürlich interessiert zu hören, ob Ihr in der Familie von meiner erotischen Vorliebe für Männer nichts bemerkt hattet. Marlenes Antwortzeilen waren damals kostbare Nahrung für meine wunde Seele, denn sie schrieb mir: *Und nun zum letzten Punkt Deines so wertvollen Briefes über Homosexualität. (Übrigens gefällt mir die grüne Schrift auf dem zart fliederfarbenen Papier sehr gut.). Zuerst einmal muss ich Dir sagen, dass ich sehr überrascht war, von Deiner eigenen homophilen Veranlagung zu lesen. Ich habe wirklich erst in der letzten Zeit, etwa seit Weihnachten, davon etwas geahnt, trotz Deiner intensiven Zuwendung zu diesen Menschen und ihren Problemen seit Freiburg. Daran siehst Du aber auch schon, wie fremd mir dieser Gedanke immer noch war. Und es war wirklich gut, wenn Du immer wieder davon gesprochen hast, denn Du hast uns nicht nur mit dem Problem dieser Menschen bekannt gemacht, sondern auch erreicht, dass auch dieser Bereich für uns ein selbstverständlicher Lebensbereich wurde, über den man genauso frei und vorurteilslos, ja sogar mittlerweile sogar sympathisierend sprechen kann, wie über jeden anderen.*

Und einen Gedanken von Dir, der, wie ich glaube, auch in dem Referat zu lesen war, erscheint mir sehr gerechtfertigt: Warum beurteilt und benennt man hier ganze Menschengruppen nach ihrer sexuellen Veranlagung, während man bei den anderen dieses gar nicht für bedeutend hält und zunächst natürlich über andere, viel wichtigere Wesenszüge im Umgang mit den Menschen spricht? Und an Deinem Beispiel müsste es mir endgültig klarer werden, wie man sich doch verirrt hat in der Beurteilung, besser Verurteilung, homophiler Menschen.

Du fragst mich, wieso ich zu solch einer negativen Vorstellung gekommen war. Geprägt wurde die eigene Meinung durch das Bild, das die Gesellschaft von diesen Menschen entwirft, von abstoßenden Bildern und Berichten in Illustrierten, durch bewusste Verzerrung in Filmen und durch alltägliche, aber auch durch Darstellung »guter« Literatur, z. B. Bölls Roman »Der Zug war pünktlich«, alltägliche gängige Bemerkungen. Und wenn man dann noch »Typen«, die als solche durch ihr Äußeres direkt auffallen, sieht, verstärkt sich diese Abneigung. Man meinte schließlich, man müsste Homosexuelle schon von weitem an ihrer übermodischen Kleidung u. a. erkennen.

Papa, nur über Vernetzungsinitiativen sind Minderheiten stark. Durch gemeinsame öffentliche Auftritte können sie erheblich zu einer veränderten, humaneren Haltung der Kirche, Gesellschaft und des Staates gegenüber homosexuellen Menschen beitragen. So war es für den HAF selbstverständlich, Ende Oktober 1973 an einem überregionalen Vernetzungstreffen aller schwulen Gruppen Deutschlands in den

Räumen der Katholischen Hochschulgemeinde in Würzburg teilzunehmen. Eine junge lesbische Architektin nahm Olaf, mich und einen dritten HAFler namens Thomas in ihrem Auto nach Würzburg mit. Ich freute mich vor allem, die Freunde vom Freiburger Homosexuellen Arbeitskreis wiederzusehen. Ich war überrascht, dort von Hans Fahnenbruck, einem engagierten Christen der »Loge 70«, zu hören, dass sich ein Arbeitskreis katholischer Homosexueller in Wulfen bei Münster gegründet hatte. Diesem Kreis gehörten vor allem Theologen aus Münster und Umgebung an. Stundenlang diskutierte ich aufgeregt mit einigen von ihnen über die widersprüchliche Haltung unserer römisch-katholischen Kirche, die sagt, homosexuellen Menschen sei mit Achtung zu begegnen, und gleichzeitig an ihrer unbarmherzigen Verurteilung einvernehmlicher Sexualität festhält. Wir fragten uns an den Abenden der Tagung, was aber die Kleriker sagen werden, wenn eine von Liebe getragene Partnerschaft entstanden ist?

Inmitten des Äppelwoi-Vergnügungsviertels in Frankfurt-Sachsenhausen entstand im Januar 1975 mein zweites Zuhause, eine schwule Wohngemeinschaft, im vierten Stock eines schlichten Gründerzeithauses. Wie schon zu Hause in Karnap war das Herzstück unserer 88 qm großen Wohnung die Küche. Hier wurde gelacht, geweint, heftig diskutiert, gesungen, gespielt und lecker gegessen. Der Feier eines Gottesdienstes gleich war mir jeden Sonntagmorgen das festliche Frühstück heilig. Im Unterschied zu uns in Karnap, Papa, saßen rund um den Küchentisch nicht nur weiße, sondern auch gelb, schwarz, braun und rot aussehende Menschen, während Björn, mein neuer Mitbewohner und Freund und ich in freudiger Aufregung die letzten Zutaten vorbereiteten.

Die andere Oase in der WG zum Auftanken bei Stress, Problemen, Geldsorgen, Wohnungs- und Arbeitslosigkeit war mein kleines schlauchartiges, zur Straße hin gelegenes Zimmer von sechs Metern Länge, zwei Metern fünfzig Breite und vier Metern Höhe. Neben dem schlichten Mobiliar, dunkelbraunen Kord-Teilen, die sowohl als Sofa wie als Doppelbett dienten, schmückten indische Tücher, Aquarelle, Ballett- und Porträtfotos und eine herbstliche Baumallee als Türrahmenposter das Zimmer. Bücherregale, Schreibtisch, ein großes Aquarium, grüne Hängepflanzen und stets ein Blumenstrauß gestalteten den überfüllten Raum, in dem sich wie in keinem anderen Zimmer Freunde wie Freundinnen gerne aufhielten. Den knallroten Lampen entsprechend war der Innenfensterrahmen ebenso leuchtend rot gestrichen und mit Häkelgardinen geschmückt. Neben meinem Zimmer lag das doppelt so große ehemalige Wohnzimmer und ihm gegenüber das ebenso große Schlafzimmer mit Frankfurter Bad. Der riesig lange, schmale Flur vom Türeingang zur Küche war mit Postern zu Themen des Friedens, der schwulen Befreiungsbewegung und zu Amnesty International tapeziert.

Am Samstag, den 1. Januar 1975, zogen Niklaas und ich in diese große Wohnung ein. Elmar aus dem Pflegerwohnheim hatte sich inzwischen in eine seiner neuen Freundinnen so sehr verliebt, dass er nicht mit uns wohnen wollte, zahlte jedoch seinen Mietanteil. Unsere ersten Monate des Zusammenlebens waren durch Niklaas' Krankheit, seine Angstneurosen, Bedrohungsgefühle und Aggressionen vor allem gegen mich bestimmt. Phillip aus der HAF-Gruppe stand mir hilfreich zur Seite. Als Engländer und anglikanischer Priester vermochte er, beruhigend auf Niklaas einzuwirken; der verstand Englisch viel besser als Deutsch. Als er zwei Monate später an Fieber erkrankte, half Elmar mir über gute Kontakte zu Ärzten der Uniklinik, ihn auf einer medizinischen Station unterzubringen. Dort wurde bei Niklaas eine Sichelzellenanämie diagnostiziert, die letztlich zum Tode führt; es ist eine fast ausschließlich bei Afrikanern vorkommende Blutkrankheit. Die Ärzte gaben ihm noch einige Monate zu leben und empfahlen seine Rückkehr in die Heimat nach Kenia, zumal Niklaas in Frankfurt keine Aufenthaltsverlängerung erhalten hatte.

Als Philipp hörte, dass ich eine Annonce in der Frankfurter Rundschau, »zwecks Suche eines Mitbewohner für eine schwule Wohngemeinschaft«, aufgesetzt hatte, wies er mich auf seinen schwedischen Freund Björn Vidar hin, der in einer kleinen Dachkammer in Ginnheim wohnte und an einer schwulen WG interessiert wäre. Von den zahlreichen Bewerbungen hatte ich Erhard, einem Gymnasiallehrer, das große Zimmer neben mir zum 1. Juni zugesagt. Das Schlafzimmer mit Frankfurter Bad hielt ich nach Absprache mit ihm für Björn frei, bis wir uns kennengelernt hatten. Er war uns gleich bei der ersten Begegnung so sympathisch, dass Erhard und ich ihm gerne als drittem Mitbewohner zusagten. Björn arbeitete in einer Fabrik, da er als kaufmännischer Angestellter keine Arbeit gefunden hatte.

Ich freundete mich mit Björn so stark an, dass wir zusammen nicht nur ein gastfreundliches »Zuhause« aufbauten, sondern auch gemeinsam ins Kino, zum Tanzen und zu schwulen Veranstaltungen gingen. Vom Alltags- und Wohnungsstress erholten wir uns am besten auf Reisen. Gleich im Sommer unseres Kennenlernens, 1975, fuhren wir für zwei Wochen nach London. Wegen mangelnder Sprachkenntnisse wäre ich nie nach England gefahren, jedoch mit Björn zusammen sah ich in seinem Vorschlag eine großartige Möglichkeit, das Land, London, Oxford und Cambridge kennenzulernen. Diese rundum gelungene Reise war für Björn und mich der Beginn davon, jährlich eine große Urlaubsreise in ferne Länder zu unternehmen. Unsere platonische Beziehung war von Liebe, Vertrauen, Hilfsbereitschaft und sozialer Unterstützung getragen. Ohne die tatkräftige und beratende Unterstützung Björns und anderen nahestehenden Freund*innen wäre angesichts der existenziellen Probleme mancher unserer Gäste, verbunden mit den sich vereinzelt daraus ergebenen aggressiven Streitereien, der Frieden in der Wohngemeinschaft nicht aufrecht zu erhalten gewesen.

In Erinnerung an die schönen Erlebnisse mit Ramu Singh hätte ich mir nicht träumen lassen, dass der um einige Jahre jüngere Kriegsdienstverweigerer Ulrich Herbst sich in mich verliebte. Von Kamal, Jean und Ramu verwöhnt, hatte ich zwar den Wunsch, wie Du, Papa, niemals allein schlafen zu wollen – jedoch konnte ich mir nicht vorstellen, dass jemand sich in mich verliebte. Seit Sommer 1974, damals noch in der Krankenpflegeschule, hatte ich Ulrich aus den Augen verloren. Plötzlich, am Samstagmorgen, den 25. Oktober 1975, stand er in der Tür, während ich gerade mit Ramu frühstückte. Durch die von Ramu erfahrene Liebe gestärkt, lud ich Ulrich ganz locker ein, hereinzukommen und mit uns zu essen, was er gerne annahm. Aus kreisrunden Augengläsern, von einem dünnen schwarzen Rahmen gehalten, strahlte Ulrich uns mit schalkhaftem Blick und Grübchen um die Mundwinkel an. Wie schnell schmelzender Schnee war meine große Unsicherheit ihm gegenüber abgebaut. Mit seiner ansehnlichen, sportlichen Gestalt, verbunden mit seiner charmanten, anmachenden erotischen Ausstrahlung, eroberte er nicht nur Frauen, sondern auch Männer. Er selbst genoss die Zuneigung der anderen ihm gegenüber. Als Ulrich hörte, dass Ramu und ich dienstfrei hatten, lud er uns ein, mit seinem Auto auf den Feldberg zu einem herbstlich bunten Panoramaspaziergang zu fahren. In der WG zurück, ruhten wir uns wie selbstverständlich nebeneinanderliegend am späten Nachmittag auf meiner braunen Cordliege aus. Für den Abend war Ulrich von Ludger aus der Uniklinik zu einer Party eingeladen. Als er hörte, dass Ramu und ich noch nichts vorhatten, nahm er uns mit. »Ja, dann kann ich ja bei dir schlafen«, sagte Ulrich, als er nach unserer Rückkehr gegen Mitternacht von Ramu hörte, dass er zur Arbeit müsse. Ramu traf dort seinen Landsmann, in den er sich inzwischen verliebt hatte.

Von meiner neuen Freundschaft mit Ulrich Herbst erzählte ich Euch, Papa, ebenso begeistert wie von Ramu. Ihr habt sogleich Ulrich anstelle von Ramu, der beruflich verhindert war, zu Weihnachten 1975 nach Karnap eingeladen. Nicht nur für mich, auch für Ulrich waren die Weihnachtstage dort so wohltuend herzlich, dass er nach dieser »Verlobungsreise« gleich plante, im kommenden Frühjahr mit Björn und mir nach Frankreich zu fahren, um all die Stätten zu besuchen, an denen ich gelebt hatte. Kurz vor unserer großen Reise war Erhard, unser Mitbewohner, ausgezogen, da er sich als Oberstudienrat jetzt eine eigene Wohnung leisten konnte. Spontan übernahm Ulrich das große schöne Zimmer.

Der eingangs dieses Briefes erwähnten Aussage des Predigers Kohelet entsprechend: *Ich habe erkannt, dass alles, was Gott macht, immerfort sein wird*, schrieb ich im Rückblick auf das Jahr 1976 in mein Tagebuch: »Silvester, was ist das? Alles ist etwas schwer wie Weihnachten auch, erstmals ohne Papas Mitfreude und doch ist Papa überall dabei.«

Angesichts meiner Tagebucheintragung bist Du, Papa, heute mit mir beim Zurückschauen auf die Tage Deiner Krankheit so aktuell verbunden, als wären sie gestern gewesen. Hatten nicht schon erste Krankheitssymptome im Sommer 1967 begonnen, als bei Dir in der Uniklinik fälschlicherweise ein Nierentumor festgestellt wurde? Es sollte für uns noch nicht der Abschied voneinander sein. Trotz Deiner Schmerzen in der Brust sangst Du ein Jahr später den Kuckuckswalzer an Deinem Abschiedstag von der Polizei und ebenso zu Marlenes Hochzeitsfeier. Mit Mama solltest Du am 13. Februar 1972 noch Euren 30. Hochzeitstag und ein Jahr darauf Deinen 65. Geburtstag feiern. Große Sorge hatten Mama und wir Kinder im Jahr 1974 wegen Deiner Herzschmerzen. Selbst inzwischen Krankenpflegeschüler geworden, beriet ich mich mit den Ärzten der Uniklinik zu Deinem Krankheitsbild Angina pectoris. Trotz der zwei Herzinfarkte Anfang Oktober 1974, die Du im Marienkrankenhaus erlitten hattest, erholtest Du Dich Gott sei Dank so gut, dass

Du im Dezember wieder täglich in den Garten gehen konntest. Überglücklich schriebst Du mir von der Geburt Deiner Enkelin Stefanie am 5. Januar 1974. Einen Brief später teiltest Du mir von Deinem »Goldengelchen« mit, »das alles entschädigt«. Ebenso glücklich warst du 1975 über die Ankunft Deines Enkelsohns Fabian. Ich durfte mit ebenso großer Freude bei Fabian mit meiner Cousine Petra Pate sein. An Fabians Taufbrunnen, Papa, sah ich erneut Petra als Baby, und die Küche samt dem Spülbecken vor mir, in der ich sie damals als eifriger Messdiener vorsichtshalber notgetauft hatte.

Die erfolgreiche Operation Deines Ileums wegen darmtumorartiger Einengungen half, dass Du weiterhin ruhig und schmerzfrei leben konntest. Im Sommer 1975 begann mit der Diagnose Darmkrebs Dein langsamer Abschied vom Leben. Dennoch ludst Du mit Mama zu Weihnachten meinen Freund Ulrich herzlich nach Karnap ein, und zusammen verbrachten wir festliche und glückliche Tage. Ich brauchte mit Dir nicht über mein Schwulsein zu sprechen. Um vieles wichtiger war mir Deine Akzeptanz meiner Freunde und Liebhaber, die stets bei Dir zu Hause willkommen waren. Als im Februar 1976 wieder ein großes Geschwulst in Deiner Brust in der Essener Uniklinik festgestellt wurde, entschieden Mama, Christiane, Marlene und ich zusammen mit Dir, keine Operation mehr zuzulassen, nachdem ich mich wiederum mit Spezialisten der Frankfurter Klinik beraten hatte. Erfreulicherweise konntest Du bis zu Deinem Tod am 10. Juli 1976 schmerzfrei leben. Nur annähernd konnte ich Dir über Besuche und Briefe in Deinen Krankheitszeiten beistehen, da gerade in diesem Sommer praktische, schriftliche und mündliche Prüfungen zum Ende meiner Krankenpflegeausbildung anstanden. Dennoch hatte ich das große Glück – oder war es Gnade, die mir unverdient zuteilwurde? –, gerade in den Tagen Deines Sterbens bei Dir sein zu können. In meinem Tagebuch hielt ich fest:

»Und für mich war es ein Segen, da sein zu dürfen. Papa erkannte mich gestern gleich nach der Ankunft. In der Nacht habe ich ihn mehrere Male gehalten und ihm einen Schieber (Nachttopf) gegeben. Am Morgen dann blieb Papa nur in einer Richtung liegen, manchmal auf der Seite, und wie gestern war ein freudiger Zug in seinem Gesicht. Manchmal noch, wenn Mama ihn ansprach, sagte er noch etwas, kaum verständlich, wir wechselten uns ab und blieben ganz bei Papa. Mittags dann kam der Blutsturz, eine Blutung aus den Krampfadern der Speiseröhre (Ösophagus-Varizen-Blutung), wobei ich Papas Kopf in meinem Arm hielt und noch versuchte, das Blut aus seinem Gesicht zu wischen. Trotz des Röchelns hatte Papa dann keinen Todeskampf mehr. Ganz eingeschlafen erhoffe ich mir für Papa nur Frieden und, seinem Glauben entsprechend, eine ewig glückliche Ankunft bei Gott, und Ankunft zu haben, ohne jemals Abschied machen zu müssen.«

Im Wunsch, dass Du, Papa, bei Gott die ewige Ruhe erfährst
und Dir das ewige Licht leuchte
grüße ich Dich herzlich als

Dein Sohn Gregor

Brief über die Pastoralassistentenzeit

Frankfurt am Main, 12. Juli 2017

Lieber Papa,

heute sollte ich aus festlichem Anlass einen feinen Sommerhut, einen eleganten Anzug und eine edle Seidenkrawatte tragen, wie Du sie bei meiner Kommunion- und Abiturfeier und bei Deiner silbernen Hochzeit getragen hast. Denn heute vor 25 Jahren auf den Tag genau hat sich Burkhard spontan in mich verliebt, während ich noch eine Zeitlang brauchte, um seine Liebe leidenschaftlich zu erwidern. Dennoch haben wir heute vor 25 Jahren unseren ersten gemeinsamen Abend bei einem Glas Bier im »Binger Loch«, dem damals ältesten schwulen Lokal Frankfurts, in angeregter Unterhaltung verbracht. Jedoch wie Du, Papa, trage auch ich bei festlicher Gelegenheit nicht gerne schicke Sachen, sondern sommerlich luftige Kleidung, und statt eines Hutes bevorzuge ich eine Kappe auf dem Kopf.

Wir beide haben eine Körpergröße von 1,75 Meter. Wie Du bekam ich schon als 20jähriger eine Glatze, die mich im Gegensatz zu einigen Freunden, die sich über ihren Haarausfall sorgten, nie störte. Wie Burkhard tragen heute viele Männer als markantes Zeichen gerne eine Glatze. Auch trage ich inzwischen wie Du ein rundes Bäuchlein vor mir her. Dennoch gehe ich aufrecht wie damals Du als stolzer Karnaper Schutzmann, habe ich doch noch Deine Ansage im Kopf: »Brust raus, Bauch rein, gerade gehen!« Deinem forschenden, am anderen interessierten Blick entging nichts. Mit einem gewinnenden Lächeln in Deinen hellblauen Augen signalisiertest Du der anderen Person ein Willkommen. Übrigens habe ich auch Deine blaue Augenfarbe geerbt. Doch wie bei Dir kenne auch ich an mir bestens eine müde, enttäuschte und resignierte Mimik. Tiefe Furchen und angespannte Gesichtsmuskeln bei permanenter Unruhe sprachen mir von Deinen Ängsten und Sorgen anlässlich des vergeblichen Wartens auf die zugesagte Ankunft eines Deiner Lieben. Verschiedene Hautkrankheiten, Juckreize, Entzündungen, die Dich zeitlebens plagten, habe ich genauso von Dir übernommen. Ebenso plagen mich Darmblähungen und häufiges Aufstoßen, das Du, Papa, humorvoll »grunzen« nanntest.

Du siehst, ich habe Dir wieder viel zu erzählen. Es drängt mich, Dir nicht nur unseres heutigen »silbernen Hochzeitstages« wegen zu schreiben. Gott sei Dank kann ich Dich auf diesem Wege erreichen. Deine herzliche Umarmung bei der Begrüßung, Deine große Freude über das Wiedersehen, Papa, Dein aufmerksames Zuhören bei meinen Erlebnissen vermisse ich sehr. Seit Deinem Tod fehlen mir Deine Herzlichkeit, Gastfreundschaft und vor allem Dein Optimismus. »Es wird schon!«, lautete immer dein weiser Trost, den ich gerade zu Beginn des Jahres 1977, einer ganz neuen Zeit, nämlich in meinem dreißigsten Jahr, gebraucht hätte.

Äußerlich war alles bestens für mich bestellt. Mit Björn, meinem zuverlässigen, vertrauten Freund, hatte ich in den letzten beiden Jahren ein »zweites Zuhause« in Frankfurt aufgebaut, eine schwule Wohngemeinschaft, die allen Freund*innen und Bedürftigen weit offen stand. Rodriguez tat alles, um meine Liebe zu gewinnen und zu erhalten. Von der Jugend- und Drogenberatung erhielt ich erste Wertschätzung, indem sie mich beauftragten, über den Erwachsenenvollzug in Preungesheim hinaus auch mit jugendlichen Drogenabhängigen in der Jugendvollzugsanstalt Höchst zu arbeiten. Das älteste Frankfurter Krankenhaus, das Hospital zum Heiligen Geist, zu dem ich später anlässlich meiner ersten Doktorarbeit forschen sollte, warb um mich als Pfleger auf einer ihrer Intensivstationen. Ich hatte mich jedoch zum

Weiterstudium der Theologie an der Philosophisch-Theologischen Hochschule St. Georgen entschlossen.

Hatte ich Dir, Papa, im letzten Brief eigentlich erzählt, wie es zu diesem plötzlichen Entschluss kam? Gerade war ich examinierter Krankenpfleger geworden und dachte daran, mich über Fort- und Weiterbildung in der Intensivkrankenpflege zu qualifizieren. Auf der Suche nach dem richtigen Krankenhaus traf ich im Herbst 1976 in der Straßenbahn »zufällig« Werner Löser, meinen Zimmernachbarn aus der Freiburger Albertus-Burse. Er war inzwischen Professor für Dogmatik an der Philosophisch-Theologischen Hochschule St. Georgen in Frankfurt geworden. Werner freute sich, mich wiederzusehen. Ich sollte doch unbedingt nach St. Georgen kommen, um mein Studium dort zu beenden. Ich hätte schon so viele Freiburger Hochschulzeugnisse erhalten, die mir hier in Frankfurt anerkannt würden, sodass ich spätestens in drei Jahren mein theologisches Diplom hätte. Ich ließ mich von ihm überzeugen, zumal ich von unserer schwulen WG in Sachsenhausen die Hochschule mit dem Fahrrad leicht erreichen konnte. Statt als Intensivpfleger zu arbeiten, nahm ich eine Arbeit als Altenpfleger in einem großen Frankfurter Heim auf, um über Nachtwachen mein Studium zu finanzieren, sodass ich nachmittags gut an Vorlesungen und Seminaren teilnehmen konnte.

Und trotz all dieser überaus positiven Nachrichten war da in meinem dreißigsten Jahr etwas, das mich innerlich immer leerer werden ließ. »Gregor, wo bleibst du?«, fragte mich Björn schon 1975 in einem der Säle der Tate Gallery of Modern Art in London. Vor dem Gemälde eines traumhaft schönen, gerade verstorbenen jungen Mannes war ich versunken stehengeblieben. Wie 1971 auf dem Friedhof in Spanien den dort Verstorbenen gegenüber kam in mir so etwas wie Respekt auf, dass dieser rothaarige Mann mit edlen Gesichtszügen, schlankem, grazilem Körper und feingliedrigen Händen sein Leben vollendet hatte, während ich mich noch hier abmühen musste. Am liebsten wäre ich damals, in Deinem Todesjahr 1976, gestorben, um als Jungverstorbener in Erinnerung zu bleiben. Aber in welcher Erinnerung, bei wem, da Du, Papa, doch nicht mehr da warst? Allein mein Glaube und das tief verinnerlichte Gebet »Mon père« von Charles de Foucault, in dem es wie im »Vaterunser« heißt: »Nicht mein, sondern dein Wille geschehe!«, hielten mich am Leben.

Im Sommer 1977 schrieb ich an meine Freunde: »Ich habe die Hoffnung verloren, bittet für mich!« Einige Tage später besuchte mich Olaf von der HAF, bedankte sich für meinen Hilferuf und sagte: »Gregor, Du erzählst auch nie, wenn es Dir mal schlecht geht!« In dieser Zeit erfuhr ich, was es heißt, von der Liebe der Freunde getragen zu werden, als ich keine Kraft mehr zum Leben hatte. In mein XIV. Tagebuch, einem afrikanischen Schreibblock, den mir Niklaas vor seiner Abreise geschenkt hatte, schrieb ich im Februar dieses Jahres: »Was hält mich denn eigentlich noch? Die Kirche nicht, der Staat nicht, das Studium nicht, vielleicht der Pazifismus, der Glaube an Jesu befreiende Botschaft, die Knastarbeit, das einsame Sexualleben, vielleicht die Hoffnung worauf? Dass Egons Einsatz für Frieden und Gerechtigkeit Früchte trägt? Heute erhielt ich von Egon den dritten Brief aus dem Gefängnis, in dem er wegen seiner Totalverweigerung einsitzt. In Anlehnung an Rainer Maria Rilkes ›Duineser Elegien‹ fragte ich mich: Was mir noch bleibt? Vielleicht der Baum von vorgestern, dass ich ihn wiedersehen darf, da sein Anblick mir zu einer geliebten Gewohnheit geworden ist, einer Gewohnheit, der es gefiel, bei mir zu bleiben, und somit ging sie auch nicht fort. Letztlich stärkte mich die Gedichtzeile der Freiburger Sozialarbeiterin Margarete Jenne: *Zusammensuchen, aussuchen, was mutig macht. Die Zeit abwarten, in der Schwalben zurückkommen, die Wiesen blühen. Einprägen, wie Eichhörnchen sich winterrüsten, und am Rosenbusch ablesen, dass vieles nicht wiederkommt.*«

Heute, Papa, frage ich mich: War es eine Sinnkrise, eine Identitätskrise, die Resignation, in eine Gesellschaft eintreten zu müssen, die ich wegen ihres Umgangs mit uns Schwulen und Zivildienstleistenden verachtete? Oder war ich nur von den seelischen Anstrengungen in der Sisyphosarbeit, den stets durch Drogen rückfällig gewordenen Freunden müde geworden?

Papa, Deine Aussage im Herbst 1975: »Bei Euch in der WG geht es wie in einem Taubenschlag zu«, war angesichts ihrer gegangenen, kommenden und letztlich bleibenden Mitbewohner durchaus zutreffend. Von den Gästen aus der Klinik und denen aus dem Knast, die mit uns auf Zeit wohnten, ganz abgesehen. Statt drei Personen wohnten wir oftmals zu viert oder gar zu fünft in dieser Drei-Zimmer-Wohnung. Und trotz dieses Taubenschlages sollte mir diese Wohnung, wie ich Dir schon schrieb, mein zweites Zuhause werden. Dieses Stück Heimat in Frankfurt-Sachsenhausen ist mir mit Björn und unseren Freunden sechseinhalb Jahre geblieben. Die entstandene Wohnoase hoch unter dem Dach im vierten Stock des Gründerzeithauses war für uns zugleich Familienheim und für viele Freund*innen ein Ort der Zuflucht. Im Sommer 1980 erhielten alle Mieter vom neuen Hausbesitzer die Kündigung. Für Björn und mich war es selbstverständlich geworden, dass wir nach erfolgter Räumung im Sommer 1981 »unser Zuhause« in den neuen Stadtteil Bockenheim mitnahmen.

Ja, Papa, ein doppeltes B erfuhr ich in unserer Wohngemeinschaft immer wieder. Ein B stand für Bereicherung durch die mitgebrachten Talente unserer verschiedensten Freunde und das andere für geteilte Belastung durch die heftigen Erfahrungen der Schattenseiten ihres Lebens voller Konflikte, Armut und Bedürftigkeit. Ohne Björn wäre das ganze Abenteuer einer geouteten schwulen WG in den 1970er Jahren inmitten heterosexueller Nachbarn niemals Realität geworden. Mit Ursula und Ulrich von der Uniklinik war es uns beiden gelungen, ein stabiles zweites Zuhause aufzubauen und zu erhalten. Mir wird klar, Papa, dass Björn gleich Burkhard und mir eine permanente Kraftreserve durch seine stabile Herkunftsfamilie erhalten und beibehalten hatte. Obgleich er sich geoutet hatte, verhielten sich Björns Eltern zu ihrem schwulen Sohn genauso normal wie zu ihren anderen Kindern. Darüber hinaus hatte er eine glückliche Kindheit und Jugendzeit erlebt, sodass er immer wieder, wie Burkhard und ich, zu den Feiertagen als auch zu Festen gerne zu seiner Familie fuhr.

Hermann, unser gemeinsamer Freund, brachte bei seinen wöchentlichen WG-Besuchen Freude, herzhaftes Lachen und Witz mit. Seine extrovertierte, stets heitere, positive Ausstrahlung steckte uns alle an. Besonders am Wochenende lud er uns mit seinem kleinen Auto zu einem netten Ausflugsziel in die hessische Umgebung ein. Ich hatte ihn einige Jahre zuvor im Bibelkreis des lesbisch-schwulen Kulturzentrums kennen- und schätzen gelernt. Hermann, der um keine spontane Reaktion verlegen war, sagte am Silvesterabend 1977 angesichts Björns schmackhaften Festessens: »Björn ist hier zu Hause die Mutter und Du, Gregor, bist der Vater.« Da war er schon so weit vorausschauend, dass Björn und ich zwei Jahre später gleichzeitig für drei junge Männer, die »unsere Söhne« hätten sein können, kontinuierlich über viele Jahre verantwortlich wurden. Dank Hermanns Lebensfreude, Humor und theatralischem Talent, die uns allen stets zur Auflockerung dienten, hätten Björn und ich angesichts der bedürftigen Freunde wohl nicht eine so stabile familiäre Gemeinschaft aufrechterhalten können. Auch Ursula und Ulrich waren uns beiden beständige, hilfreiche Stützen im Umgang mit den Gästen unserer WG. Während Ulrich aus seiner Knastarbeit sowohl in der JVA Preungesheim wie später in der Jugendanstalt Höchst einige hilfesuchende, bei uns gestrandete Freunde förderte, half mir Ursula tatkräftig bei ihrer sozialen Integration in Frankfurt oder im Umland.

Mit Ursula hatte ich mich, wie ich Dir, Papa, im letzten Brief schrieb, als Krankenpflegeschüler in der Uniklinik befreundet. Bei Björns und meiner Abwesenheit versorgte Ursula in der WG die verbliebenen Mitbewohner, Blumen und Tiere. Inzwischen hatte ich mir zu meinem Aquarium noch ein Terrarium mit Strumpfbandnattern und einem Gecko zugelegt.

Als ich mit Björn von einer kleinen Romreise im Sommer 1978 in die bestens geputzte und aufgeräumte WG zurückkam, sagte mir Ursula: »Gregor, beinahe hätte ich es geschafft, in die ewige Ruhe und in den ewigen Frieden zu gehen.« Entsetzt entgegnete ich ihr: »Ursula, was ist passiert?« Seelenruhig erzählte sie mir: »Ein Auto hat mich letzte Woche zu Boden geworfen. Ich sah es rasend schnell auf mich zukommen und wollte nicht mehr wegspringen.« Ich fragte mich sogleich nach den Gründen, warum sie, für den Bruchteil von Sekunden, aus dem Leben gehen wollte. Jahre später erfuhr ich von ihr, dass sie sich in meinem dreißigsten Jahr in mich verliebt hatte und überzeugt war, dass mein Schwulsein nur eine vorübergehende Phase in meinem Leben wäre. Erst durch mehrere Gespräche mit Ulrich, der sich ihr gegenüber als bisexueller Mann geoutet hatte, begann sie langsam zu erkennen, dass ich mich von Kindheit an ausschließlich von gleichgeschlechtlichen Freunden erotisch angezogen fühlte. Erst in den 1980er Jahren fand Ursula ihren afghanischen Mann, heiratete ihn und zog einen sehr hübschen Sohn als alleinerziehende Mutter in Frankfurt groß.

Während ihres ersten Frankfurt-Besuches im Januar 1977 hatte Mama an zwei Abenden hintereinander meine Lieblingsspeisen gebacken, einmal Reibepfannkuchen und dann Apfelpfannkuchen – zur Freude aller in dieser Küche. Deiner für alles aufgeschlossene Frau, Papa, gefiel es in unserer Wohnung sehr gut. Björn hatte ihr sein Zimmer mit Frankfurter Bad zu Verfügung gestellt. Mit ihm und Ulrich zeigte ich Mama die Sehenswürdigkeiten der Stadt. Gerade in der

Winterzeit gefiel ihr die Pflanzen- und Blumenvielfalt in den Gewächshäusern des Palmengartens. Sie war an allem interessiert, auch an unserer schwulen Lebenswelt mit Cafés, Buchläden, Restaurants und vielen Lokalen. Überrascht war sie, vom christlichen Bibelkreis im schwulen Zentrum Wittelsbacherallee zu hören, vor allem davon, dass wir jeden Gruppenabend jeweils mit einem Gebet begannen und beendeten. Mama sagte angesichts zweier sich küssender Männer auf der Zeil, dass sie inzwischen viel gelassener mit dem Thema als ihre Tochter Christiane umgehen könne.

Mindestens einmal jährlich kam Marlene mit ihrem Mann Karlheinz und den drei Kindern zu Besuch. »Mama, warum hat Onkel Gregor keine Frau?«, fragte ihre fünfjährige Tochter Stefanie. Spontan antwortete ihr Marlene: »Wie Mama den Papa liebt, so liebt Gregor den Björn«. Damit war die Kleine sofort zufrieden. Hatte doch Björn sie und ihre Brüder Fabian und Christopher in ihren ersten Lebensjahren bei vielen Spaziergängen am Main auf den Schultern getragen. In Björns Familie war es nicht anders. Seine Neffen und Nichten herzten mich bei unseren Besuchen in Schweden genauso liebevoll, wie sie es mit ihrem Onkel taten. Da fällt mir gerade auf, Papa, wie sehr meine homosexuelle Identität in unserer Verwandtschaft tabu blieb. Wobei ich nichts tat, mir das familiäre Unwissen hinsichtlich meines Schwulseins bewusst zu machen und schrittweise zu ändern. Heute ist mir klar, dass nur durch das Outing, das offene Auftreten schwuler und lesbischer Familienangehöriger, trotz aller dabei entstehender möglicher Konflikte, ein normales, selbstverständliches, friedliches Miteinander zwischen homo-, bi- transidenten und heterosexuellen Menschen in unserer Gesellschaft entstehen kann.

Papa, wie das Thema Schwulsein nahm auch das Thema Katholischsein eine zentrale Rolle in meinem Leben ein. Hatte ich doch in der Taufe eine prophetische Gabe erhalten, die, verbunden mit meiner Freundschaft zu Jesus, mich motivierte, über die Neuaufnahme des Theologiestudiums seine frohe, befreiungs- und basisorientierte Botschaft näher kennenzulernen. Nach drei Jahren beendete ich, wie mir mein Lehrer Werner Löser prophezeit hatte, mein Theologiestudium im Sommer 1979 mit dem Diplom. Während des Studiums kam für mich eine kirchliche Anstellung nicht infrage, da ich einerseits erhebliche Vorbehalte gegen das Lehramt der hierarchischen Kirche hatte und andererseits hautnah ihr unverändertes, diskriminierendes Verhalten uns Schwulen und Lesben gegenüber erfuhr. Mein bester Studienfreund Thomas Wagner bekam deswegen keine Anstellung im Bistum Limburg, weil er in St. Georgen eine hervorragende Diplomarbeit zum Thema Homophilenpastoral geschrieben hatte. Geoutete, selbstbewusste und entsprechend der frohen Botschaft Jesu befreit auftretende schwule Bewerber bekommen bis heute keine Arbeit. Dagegen wird von den Bistumsverantwortlichen eine hohe Zahl konservativ angepasster, oftmals lebensuntüchtiger Männer, die sich selbst in ihrer eigenen homo-, beziehungsweise heterosexuellen Identität nicht als Gottes gute Schöpfung annehmen, in den kirchlichen Dienst aufgenommen. »Bei dieser Einstellung verliert die Kirche ihre besten Männer«, sagte uns der Frankfurter Stadtdekan Johannes zu Eltz im Herbst 2016 anlässlich seines jährlichen Gottesdienstbesuchs in der schwulen Gemeinde. Aus Empörung über Thomas' bischöfliches Berufsverbot gehörte ich deswegen auch keinem bistumseigenen Bewerberkreis an, in dem junge Theologiestudent*innen vom ersten Semester an durch einen Referenten der Kirchenleitung begleitet und beobachtet werden. Statt in der Theologisch-Philosophischen Hochschule präsent zu sein, nahmen die WG, die schwule Bewegung und die Knastarbeit unverändert meine ganze Freizeit in Anspruch.

»Dennoch kommt alles anders, als man denkt«, wie Du, Papa, mir so oft sagtest. Guido, ein Mitstudent, mit dem ich die Diplomprüfung vorbereitete, sagte mir: »Gregor, Kirche besteht nicht nur aus Amtskirche. Du bist doch auch Kirche, du bist getauft und gefirmt, auch du hast den Auftrag, die frohe Botschaft Jesu an deine schwulen Freunde und an die Gefangenen weiterzugeben. Ich sage dir das nicht im Sinne der Missionierung. Für mich bist du der geborene Seelsorger. Komm mit mir in die Pastoralassistentenausbildung des Bistums Limburg. Dann kannst du nach der zweiten Dienstprüfung statt als Krankenpfleger als offizieller Seelsorger im Sinne der Menschenrechte viel effektiver wirken!« Er überzeugte mich, und ich rief im Personalbüro des Bistums Limburg an. »Was, wer sind Sie? Wir kennen Sie nicht, und übrigens ist der Pastoralassistentenkurs schon voll«, war auf meine Anfrage hin die Antwort des Personalchefs. Allein mein Dir, Papa, zu gut bekanntes Widerwort, worunter Du oftmals bis zur Weißglut gelitten hattest, kam mir hier zugute. Mein Hinweis, dass der Beauftragte für die Gefängnisseelsorge mich gut kannte, ließ den Personalchef nachdenken. Er wollte sich wieder melden. Am anderen Tag rief er in unserer WG an, teilte mir mit, dass ich von seinem Kollegen eine gute Empfehlung erhalten hätte, jedoch nicht in die Gefängnisseelsorge kommen, sondern erst einmal zur Ausbildung für zwei Jahre als Pastoralassistent in einer traditionellen Pfarrei eingesetzt würde. Beim ersten persönlichen Gespräch mit dem Personalchef sicherte er mir zu, dass ich nach der Ausbildung als Gefangenenseelsorger eingestellt werden sollte. Darauf konnte ich mich gut einlassen. Mein Privatleben wie meine sexuelle Identität waren bei den kurzfristigen Einstellungsgesprächen kein Thema. Selbstverständlich erzählte ich meinen Kolleg*innen in der Pfarrei und in der Ausbildungsgruppe des zweijährigen Pastoralassistentenkurses von 1979 bis 1981 von den Ereignissen in meiner schwulen WG sowie von meinem Engagement in der schwul-lesbischen Community. An unseren ersten Kurs-Exerzitien in den französisch-italienischen Bergen, zu denen auch unsere Angehörigen eingeladen waren, nahm ebenso Björn teil.

1977 besuchte ich als schwuler Theologiestudent vom 8. bis 12. Juni den Evangelischen Kirchentag in Berlin unter dem Motto »Einer trage des anderen Last«, um mich über die Vielfältigkeit kirchlichen Lebens zu informieren. An einem denkwürdigen Abend in der Suarez-Straße tauschten sich Pfarrer und kirchliche Angestellte zum Thema »Homosexualität und Kirche« über ihre meist negativen Erfahrungen in ihren Bistümern und Landeskirchen aus. Ich erzählte selbstbewusst und begeistert von unserem Frankfurter christlichen homosexuellen Arbeitskreis, der sich 1975 im schwul-lesbischen Zentrum Frankfurt gegründet hatte, wie ich Dir, Papa, im letzten Brief berichtete. Die anwesenden schwulen Pfarrer waren erstaunt, von unserem Gesprächskreis zu hören, aus dem heraus sich eine neue Gruppe gebildet hatte, in der die Teilnehmer anhand der frohen biblischen Botschaft ihre Lebensbiographien unter dem Aspekt reflektierten, was ihnen heute Kraft, Glaube, Hoffnung und Liebe gab. Unter der Devise »Gemeinsam sind wir stark« gründete sich an diesem Berliner Abend die Ökumenische Arbeitsgemeinschaft Homosexuelle und Kirche (HuK).

Für mich, Papa, war diese »fruchtbringende Saat« schon sehr früh im Frankfurter christlichen Arbeitskreis aufgegangen. Dank diesem Arbeitskreis hatte ich über Phillip, einen anglikanischen Priester, Björn kennen- und schätzen gelernt. Auch wenn Björn als evangelischer Christ seinen Glauben nicht praktizierte und daher nicht in den Kreis kam, blieb er an den dort besprochenen Themen wohlwollend interessiert. Nach der Schließung des schwulen Zentrums Wittelsbacherallee entstand im April 1977 das Café »Anderes Ufer« in der Mercatorstraße. Statt uns aber im »Anderen Ufer« als schwule Christen zu treffen, nahmen wir das Angebot des amerikanischen Militärpfarrers an, uns in seinem Gemeindehaus im Frankfurter Westend am Grüneburgpark zu versammeln. Hier genossen wir seine und der Gemeinde wohlwollende Gastfreundschaft. Durch ihn hörte ich von

Dignity, einer römisch-katholischen schwul-lesbischen Gottesdienstinitiative, die seit 1969 sonntäglich in katholischen Kirchen Gottesdienst feierte. Der Augustinerpater Father Patrick Nidorf hatte diese Initiative zuerst in Los Angeles ins Leben gerufen. Ähnlich wie italienische Christen hatten lesbische und schwule Katholiken mit ihren Freundinnen und Freunden in allen großen Städten der USA das Verlangen, in ihrer »Muttersprache« den Gottesdienst zu feiern. Ich freute mich zu hören, dass meine amerikanischen Brüder und Schwestern in der offiziellen römisch-katholischen Kirche der USA willkommen waren. Unser Militärpfarrer selbst gehörte Integrity an. Sie ist eine der Dignity-Bewegung ähnliche Gottesdienstinitiative der anglikanischen Episkopalkirche Amerikas. Leider wurde dieser in seiner Gemeinde beliebte Pfarrer in die USA zurückberufen. Sein Nachfolger, ein fundamentalistisch orientierter evangelikaler Militärpfarrer, duldete unsere christliche Gruppe nicht mehr im Gemeindezentrum am Grüneburgpark.

Inzwischen gehörte dem schwulen christlichen Kreis neben einem katholischen Gemeindepfarrer auch der evangelische Pfarrer Benno Hagel an. Er lud uns im Namen seiner Frau ein, sich in seiner evangelischen Gemeinde in Frankfurt-Nied zu treffen. Eine der ersten kirchenöffentlichen Aktionen war unsere Einladung an die HuK, ihr erstes überregionales Treffen im Juni 1978 in Frankfurt abzuhalten. Unter den zahlreichen Gästen waren neben Thomas und mir auch einige schwule Katholiken, die dort beschlossen, sich jährlich zu treffen. Hans-Joachim Hassemer, ein Arzt, und sein Lebenspartner Manfred Tiedeke, ein Krankenpfleger, luden alle Katholiken ein, sich regelmäßig zu einer Jahrestagung in ihrem großen Waldhaus in Koblenz zu Themen der römisch-katholischen Kirche auszutauschen. Hier konnte ich über anregende gesellige Begegnungen hinaus Glaubenserfahrungen auf der Grundlage schwuler Befreiungstheologien erleben. Ich kam nach diesen Jahrestagungen jeweils mit neuen

Ideen und vielen neuen Freundesadressen in die WG zurück. Zwar überhaupt nicht vom Komitee willkommen geheißen, waren wir dennoch am Katholikentag vom September 1978 in Freiburg als geoutete schwule Katholiken präsent. Ein besseres, Mut machendes Thema als das offizielle des damaligen Katholikentages: »Ich will euch Zukunft und Hoffnung geben« hätten wir, Papa, uns gar nicht wünschen können.

Immer mehr Mitglieder der HuK outeten sich in ihrer Evangelischen Landeskirche Hessen-Nassau, sodass ihre eigene Akademie in Arnoldshain im Februar 1982 zu einer Wochenendtagung mit dem Thema »Homosexuelle in Kirche und Gemeinde« einlud. Zuversichtlich, in Erinnerung an das Thema des Freiburger Katholikentages, klebte ich das gesamte Programm mit Referenten und Inhalten in das große, mir von Dir, Papa, geschenktes Tagebuch. Begann doch im Rhein-Main-Gebiet mit dieser Tagung für uns homosexuelle Christen eine neue, menschenwürdigere Zeit. Ich freute mich, dass auf diesem Wege immer selbstverständlicher kirchliche geoutete Mitarbeiter selbstbewusst auftraten. Somit trugen sie zum Miteinander von homosexuellen Christen in kirchlichen Gremien und Gemeinden bei.

Bestimmt, Papa, fragst Du Dich jetzt gespannt, wie ich in den 1970er Jahren als schwuler Angestellter der katholischen Kirche und dazu noch in der Ausbildung als Pastoralassistent des Bistums Limburg zurechtkommen konnte. Im normalen Pfarreialltag war mein Schwulsein erstmal kein Thema. Von 1979 bis 1981 war ich neben der monatlichen theoretischen Ausbildung im Priesterseminar zur Gemeindepraxis in der Frankfurter St. Antonius-Pfarrei eingesetzt. Hier lernte ich die ganze pastorale Vielfalt einer Pfarrei vom Kindergarten über die Schule und Seniorenkreise bis hin zur Beerdigung und Trauerarbeit kennen. Regelmäßig hatte ich am Sonntag im Wechsel mit dem Pfarrer in der schönen neugotischen Kirche zu predigen. Nach einem Jahr Predigtpraxis bezeichnete mich ein Bundeswehrbeamter als »Agent Moskaus« und zeigte mich wegen meiner sozialkritischen, jesuanischen

Aussagen beim Bistum an. Ein andermal nahm der Pfarrgemeinderatsvorsitzende nach meiner Predigt das Mikrofon im Altarraum an sich, um den Mitfeiernden in der voll besetzen Kirche zu verkünden, dass meine Predigt Privatmeinung und nicht katholisch sei. Daraufhin ergriff der Gemeindepfarrer das Mikrofon und lud zu einem Gespräch nach der Kirche ins Gemeindehaus ein. Es war eine fruchtbare Predigtnachbereitung, da sich die beiden Fraktionen im lebhaften Streitgespräch – die konservativen Christen gegen, die Christen anderer Muttersprachen und sämtliche anwesenden Jugendlichen für mich – zu meiner basisorientierten Predigt austauschen konnten. Amüsiert kommentierte danach ein Mitglied des Pfarrgemeinderates dem Pfarrer und mir gegenüber: »Das war gerade ein Stück lebendige Sonntagsgemeinde.«

Im Religionsunterricht an einer Grundschule konnte ich nun selbst die schönen biblischen Geschichten vom »bunt gekleideten Josef und seinen neidischen Brüdern«, die ich damals im Kindergarten begeistert gehört hatte, den Erstklässlern weitergeben. Einen kleinen Kreis Erwachsener unterrichtete ich zum Thema »Was wir glauben?«. Da die Teilnehmer*innen mir so sympathisch geworden waren, lud ich die als Hauskreis gegründete Gruppe auch einmal zu mir in die WG ein. In meinem Zimmer fragte plötzlich eine Teilnehmerin: »Herr Schorberger, sind Sie als Pastoralassistent auch noch bei der Versicherung tätig?« Ich fiel aus allen Wolken und fragte zurück, wie sie darauf käme. »Ja, in Ihrem Regal stehen zehn Aktenordner der Versicherung HUK.« Ich musste lachen und entgegnete ihr: »Nicht der HUK gehöre ich an, sondern der HuK. Das ›u‹ ist kleingeschrieben. Das ist eine ökumenische homosexuelle Arbeitsgruppe, die vierteljährlich ein Infoheft herausbringt. Neben meinem Schriftverkehr sind in diesen Ordnern alle HuK-Infohefte seit ihrer Gründung 1977 auf dem evangelischen Kirchentag in Berlin enthalten.« Als Reaktion kam von ihr nur ein: »Ach so, wie interessant!«, und schnell gingen die Gruppenmitglieder wieder zum Glaubensthema des Abends, das Reich Gottes, über. Zu Beginn meiner pastoralen Ausbildung hatte ich dem Pfarrer wie der Bistumsleitung mitgeteilt, dass ich trotz der für mich vorbereiteten großen Gemeindewohnung in der WG wohnen bleiben wollte, weil ich mit einem Mitbewohner für die Resozialisierung ehemaliger inhaftierter junger Männer verantwortlich war. Dennoch stellten sie mir für späte Abendtermine kostenlos ein kleines Zimmerappartement zu Verfügung, das ich aber, da nie gebraucht, in Absprache mit der Gemeinde einem befreundeten eritreischen Flüchtling bis zu meinem Abschied aus der Pfarrei St. Antonius im Sommer 1981 überlassen konnte.

Aber jetzt will ich Dir, Papa, erstmal von meinem und Rodriguez Erleben berichten. Gegen den Willen der Staatsanwaltschaft hob der Richter nach zweieinhalb Jahren Knast im Juni 1977 Rodriguez' Haft zugunsten einer Therapie auf, da der Vorwurf der Tötungsabsicht bei einem von ihm verübten Überfall im Drogenrausch fallengelassen wurde. Nach endlosen Monaten des Gefängnisaufenthaltes kam es einem Traum gleich, uns in diesem Sommer in Freiheit in den Armen zu halten. Wir fuhren zusammen Fahrrad am Main entlang und tanzten in der schwulen Disko miteinander. Besonders genoss Rodriguez das gastfreundliche Willkommen der WG-Freunde Björn, Ulrich und Hermann. Hermann zeigte ihm an den Wochenenden mit seinem Auto die ganzen Schönheiten der Umgebung Frankfurts: im Taunus den Feldberg, im Rheingau Schloss Johannisberg und im Spessart das Wirtshaus. Gesund und glücklich in Freiheit wirkte Rodriguez in seiner ganzen Ausstrahlung noch attraktiver auf mich. Statt sich dann aber Ende August wieder auf der Polizeiwache zu melden, kaufte er sich für den 1. September 1977 eine Fahrkarte nach Amsterdam. Sprachlosigkeit, ein letzter Kuss, eine herzliche Umarmung in der Frühe dieses Tages am Hauptbahnhof waren das Einzige, wozu ich fähig war. In Sorge um mein Wohlergehen fragte mich Rodriguez: »Geht es dir schlecht?« Er hatte meinen tiefen Schmerz der noch nicht akzeptierten Trennung gespürt. Mir war nur wichtig, wortlos da zu sein, jede Chance wahrzunehmen, die mir verblieb, bis zur letzten Minute der Abfahrt bei ihm zu sein, bei dem geliebten Freund.

War ich noch gerade blind vor Tränen angesichts der für immer vermuteten Trennung von Rodriguez, so begann ich, dank der tröstenden Worte der WG-Freunde, langsam klarer zu sehen, und nahm, gleich einer Flucht, den nächsten Zug nach Norden. In Karnap angekommen, nahmen meine Familienangehörigen Rücksicht auf mich wie auf einen tief Trauernden. Am Telefon immerhin hörte ich seine verliebte Stimme aus Amsterdam. Große Sorgen machte ich mir, als ich Rodriguez telefonisch nicht mehr erreichen konnte. Ende November bekam ich überraschenderweise eine Einladung von ihm, zu seinem 25. Geburtstag am 8. Dezember nach Madrid zu seiner Familie zu kommen. Ermutigt durch meine WG-Freunde fuhr ich einen Tag später nach Madrid. In meinem Tagebuch steht über diese Reise: »Herzlich und gastfreundlich empfingen mich Rodriguez' alte Eltern und seine Schwester. Gegen Ende meines dreißigsten Jahres erlebte ich mit ihm eine wunderbare gemeinsame Zeit der Erholung, Entspannung und gegenseitiger Liebe. Stolz zeigte er mir die Schönheiten seines Landes und seiner Landsleute einschließlich der Flamencotänze. Nach heftigem Streit über seine permanente Angst, als schwuler Mann erkannt zu werden, lud er mich zu einem Haschichkuchen in einem marokkanischen Café in Tanger ein. Überraschenderweise wurde mir nach dem Cafébesuch ganz warm ums Herz. Ich sah plötzlich alles › in Rosarot‹ und die vollkommene Harmonie zwischen Rodriguez und mir war wieder bis zu meiner Abreise Ende Dezember mit dem Zug Madrid-Paris–Frankfurt hergestellt.«

Nicht nur der Glaube, Papa, auch die Liebe versetzt Berge. Da ich in den folgenden anderthalb Jahren Rodriguez nicht wiedersah, weil er ständig auf Drogenkonsumreisen war, brannte doch das Herz in mir, ihn wiedersehen zu wollen. Sein letzter Liebesbrief aus Barcelona lag schon mehrere Monate zurück, und es war ungewiss, ob meine Briefe ihn jemals erreichten. Nach einem erneuten vergeblichen Versuch im Juli 1979, in Frankreich, und zwar in Marseille, als Seelsorger Fuß zu fassen, dachte ich dort im Süden, nahe der Grenze zu Spanien, an ihn. Gegen alle Vernunft machte ich mich nach den vergeblichen Gesprächen mit der Bistumsleitung mit dem Zug auf den Weg von Marseille nach Barcelona, um Rodriguez an seiner letzten bekannten Adresse anzutreffen oder wenigstens von ihm zu erfahren. Nachdem ich ein Hotelzimmer in der City genommen hatte, begab ich mich sofort in eine der Vorstädte zu seiner Wohnungsangabe. »No, no no, nada«, waren die Reaktionen der Hausbewohner, als ich ihnen den Briefumschlag von Rodriguez mit ihrer Adresse zeigte. Ich sagte mir, etwas anderes hätte ich bei all dem unsteten Leben meines drogenrückfällig gewordenen Geliebten auch nicht erwarten können.

Hielt ich doch schon in Freiburg während meiner parapsychologischen Vorlesungen bei Prof. Bender übersinnliche Phänomene, wie unter anderem Telepathie, durchaus für real, wie ich Dir, Papa, aus Freiburg schrieb, so durfte ich an diesem Abend in Barcelona selbst eine solche Erfahrung machen. Sagt man doch oft am Telefon: »Wie schön, dass du anrufst, gerade habe ich an dich gedacht und wollte dich auch anrufen!« Auf jeden Fall ging ich abends noch durch die Fußgängerzone Barcelonas, dieser für mich vollkommen fremden Millionenstadt, wissend, dass ich am Morgen wieder nach Marseille zurück musste. Und wer kam mir in dieser überfüllten Allee entgegen? Rodriguez in Begleitung eines faszinierend hübschen, orientalisch aussehenden jungen Mannes! Die übergroße Wiedersehensfreude blieb getrübt, da Rodriguez im Drogenrausch war und blieb. Wie in einer langen Nachtwache bei einem geliebten Kranken verbrachte ich die nächtlichen Stunden mit ihm in meinem Hotelzimmer. Mir blieb am anderen grauen Morgen am Hauptbahnhof wiederum nur der schmerzliche Abschied vom Geliebten – im vergeblichen Wunsch, dass er es doch einmal schaffen würde, von den Drogen loszukommen. Was Rodriguez in diese Sucht hatte geraten und in ihr bleiben ließ, Papa, blieb letztlich sein Geheimnis.

Ein halbes Jahr später, zu Beginn des neuen Jahrzehnts, kam er erneut wegen krimineller Delikte aufgrund seiner Drogenabhängigkeit in spanische Haft, und diesmal lebenslänglich. Bis zu seinem Tod im Herbst 2014 blieben wir über Briefe, Fotos und Päckchen in Freundschaft verbunden. Echte Liebe bleibt, Papa, nicht nur lebenslänglich, sondern für mich auch »unverändert« über den Tod hinaus. Erreiche ich doch Rodriguez wie Dich nicht nur über Erinnerungen, Gedanken und Gefühle, sondern auch ganz aktuell, indem ich heute Euch beiden über meinen Segenswunsch verbunden bin.

In diesen Jahren von 1977 bis 1981 erfuhr ich in meiner Knastarbeit statt Behandlungsvollzug zunehmend mehr einen Rückfall der Justiz in einen Rache- und Vergeltungsvollzug, gegen den in den 1960er Jahren der schwule Generalbundesanwalt Fritz Bauer engagiert, jedoch vergeblich angegangen war. Im Rahmen des verschärften Strafvollzugs Mitte der 1970er Jahre brachte man vor den dick vergitterten Zellen der Jugendlichen in der JVA Höchst Sichtblenden an, sodass sie keinen Blickkontakt zu Personen außerhalb des JVA-Geländes aufnehmen konnten. Gleichzeitig konnten sie auch keine Bäume, keine Wolken, keine Sonne und keinen Mond, geschweige die verschiedenen vorbeifliegenden Vögel sehen. Diese Grausamkeit der Justiz veranlasste uns ehrenamtliche Vollzugshelfer – es tut mir nachgerade fast weh, das Wort »Vollzugshelfer« auszusprechen, da ich durch meine Arbeit dort mithalf, den Vollzug aufrecht zu erhalten –, auf dem Frankfurter Römer eine Zelle mit ebenfalls dick vergitterten Fenstern und Sichtblenden aufzubauen. Vorbeigehende Passanten luden wir ein, in diese kleine provisorische Zelle hineinzugehen. Papa, schneller als sie hineingingen, kamen unsere Interessierten auch wieder heraus, eine Frau mit dem Ausruf: »Das kann man doch keinem Menschen zumuten!« Alle gegen diese der Menschenwürde widersprechenden Justizveranlassung gesammelten Unterschriften übergaben wir dem Ministerium in Wiesbaden. Gleichzeitig gelang es mir, den Frankfurter Sozialreporter und Autor Ernst Klee dafür zu gewinnen, sich dafür einzusetzen, sodass sowohl das Wochenmagazin Die Zeit als auch die Fernsehsendung »Panorama« eine Reportage über die Sichtblenden brachten. Dass Polizisten und Beamte des Bundeskriminalamtes uns Ehrenamtliche auf dem Römer ständig beobachteten und fotografierten, störte uns damals nicht. Letztlich gelang es uns, dass wenigsten an den Fensterreihen der jugendlichen Gefangenen, die unterhalb der hohen Gefängnismauer lagen, die Sichtblenden wieder abgenommen wurden.

Überrascht, Papa, bin ich über mich selbst, trotz dieser Haftverschärfungen weiter in die JVA Preungesheim und die Jugendstrafanstalt Frankfurt-Höchst gegangen zu sein. Lag es an der Aufforderung meines Freundes Jesus »die Gefangenen zu besuchen«, lag es an meinem vehementen Protest gegen die diskriminierenden Verhaltensweisen von Kirche und Gesellschaft, die diese Zustände zu verantworten hatten, dass ich mich jetzt gerade erst recht auf die Seite der geschundenen Gefangenen stellte? Lag es an meiner Bedürftigkeit nach menschlicher Nähe und Zuwendung, die ich über Briefe, Begegnungen, Freundschaft, Rückschläge und Erfolge seitens der Gefangenen erfuhr?

Wegen der zunehmenden Anzahl junger kurdisch-türkischer Untersuchungshäftlinge bat mich der Anstaltsleiter 1978, neben meiner Beratungsarbeit einen Deutschkurs anzubieten. Hier erlebte ich Jugendliche, die sich über das Deutschlernen erhofften, nach der Haftentlassung eine Aufenthaltsgenehmigung in Frankfurt zu bekommen. Pädagogische Unterlagen zum Thema »Deutsch für Menschen anderer Muttersprache« hatte ich mir von der VHS und von einem befreundeten Deutschlehrer bei der HuK besorgt. Zur Auflockerung meines Unterrichtes, Papa, hatte ich begonnen, jeweils nach einer halben Stunde die Jugendlichen zum zehnminütigen Körpertraining einzuladen. Erstaunlicherweise machten alle die Übungen mehr oder weniger gelenkig mit. So gelang es mir, durch die Körperentspannungsübungen ihre Aufmerksamkeit für den weiteren Unterrichtsverlauf zu gewinnen. Einmal begrüßte mich Shaban, ein kurdischer Schüler, zu Beginn des Unterrichtes schmunzelnd mit folgenden Worten: »Herr Schorberger, gestern Abend hatte ich in meiner Zelle statt Depressionen heftigen Muskelkater, weil ich ihre Körperübungen nachgemacht habe. Sie sind schuld!«

Ende 1978 fragte mich der katholische Gefangenenseelsorger, ob ich nicht vom Bistum Limburg mit einem Stundendeputat in seinem Rahmen angestellt werden wollte. Gerne bejahte ich Pfarrer Igor Stipicics Anfrage, zumal ich dadurch die Begleitung der mir bisher anvertrauten muslimischen Gefangenen als »Seelsorger« in vollem Umfang beibehalten konnte. Neu war für mich, in Vertretung des Pfarrers Wortgottesdienste mit Kommunionausteilung in der Gefängniskapelle abzuhalten. Der Pfarrer bat mich, seine Gemeindemitglieder über Jugendveranstaltungen, Klausurtagungen und Pfarreigottesdienste für die Gefangenen zu interessieren. Das alles, Papa, kam mir als Theologiestudent entgegen. Durch den dadurch erworbenen Monatsverdienst konnte ich nach zweieinhalb Jahren meine Nachtwachen im Altenpflegeheim beenden. Neben Ulrich von der WG gewann ich zudem unter den Theologiestudenten weitere Ehrenamtliche für die jugendlichen Gefangenen.

Und jetzt, Papa, möchte ich Dir endlich Björns und meine drei »Adoptivsöhne« vorstellen, die ich bereits mehrmals erwähnt habe. Alle kommen aus kurdischen Gebieten der Türkei. Sie waren von Mafiabossen als jugendliche Drogendealer nach Deutschland geschickt worden, da sie bei einer polizeilichen Festnahme eine geringere Strafe als Erwachsene zu erwarten hatten. »Herr Schorberger, können Sie nicht mal zu Boran Sidar in Zelle 18 gehen?«, fragte mich die Sozialarbeiterin der JVA Höchst im August 1978. »Wir sind ganz verzweifelt. Seit heute Morgen heult er nur. Sonst singt er doch immer so schön. Von seinen Zellennachbarn wird er Bülbül, die Nachtigall, gerufen. Weder der Psychologe noch ich konnten Herrn Sidar beruhigen.«

Da ich seit meiner Seelsorgetätigkeit einen Zellen- und Korridorschlüssel hatte, machte ich mich gleich auf den Weg zu dem mir bisher unbekannten Untersuchungshäftling. Auf meinen Gruß und persönliche Vorstellung reagierte Boran Sidar gar nicht. Aus seinem verheulten Gesicht mit gelbgrauer Haut unter zerrauftem, schwarzem Haar sahen mich zwei sehr traurige dunkle Augen fragend an. Obgleich es ein Sommertag war, kam in die unterhalb der Gefängnismauer liegende, verblendete Zelle nur ein milchiges, trostloses Licht. Boran winkte mich zu sich und bat ohne Worte, mich neben ihn auf die Bettkante zu setzen. Dann schmiegte er sich sofort an, und als ich ihn im Arm hielt, weinte er noch heftiger. Erst nach einiger Zeit, als ich ihm ein Taschentuch gab, hellte sich sein Gesicht auf. Er klagte in gebrochenem Deutsch: »Ich ganz alleine, kein Besuch, Ane tot, meine Pflegeeltern in der Türkei, kein Verteidiger kommt.« Ich sagte ihm zu, mit seiner Rechtsanwältin, einer Pflichtverteidigerin, zu sprechen, dass sie ihn besuchen kommen sollte. Und wenn er wollte, könnte er morgen in meine Deutschgruppe kommen. Wie verwandelt strahlte Boran mich plötzlich an, umarmte und küsste mich beim Abschied. Statt wie ein zu früh gealterter, kranker Mann, sah er jetzt wieder wie ein Jugendlicher von 18 Jahren mit gewinnendem Lächeln und charmanter Gestik aus. Bestimmt kannst Du, Papa, Dir vorstellen, dass mein ganzer Kampfgeist für ihn erwacht war, ihn über eine frühzeitige Haftverschonung aus der menschenunwürdigen Zelle heraus zu bekommen. Mit Björn sprach ich noch am Abend über die Möglichkeit, diesen Boran Sidar bei uns in der WG aufzunehmen, da unser gegenwärtiger Mitbewohner, Franz, nach Marseille gehen wollte.

Ein halbes Jahr später, im März 1979, gelang es tatsächlich, über die Pflichtverteidigerin eine Haftverschonung – noch vor dem Gerichtsurteil – für Boran zu erlangen. Björn und ich sagten dem Richter zu, dass er bei uns wohnen und eine polizeiliche Anmeldung erhalten würde. Darüber hinaus hätten wir ihn zum Deutschkurs in der VHS angemeldet und würden über unsere Familien und den Freundeskreis für die soziale Integration Borans sorgen. Jedes Mal, wenn Björn, Hermann und ich gemeinsam mit ihm von einem Ausflug oder einer deutschen Amtsstelle zurück in unser Haus kamen, zeigte Boran stolz auf das Türklingelschild, auf dem sein voller Name neben Björns und meinem eingetragen war. Überall erzählte er, dass er nun seine erste eigenständige Wohnung hätte. Als Ursula von seinem Knast-Necknamen hörte, schenkte sie ihm einen goldgelben Kanarienvogel, den er überglücklich sofort Bülbül nannte. Trotz der Verurteilung zu drei Jahren Haft im November 1979 ordnete der Richter aufgrund der guten Sozialprognose Borans weitere Haftverschonung an. Aber das Ausländeramt verfügte ungeachtet der richterlichen Anordnung zum Ende des Jahres die Ausweisung in die Türkei. Obgleich wir mit ihm familiär zusammengewachsen waren und er über Björn und mich Lebens- und Zukunftschancen in Frankfurt hatte, überfielen ihn so starke Ängste vor erneuter Festnahme durch die Polizei, dass er nicht mehr ruhig schlafen konnte.

Was tun, Papa? Wohin mit Boran, da schon zweimal die Polizei an unserer Tür nach ihm gefragt hatte und ich sicher war, dass sie auch die Straße beobachteten und kontrollierten, wer zu uns ins Haus kam? Da ich gerade zu der Zeit eine Fahrradtour mit Jugendlichen der Pfarrei St. Antonius durch

Holland plante, fragte ich die dortigen holländischen Gemeindeseelsorger, bei denen wir in Basisgemeinden zu Gast sein sollten, ob es eine Familie gab, die Boran aufnehmen würde. Noch vor Fahrtbeginn im August 1980 erhielt ich die Zusage eines holländischen Ehepaares, das dazu bereit war. Also fuhr er mit den Jugendlichen und mir im Amsterdam-Express nach Arnheim. Allein in Oberhausen sah ich rechtzeitig, wie die Zollpolizei in den Zug stieg. Boran, der ganz in das Kartenspiel mit den Jugendlichen vertieft saß, rief ich zu, er sollte samt seinem Gepäck aus dem Abteil kommen. Als er die Zollpolizei am Ende des Ganges sah, war ihm alles klar. Ich konnte ihm noch raten, den Regionalzug bis Emmerich zu nehmen und es dann über die grüne Grenze zu versuchen, um uns in der Jugendherberge von Arnheim wieder zu treffen. Noch vor dem Abendessen kam Boran tatsächlich mit strahlendem Gesicht in der Jugendherberge an. Trotz aller Zuwendung der holländischen Familie fiel Boran allerdings später als Konsument ins Amsterdamer Drogenmilieu zurück. Als Björn und ich von unserer Türkeireise zurückkamen, erfuhren wir auch von seinem Krankenhausaufenthalt. Schweren Herzens musste ich ein Jahr später in Amsterdam am Krankenbett Abschied von ihm nehmen, da seine Ärzte des geschwächten Körpers und vieler Infektionen wegen nichts mehr für ihn tun konnten. Uns blieb beim Abschied nur noch eine tränenreiche Umarmung und ein Kuss mit der Zusicherung, dass wir in Liebe verbunden blieben. Als er von den Grüßen seiner Pflegeeltern aus Antakya, die Björn und ich bei unserer Türkeireise besucht hatten, hörte, zeigte sich wie damals im Höchster Knast ein leichtes Lächeln auf seinem gelbgrauen Gesicht. Vermutlich kurz vor Ostern 1981 ist Boran Sidar in Holland gestorben. Als sein Nachmieter Deniz Dindar aus der JVA Höchst zu uns in die WG kam, sang der zurückgebliebene Bülbül über mehrere Wochen so schön wie nie zuvor. An Ostern 1981, als Deniz' Aufenthalt bei uns in der WG durch die Unterstützung höchster Frankfurter Würdenträger gesichert war, starb plötzlich unser Kanarienvogel.

Anlässlich meiner zweiten vierwöchigen Türkeireise im August 1981 gab ich der Tageszeitung anonymisiert einen Bericht. Diese schrieb unter dem Titel »Das Dorf des Asylanten D. D.« aufgrund der Auskunft des Vaters von D. D.: *Er, seine Frau und die anwesenden Enkelkinder hätten großes Glück gehabt, denn nachdem die Militärpolizei in sein Haus eingedrungen sei und nach seinem Sohn D. D. gefragt habe, sei der Gendarm des Dorfes glücklicherweise dazugekommen und habe den Militärs gegenüber bestätigt, dass der Sohn D. D. schon vor Jahren nach Deutschland gegangen sei, worauf die Soldaten vor weiterer Zerstörung seiner Wohnung abließen und das Haus verließen. Dennoch hätten sie eine Ziege erschossen und ein Huhn zertreten. Drei Nachbarfamilien, deren jugendliche Söhne gefunden wurden, wurden samt der Kinder gefangen genommen und abtransportiert, während die Angehörigen flüchteten. […] Im Falle einer Rückkehr von D. D. in die Türkei befürchtete unser Dolmetscher das Schlimmste, da D. D. auf Geheiß des Agas (Großgrundbesitzers) auf den Fahndungslisten der türkischen Geheimpolizei stand.*

Heute, Papa, bin ich sehr über mich selbst erstaunt, dass ich es nach der ersten und wegen des damaligen rigorosen türkischen Militärregimes hoch gefährlichen Türkeireise mit Björn ein Jahr später im August 1981 wagte, nochmals in das gleiche kurdisch-türkische Gebiet zu fahren, um Beweise im Hinblick auf Haftverschonung und Asyl für die bei uns wohnenden, jungen Männer zu erhalten. Hermann stellte fest, dass ich Bärenkräfte entwickelte, wenn es um die Menschenrechte mir anvertrauter Personen ging.

Im Januar 1981 feierten wir Deniz' 18. Geburtstag mit seinen Freunden vom Frankfurter Kurdischen Zentrum. Deniz zeigte allen Festgästen unsere mitgebrachten Fotos von seiner Familie in Mesopotamien. Allein die Tatsache, dass sein gleichaltrig befreundeter Mitgefangener Aram Azad weiterhin unversorgt im Jugendgefängnis Höchst saß, trübte seine

Stimmung an diesem Tag. Wie Deniz lernte ich Aram Azad im Herbst 1979 im Rahmen meiner Seelsorge in der Untersuchungshaft des Jugendgefängnisses kennen. Im Gegensatz zu Deniz, der, um seine attraktive körperliche Ausstrahlung wissend, in vornehmer Zurückhaltung auftrat, sprudelte Aram vor Lebendigkeit, Witz und Humor und zog durch seinen Schalk die Bediensteten der JVA schnell auf seine Seite. Mit Hilfe seiner Lebensfreude kämpfte er als kurdischer Jeside für deren Rechte. Die Vollzugsbeamten waren über seine guten Deutschkenntnisse überrascht. Unter den vielen dunkelhaarigen Gefangenen fiel Aram sofort mit seinem feuerroten, lockigen Haar auf, was ihn veranlasste, mir zu sagen: »Mich hier in der Anstalt zu verstecken, ist unmöglich, Herr Schorberger. Selbst in einem Mauseloch werde ich noch sofort gefunden.« Mit Deniz verband Aram der gemeinsame Kampf für die Rechte der Kurden in der Türkei; insbesondere empörten sie sich über das Verbot der türkischen Militärdiktatur, in den Schulen, Universitäten und in den Medien kurdisch zu sprechen.

Die Freund*innen der WG waren Aram dankbar, dass er sich seinem ausgeglichenen Wesen und seiner moralischen Stärke entsprechend für seinen Freund Deniz einsetzte, damit dieser nicht ins kriminelle Milieu zurückfiel. Nach erfolgreichem Besuch der Deutschkurse schafften beide Jugendliche in der VHS den Hauptschulabschluss. Aram wechselte in die Realschule, und Deniz begann als Krankenpflegehelfer in einem katholischen Krankenhaus zu arbeiten. Glücklich war Deniz über sein eigenes Zimmerappartement, das ihm sein neuer Arbeitgeber zu Verfügung stellte. Im Winter 1989 traf ich ihn auf der Straße. Freudig erregt über unser überraschendes Wiedersehen, lud er mich nach kurzem Austausch in sein eigenes kurdisches Restaurant ein.

Im Rückblick auf meine Pfarrei- und Knastarbeit frage ich mich, Papa, wo die vielen Menschen, denen ich in meiner Seelsorge begegnete, geblieben sind. »Wo sind die Menschen geblieben?«, war auch die Frage bei unserer jährlichen ökumenischen Gedenkandacht am leeren Platz, auf dem einst die schöne Rödelheimer Synagoge stand. Die evangelische und die katholische Gemeinde luden jeweils am 9. November zum stillen Gebet für alle Opfer des Nazi-Regimes ein. Um Deine Einsätze in Essen und in Polen wissend, Papa, betete ich auch für ihre Verfolger, für Polizisten und Soldaten, die diese Menschen, insbesondere körperlich und geistig Behinderte, Juden, Homosexuelle, Sinti und Roma oder Zeugen Jehovas verhafteten, zusammentrieben und verschiedenen Todesarten anheim gaben. Anlässlich der Feier nach der zweiten Dienstprüfung in Limburg im Juni 1981 erzählte ich meinem Vorgesetzten von dieser Rödelheimer Ökumenischen Gedenkandacht. Statt bei diesem Thema zu bleiben, fragte mich der Dezernent: »Herr Schorberger, wollen Sie nicht in der Pfarrei bleiben? Wir brauchen Sie dort in der Gemeindeseelsorge. Immerhin haben Sie es vom Pastoralassistenten zum Pastoralreferenten geschafft. Mein Glückwunsch. Ihre Abschlussarbeit zum Thema ›Offene Jugendarbeit‹ war doch hervorragend.« Ich bedankte mich beim Dezernenten, erwiderte ihm aber: »Die Rödelheimer Jugendlichen sind so talentiert. Kompetent können sie selbst ihre vielen Angebote der ›offenen Jugendarbeit‹ durchführen, wenn man sie nur in ihrer Arbeit wertschätzt und ihnen Räume zu Verfügung stellt. Die Jugendlichen können sehr gut für sich selbst sorgen.«

Plötzlich wechselte der Dezernent das Thema und kam auf die Shoa-Gedenkfeier zu sprechen: »Unsere Kirchen haben durch ihr Schweigen und ihre Unterstützung des Nazi-Regimes eine unvorstellbar große Schuld gegenüber diesen Menschen auf sich geladen. Das Vorwort in ihrer Diplomarbeit: ›Überlegungen zum Problem der Gefangenenpastoral‹ hat mich nachdenklich gestimmt.« Dort, Papa, schrieb ich: »Denkt an die Gefangenen, als ob ihr selbst mit im Gefängnis wäret. Denkt an die Misshandelten, als ob ihr ebenso leiden müsstet wie sie«, ergänzt um die Worte von Eugene Victor Debs: »Solange es Deklassierte gibt, zähle ich zu ihnen; solange es kriminelle Elemente gibt, gehöre ich zu ihnen; solange ein Mensch im Gefängnis ist, bin ich selber nicht frei.« Er war ein amerikanischer Sozialist. Die hier wiedergegebene Äußerung entstammt seiner Rede vor Gericht vor seiner Urteilsverkündung am 16. Juni 1918. Wegen zehnfachen Aufrufs zum Widerstand wurde Eugene Victor Debs zu zehn Jahren Gefängnis verurteilt. Meine Diplomarbeit, Papa, widmete ich allen Opfern unseres Strafvollzuges. Anschließend sagte mir der Dezernent, dass das Bistum Limburg eine ganze Planstelle für das Jugendgefängnis in Frankfurt-Höchst eingerichtet hatte. Ab dem 1. September 1981 war ich in dieser JVA als Pastoralreferent der erste hauptamtliche Gefängnisseelsorger.

Noch im August dieses Jahres erhielt ich vom Bistum Limburg meinen Arbeitsvertrag, konnte jedoch wegen des Vetos des Hessischen Justizministeriums nicht als Seelsorger beginnen. Eine Begründung meiner Ablehnung erhielt das Bistum nicht. Allein, ich wusste von den vielen Fotos, die Polizisten in Zivil auf dem Römer von mir und den anderen Ehrenamtlichen gemacht hatten, als wir in der aufgebauten Zelle Unterschriften gegen die Sichtblenden vor den Fenstern der Jugendlichen in der JVA Höchst gesammelt hatten. Somit hatte Dein Sohn einen verbindlichen, sicheren Arbeitsvertrag, ohne seine Arbeit antreten zu können. Glücklicherweise konnte ich mit meinem Ausbildungskollegen tauschen, der gerade seine Planstelle als Seelsorger in der Uniklinik begonnen hatte, jedoch mit den dortigen Arbeitsbedingungen unzufrieden war. Er übernahm gerne meine neue Stelle im Jugendgefängnis und ich seine in der Uniklinik. Auch der Personaldezernent des Bistums war mit unserer einvernehmlichen Lösung einverstanden. Am 1. Oktober 1981 begann ich, wieder im Klinikum der Johann Wolfgang Goethe-Universität zu arbeiten, wo ich sechs Jahre zuvor nach meinem Staatsexamen als Krankenpfleger ein Geländeverbot wegen meiner kritischen Arbeit als Schulsprecher erhalten hatte. Nur dieses Mal, Papa, kam ich nicht als Angestellter, sondern als neuer Krankenhausseelsorger des Bistums Limburg dorthin zurück.

Selbst mehrfacher »Vater« geworden, grüße ich Dich, Papa, als mein treusorgender, verantwortungsvoller Vater

Dein Sohn Gregor

Brief über die Zeit als Motorradfahrer

Frankfurt am Main, 13. August 2017

Lieber Papa,

heute, an meinem 70sten Geburtstag, habe ich, im Rückblick auf meine sommerlichen Einkehrtage in Trier allen Grund zu jubeln und Dank zu sagen. Gleich einem Sechser im Lotto erreichte mich am Mittwoch, den 28. Juni 2017, in der Abtei St. Matthias folgende Nachricht von Burkhard: »Gregor, wir haben gewonnen, die Homo-Ehe kommt in den Bundestag zur Abstimmung!«

Heute also, Papa, an meinem so geschichtsträchtigen Geburtstag, sah ich mich wie in einem Erinnerungsfilm im Jahr 1981 als 34jährigen Pastoralreferent und ehemaligen Krankenpflegeschüler wieder im Kreise der Schwestern und Pfleger der Uniklinik. Mit dem Ausruf: »Unser Herr Schorberger ist wieder da!« empfing mich die Pflegedienstleitung des Klinikums der Johann Wolfgang Goethe-Universität. Es war wirklich dieselbe Person, von der ich Dir berichtet habe, Papa, die mir und drei Klassenkameraden gegenüber fünf Jahre zuvor für die Uniklinik als Krankenpfleger Arbeits- und Geländeverbot ausgesprochen hatte. In ihren Augen hatten wir als Krankenpflegeschüler zu sehr die Missstände in unserer Ausbildung und der Pflege zum Nachteil der Patienten auch in der Öffentlichkeit angezeigt.

Bei diesem Empfang jedoch hieß mich Frau Oberin jetzt im Kreise meiner evangelischen und katholischen Kolleg*innen als neuen Krankenhausseelsorger in ihrem Haus herzlich willkommen. Lächelnd bedankte ich mich bei der Festgemeinschaft für ihren Applaus. In meiner kurzen Begrüßungsrede hob ich besonders das hohe Engagement der Krankenpflege zum Wohle der Patienten hervor und betonte, dass ich mich als Seelsorger sowohl für die Anliegen der Kranken und ihrer Angehörigen als auch für das Klinikpersonal einsetzen wollte.

Seit Ende der 1960er Jahre hatte sich, von den USA über die Niederlande kommend, auch in Deutschland eine neue Krankenhausseelsorgebewegung etabliert. Für den Klinikpfarrer stand nicht mehr das missionarische Anliegen seiner Kirche mit dem Verteilen frommer Heftchen, Gebetbücher und Bibeln im Vordergrund, sondern das Befinden des Patienten. Diese personenzentrierte Seelsorge wurde an katholischen und evangelischen Instituten gelehrt, die sich »Klinische Seelsorgeausbildung« (KSA) nannten. Diese Art Seelsorge, die ich bisher nur durch die Fachliteratur kennengelernt hatte, begeisterte mich, denn so konnte ich als Klinikseelsorger nicht nur ausschließlich zu römisch-katholischen, sondern zu allen Patienten gehen. Hat uns Jesus nicht mit seinen Erzählungen vom barmherzigen Samariter und vom Hauptmann von Kafarnaum ein bestes Beispiel gegeben, für jeden Menschen in der Not da zu sein, Papa? Um selbst eine qualifizierte Krankenhausseelsorge leisten zu können, bat ich im Herbst 1981 meinen Personalchef im Bistum Limburg, mich für einen 14tägigen KSA-Einführungskurs am Seelsorgeseminar Frankfurt freizustellen. »Aber Herr Schorberger, das brauchen Sie doch nicht. Als ehemaliger Krankenpfleger der Uniklinik sind Sie doch bestens für die Klinikseelsorge vorbereitet und geeignet!«, antwortete er mir. Wie Du weißt, Papa, gebe ich gerne Widerworte. Also antwortete ich ihm: »Es stimmt schon. Sie haben recht. Als ehemaliger Pflegeschüler kenne ich mich in den medizinischen Zentren der Unikliniken der beiden Stadtteile Sachsenhausen und Niederrad gut aus. Noch heute bin ich mit vielen Personen vom Personal, insbesondere Pflegenden, Ärzten und Raumpflegerinnen gut bekannt. In der Pflege hatte ich immer etwas in der Hand: Bettwäsche, Spritzen, Salben oder Lagerungsgeräte. Entsprechend der neuen Krankenhausseelsorgebewegung gehe ich bei Erstbesuchen werkzeuglos und ohne Tasche zu den Kranken. Ich versuche, zu hören und zu verstehen, was den Patienten interessiert bzw. nicht interessiert. Da kann ich nicht genug hinzulernen.« Diese Argumente überzeugten meinen Chef, sodass er mich erst zu einem 14tägigen Einführungskurs der KSA in Frankfurt, ein Jahr später dann für einen Sechs-Wochen-Seelsorgekurs in Neuwied und schließlich 1983 für einen Zwölfwochen-KSA-Kurs in Heidelberg freistellte.

Jedoch, Papa, machte ich als Anfänger alle Fehler, die man nur machen konnte, unter anderem suchte ich zu viel Nähe zu den Patienten, hatte zu wenig Abgrenzung und trat am Krankenbett unsicher auf. Besonders in der Kinder-Dialyse identifizierte ich mich stark mit einem von Koliken geschüttelten, sehr schmalen türkischen Jungen, der vom Stationsarzt beschimpft wurde, weil er am Wochenende wieder zu viel getrunken hatte – während Mehmet mir weinend erzählte, dass er wegen des Familienfestes am letzten Wochenende nichts gegen seinen Onkel hatte machen können, der ihm wiederholt ein Glas Ayran aufdrängte. Zu meinem Erstaunen, Papa, fühlte ich beim Gespräch mit Mehmet plötzlich selbst leichte Schmerzen in meiner Seite, die ich gar nicht wahrhaben wollte.

Nach den ersten drei Seelsorgejahren brauchte ich selbst schließlich seelisch, körperlich und beruflich dringend Unterstützung und war daher froh, 1983 an dem Heidelberger 12-Wochen-KSA-Kurs teilnehmen zu können. Dr. Josef Meyer-Scheu leitete als Klinikseelsorger das Institut für Klinische Seelsorgeausbildung des Erzbistums Freiburg in Heidelberg. Hier konnte ich in der Supervisionsstunde meinem bärtigen, temperamentvollen Kursleiter berichten, dass ich in den freien Tagen nach Weihnachten jeweils einen steifen Hals bekommen hatte. Einmal war die Genickstarre im Urlaub in Bottrop so heftig, dass mich meine Schwester Christiane mit ihrem Auto zum Orthopäden fahren musste. Erst nach seiner Spritzenbehandlung löste sich die Starre wieder. Der Arzt empfahl mir, neben meiner Seelsorgetätigkeit mit Joggen zu beginnen, um keinen weiteren so heftigen Anfall zu bekommen. Als mein Supervisor Josef Meyer-Scheu von meinem Gebrechen hörte, ermunterte er mich, von einer besonders eindrucksvollen Begegnung aus der letzten Weihnachtszeit zu erzählen. Beim Erzählen von meinem Einsatz auf der Intensivstation bei dem leichtverunglückten Patienten Franz Breslauer kamen mir erneut die Tränen. Ich war berührt von dem tiefen Glauben dieses jungen Familienvaters, der lieber sterben wollte als eine Blutkonserve zu nehmen. Er hatte gesagt: »Wissen Sie, wegen Ihres und meines Glaubens sind meine Großeltern ins KZ gekommen und elendig gestorben. Aus diesem Glauben heraus will ich Vorbild für meine Kinder und meine Frau sein und nehme deshalb als Zeuge Jehovas kein Blut an. Bitte erfüllen Sie mir meinen letzten Wunsch und veranlassen Sie als Seelsorger, dass ich sofort auf eine Normalstation verlegt werde, um mich dort in Ruhe von meiner Frau und meinen Kindern verabschieden zu können.«

»Haben sich da nicht Ihr Mitgefühl und Schrecken über dieses Seelsorgeerlebnis einige Tage später in ihrem Nacken festgesetzt?«, fragte mich Dr. Josef Meyer-Scheu. Er empfahl mir über das Joggen hinaus eine Therapie, in der jeweils der Zusammenhang zwischen Körper und Gefühl deutlich gemacht würde. Er verwies auf die kommende KSA-Woche, in der eine Körpertherapeutin mit uns Kursteilnehmer*innen arbeiten sollte. Ich sollte prüfen, ob mir diese bioenergetischen Übungen entsprechen würden. Diese Therapie und andere KSA-Erfahrungen halfen mir, bis zu meiner Rente in der Krankenhauseelsorge zu bleiben. Fortbildung, Veränderung und Erneuerung waren mir wie Dir, als jungem Mann, Papa, in meinem gesamten Berufsleben als Klinikseelsorger ständige Begleiter.

Nach meinem Heidelberg-Aufenthalt traf mich nicht ganz unerwartet die Beschwerde des Pflegers Ludwig Dreher von der Dermatologischen Station: »Herr Schorberger, Sie sind oftmals so lange in den Zimmern der Patienten. Was aber tun Sie für uns, das Pflegepersonal?« Zusammen mit meinem evangelischen Kollegen, Pfarrer Karl-Heinz Horst, der zugleich Klinikseelsorger und KSA-Supervisor war, bestand danach fünf Jahre lang eine Supervisionsgruppe mit Pflege- und Ärztepersonal. Aus der Krankenpflegeschule nahm Lehrer Franz Schuhmacher an unseren abendlichen Gruppensitzungen teil. Er bat mich, in seiner Schule Ethikunterricht zu geben, da das Lehrpersonal mit anderen medizinischen und chirurgischen Fächern genug zu tun hatte. Nicht als Pflegeschüler, sondern jetzt als Ethiklehrer, Papa, blieb ich für zehn Jahre an dieser großen Krankenpflegeschule tätig. Mit Franz ging ich auch zweimal in der Woche nach dem Unterricht im nahegelegenen Stadtwald zum Joggen. Einmal warnte er mich vor einem neuen Ausbildungskurs, der bisher noch jeden Lehrer fertig gemacht hatte.

Ich hatte mich deshalb besonders gründlich schriftlich auf den ersten Unterrichtstag zur »Allgemeinen Gesprächsführung« in dieser Klasse vorbereitet. 22 kritisch blickende junge Männer und Frauen schauten mich an, und einige verzogen sofort das Gesicht, als sie hörten, dass ich Klinikseelsorger der katholischen Kirche sei. Als ich mit meinem Unterrichtsmaterial beginnen wollte, konnte ich, Papa, vor lauter Aufregung alles nur noch verschwommen sehen und nichts daraus vortragen. Da ich meine plötzliche Sehbehinderung den Schüler*innen gleich mitteilte, entstand sofort eine lockere, verständnisvolle Atmosphäre in dieser »verrufenen« Klasse »Ja, das passiert, wenn man die Brille zu Hause liegen lässt!«, entgegnete mir ein Schüler humorvoll.. Ich antwortete ihm, dass ich seit Monaten trotz vier Dioptrien Fehlsichtigkeit und Astigmatismus ohne Brille zurechtkam. »Wie ist das möglich?«, fragte eine Schülerin. Ich antwortete: »Schuld an meiner heutigen Misere ist eine Patientin aus der Strahlenklinik.« Alle Augen schauten neugierig und gespannt auf mich. Und dann berichtete ich ausführlich von einer entscheidenden Begegnung. Ich erzählte von der Patientin Frau Klara Freitag, ohne ihren richtigen Namen zu nennen, die bei einem meiner Seelsorgebesuche feststellte: »Sie tragen Ihre Brille nicht gern!« Überrascht schaute ich sie an. »Ja, Ihre Brille sitzt nicht gerade, und sie könnte auch mal wieder eine Reinigung gebrauchen.« Ich glaubte, mich entschuldigen zu müssen, und sagte ihr, dass ich gerade vom Spielen mit Kindern auf der Station kam. »Nein, nein, das ist es nicht, ich habe Sie öfter beobachtet. Wollen Sie von Ihrer Brille loskommen?« »Lieber heute als morgen!«, antwortete ich ihr. Die schwerkranke Patientin offenbarte mir: »Über Augenübungskurse an der Volkhochschule bin ich vor Jahren meine Brille losgeworden. Versuchen Sie es, es klappt bestimmt!« Am anderen Tag meldete ich mich in der VHS für den nächsten Augenübungskurs an. Nach dem dritten Trainingsabend sah ich alles klar, und drei Abende später fuhr ich mit dem Motorrad ohne Brille nach Hause. Tatsächlich sah ich alle Verkehrsschilder glasklar. Natürlich wurde die Sicht wetterbedingt oder wenn ich ein Glas Bier zu viel getrunken hatte manchmal wieder verschwommen, doch grundsätzlich brauchte ich die Brille nicht mehr, was wegen des Helms eine große Erleichterung beim Motorradfahren war. Kurz vor ihrem Tod konnte ich mich bei dieser Patientin herzlich für ihren überaus wertvollen Hinweis bedanken. Sie beantwortete meinen Dank mit einem Lächeln.

Papa, dieser Unterrichtstag verging mir wie im Fluge, da alle Schüler*innen engagiert mitarbeiteten. In den folgenden Jahren hatte kaum eine Klasse bis zu ihrer Examensabschlussfeier so viel Lerneifer in dem Nichtprüfungsfach »Ethik« an den Tag gelegt wie dieser »verrufene« Ausbildungskurs.

Von einigen dieser Erlebnisse erzählte ich Bischof Franz Kamphaus bei seiner ersten Visitation im ehrwürdigen Rektorat der katholischen Krankenhausseelsorge. Nach seinen ersten drei Visitationsgesprächen mit dem Seelsorgeteam fragte ich den Bischof, ob er nicht mit mir am Mainufer spazieren gehen wolle, statt im Haus zu bleiben, zumal der Fluss nur einige Schritte von der Klinik entfernt lag. Freudig nahm er mein Angebot an, da er, wie er mir sagte, auch Bewegung brauchte. Beim Spaziergang fragte mich der Bischof, ob ich nicht Diakon werden wolle. Ich bedankte mich für sein vertrauensvolles Angebot, verneinte aber. Überrascht erkundigte er sich nach meinen Gründen. Ich teilte ihm meine Freude über den neuen Beruf des Pastoralreferenten in der katholischen Kirche mit. Weiterhin erzählte ich dem Bischof, dass ich gerne als Laie in diesem Beruf arbeite, da mir besonders die Grundaussagen des Zweiten Vatikanischen Konzils vom gemeinsamen Priestertum aller Gläubigen gefalle. Selbstverständlich wäre ich auch Mitglied in der Arbeitsgemeinschaft der Pastoralreferenten des Bistums geworden. Weiterhin teilte ich dem Bischof mit, dass ich von den Kolleg*innen dieses Jahr in den Vorstand gewählt worden sei. So konnte ich auch die Themen und Anliegen moderner Krankenhausseelsorge bei Gelegenheit in meiner Berufsgruppe ansprechen. Bischof Franz Kamphaus stimmte meiner Entscheidung zu und ermutigte mich, nicht nur in der Berufsgruppe, sondern auch in anderen Bistumsgremien Krankenhausseelsorge im Sinne der KSA, die ihm am Herzen lag, präsent zu machen.

Wie eine andere Welt blieb die schwule Wohngemeinschaft für mich, Papa, ein sowohl wohltuendes wie herausforderndes Gegengewicht zur Klinikseelsorge. Unser Zuhause in der WG lag nun im Stadtteil Bockenheim, an einem wunderschönen baumbestandenen Platz. Nur noch Björn und ich waren die Hauptmieter dieser neuen Wohnung. Ja, Papa, wie in Sachsenhausen wohnten wir in Bockenheim vorübergehend zu mehreren Personen an einem wunderschönen Platz voller Kastanienbäume, die sich je nach Jahreszeit in bunter Pracht verfärbten. Rund um einen steinernen ovalen Wasserbrunnen mit uralten Holzbänken begrüßten mich diese riesigen Bäume mit ihren großen Blättern nach meiner Ankunft aus der Klinik. In heißen Sommern in Bockenheim verweilte ich gerne nach Dienstschluss auf einer der schattigen Bänke. Hörte ich dann noch dem Gezwitscher der Vögel zu, konnte ich gut abschalten. Einige Menschenschicksale, von denen ich am Kranken- oder Sterbebett erfuhr, nahm auch schon die Motorradfahrt von der südlich des Mains gelegenen Uniklinik bis in das entgegengesetzte Bockenheim wie ein verwehender Wind hinweg.

Was macht man, Papa, wenn die Wohnung zu klein ist und weitere Schlafplätze für bedürftige Freunde gebraucht werden? Um die Enge in unserer kleinen Wohnung wissend, machte Aram Björn und mir den Vorschlag, in meinem von Büchern, Aquarien und Pflanzen übervollen Zimmer ein breites Hochbett zu bauen, womit seiner Meinung nach ein zusätzliches Schlafzimmer geschaffen werde. In der WG war besonders Deniz davon begeistert. Zusammen holten sie eine Woche später geeignetes Holz aus dem Baumarkt, liehen sich in ihrem kurdischen Zentrum ein großes Auto mit Chauffeur und begannen in wenigen Tagen, das Hochbett samt Leiter herzustellen. Plötzlich hatte ich in meinem Wohn- und Arbeitszimmer noch ein großes Schlafzimmer mit vier Matratzen. Dunkel- und gelbgrüne Pflanzen rankten an den Außenbalken des Hochbettes bis zum Boden. Papa, es gab keinen Besucher, der nicht mindestens einmal die Leiter hochgestiegen wäre. Für Deine drei Enkelkinder, die nach wie vor mit Marlene und Karlheinz jährlich zu Besuch kamen, war das Schlafen in diesem Hochbett ein kleines Abenteuer.

Nach wie vor gehörten Deniz und Aram bei jedem WG-Fest mit ihren Freund*innen aus der Schule und dem kurdischen Zentrum dazu. Jedes Mal, wenn Björn und ich auf längerer Reise waren, wohnten sofort die »Söhne« in unserer WG. Kamen wir zurück, war alles – Fische, Blumen, Post – bestens versorgt und die Wohnung gereinigt. Deniz fühlte sich als »zweitgeborener Sohn« nach Boran trotz seines Auszugs ins Pflegewohnheim weiterhin für das Wohlergehen der WG verantwortlich. Beide freuten sich über unsere Urlaubskarten. Für alle gut sichtbar hingen unsere bunten Grüße aus

Algerien, Syrien und Südfrankreich mosaikartig in ihren neuen Zimmerappartements. Erfreulicherweise hatte auch Aram inzwischen dank der Vermittlung des befreundeten Pfarrers Folkmar Braun in Bockenheim ein Zimmer gefunden. Aram bezeichnete sich sowohl als Kurde als auch als Jeside. Jesiden, Papa, sind eine ethnische, religiöse Gruppe in Norden des kurdischen Gebietes. Er besuchte weiterhin erfolgreich die Realschule und verdiente sich sein Geld durch Arbeiten im kurdischen Zentrum. Hier setzte er sich mit Deniz für ihre politischen Rechte, für Freiheit und Frieden der Kurden ein. Wie Dein geliebter Bruder Gregor, Papa, kam Aram viel zu früh mit 20 Jahren im Januar 1984 durch einen Unfall zu Tode. Er hatte, wie ich sah, mit einem Freund die Wohnung eines Kurden bestens renoviert. Doch der Hausbesitzer bestand darauf, dass sie auch noch den Küchenteppich, der sich vom Boden schwer lösen ließ, entfernten. Über Nacht hatten sie mit einem intensiven Lösungsmittel den Teppich eingeweicht. Am anderen Tag zündete sich Arams Freund eine Zigarette in der Küche an, und die Wohnung explodierte. In der Klinik vermochte ich noch, einige Tage an Arams Sterbebett zu verweilen. Nach seinem Tod sammelten wir Geld, damit er nach jesidischem Ritus in seiner Heimat bei seinen Eltern und Geschwistern, die ich auf meiner zweiten Türkeireise kennengelernt hatte, beerdigt werden konnte. Überrascht war ich, Papa, wie viele Freunde, selbst Hermanns Schwester Bernadette, sogleich viel Geld spendeten, dass mit 1.000 DM die Überführung Arams in sein Heimatdorf zwischen Euphrat und Tigris möglich wurde.

Angesichts meines tiefen Abschiedsschmerzes schenkte mir ein aramäischer Freund Arams seinen Nachruf mit den Worten: »Gregor, das Gedicht hätte auch von Dir stammen können!« Einige Auszüge daraus möchte ich Dir, Papa, wiedergeben. Ein wenig wirst Du die wunderbare Persönlichkeit Arams durch die Zeilen dieses Gedichtes um den nach nur fünf Jahren verstorbenen dritten »Sohn« und unser aller Trauer nachspüren können.

Abschied von Aram

»Schwer sind die Tage und schwarz von
Todesnachrichten …«
Meine Tränen füllen alle Ozeane dieser Erde,
und für meinen Schmerz gibt es keine Worte.
Der Fröhlichste von allen lacht nicht mehr.
Der, der noch am meisten vorhatte, musste sein junges
Leben lassen.
Deine Menschlichkeit, der Traum von einer besseren
Welt,
für die Du unermüdlich eingetreten bist, bleibt
Ein Traum, der nicht mit Deinem Körper gestorben ist
Ein Traum, den Dir, mir, uns niemand nehmen kann
Ein Traum der nicht zerstörbar ist.
Wie kannst Du tot sein, wenn das, was von Dir ausging,
bleibt?

Als ich hörte, dass Du verbrannt bist, glaubte ich zu
vernehmen
wie zwischen Frankfurt und Seraphim die Vögel ihr
Singen einstellten
die Meere aufhörten zu fließen, die Bäume ihre Blätter
ließen
die Sonne sich hinter die Wolken verzog, das Murmeln
der Bächlein erstarb
die Kinder ihre Spiele beendeten.

Du bist nicht tot, weil Du in unseren Herzen
eingemeißelt bist.
Du lebst unter uns, durch uns, in unseren Taten, in
unserem Streben.
Dein Lachen wird für immer bleiben.
Wenn ich bestimmte Wege gehe, sehe ich Dich wie
früher um die Ecke kommen mit Deinen leuchtend
roten Haaren, die in Sommerwinden flattern.

Du bist lebendiger als so viele lebende Tote.
Gerade weil Du nicht an ein Leben nach dem Tod geglaubt hast,
hast Du mit anderen zusammen dafür gekämpft, dass alle Menschen auch vor dem Tod ein Leben haben. Auf diese Weise wirst Du immer unter uns sein.
Die Erde, die Dich jetzt deckt, wird eines Tages auch die unsere sein.
Eines Tages werde ich den Zug nehmen, um zu sehen, wo Du jetzt für immer schläfst. Ich möchte wissen, welche Landschaft trotz härtester Lebensbedingungen solche Menschen hervorbringt. Ich hoffe, dass sie Dich in dieser harten Erde weich gebettet haben, auf einem Meer von roten Rosen und warm zugedeckt.

Ein Baum wird emporwachsen, so stark und schön wie der junge Morgen.
Es wird Dein Baum sein, Aram, der für uns alle wächst, und er wird vier Früchte tragen:
Liebe, Freiheit, Menschlichkeit, Gerechtigkeit.
Ich werde immer Deine Nähe spüren, auch wenn Du körperlich nicht mehr anwesend bist, bleibt doch Deine Wärme hier. In jeder Blume sehe ich Dich,
und jeder Sonnenstrahl erzählt mir von Dir. Darum sage ich Dir Auf Wiedersehen!
In Gedanken umarme und küsse ich Dich. Mache es gut, Aram, Arkadas.

Wie war der Nachruf Deiner Familie auf Onkel Gregor? Wie Aram ist Onkel Gregor gerade einmal 20 Jahre alt geworden. Wer hat Euch überhaupt und wie benachrichtigt? Gab es nur die eine offizielle amtliche Nazi-Verlautbarung, dass er als Held für Volk, Vaterland und Führer in Ehren in Russland gefallen war? Wieso Russland? Er war doch mit einer Militärkapelle in Südfrankreich stationiert. Habt Ihr je nachgeforscht, wie und wo Onkel Gregor gestorben ist?

Papa, war ich zwölf oder dreizehn Jahre alt, als ich das Verlangen hatte, wie Du einmal Uniform zu tragen? Die Pfadfinderuniform trug ich nur kurze Zeit, jedoch wie Du als junger Polizist schwarzes Leder zu tragen, wünschte ich mir seit langem. Dennoch wagte ich mit niemandem über meinen Fetisch zu sprechen. Ich schämte mich, in Lederkleidung aufzutreten. Mit der Einstellung, Leder zu tragen sei Luxus, unbürgerlich und martialisch, stellte ich meine Träume, einmal Motorrad zu fahren, zurück. Heute bin ich selbst überrascht zu lesen, wie ich damals bedenkenlos als Vegetarier Lederkleidung tragen wollte.

»Gregor, du darfst deinen Bedürfnissen den Vorrang lassen. Steh zu deinem Fetisch! Du bist liebenswert. Du hast die Kraft, aktiver zu sein. Du darfst spielerisch sein. Du darfst ohne Angst sexuelle Lust mit anderen probieren!« Diese Botschaften gab mir der Leiter Lothar Koschig nach dem zweiten Transaktionswochenendseminar mit auf dem Weg. Als Mitglied unserer Gruppe HuK und als Psychologe bot Lothar drei Wochenendkurse an, um uns schwule Teilnehmer über Selbsterfahrungstraining selbstbewusster, selbstverantwortlicher und selbsttätiger werden zu lassen. Als wir im März 1982 mittels einer Zeichnung unseren größten Wunsch darstellen sollten, entstand bei mir ein Motorrad. Auf Lothars Fragen zu den einzelnen Bildern berichtete ich ihm spontan von einigen Mitschülern in der Krankenpflegerschule, die mir mit ihren Erzählungen abenteuerlicher Motorradtouren imponierten. Von Dean aus England, mit dem ich mich Ende der 70er Jahre auf einer HuK-Jahrestagung in München angefreundet hatte, erhielt ich eine Einladung zu einem Motorradurlaub in seiner Heimat. Ich genoss als Beifahrer die Freiheit, bei Wind und Wetter die südwestenglische Gartenlandschaft und das Meer im Vorbeifahren zu erleben, mich an Dean auf dem Motorrad engumschlungen so festzuhalten, als seien wir eine Person.

»Was hindert Dich, Gregor, den Einser zu machen?«, fragte mich Lothar, der Therapeut. Spontan entgegnete ich ihm: »Ich habe noch nicht mal den Autoführerschein und habe zwei linke Hände, was Mechanik und Reparaturen angeht.« In diesem Frühsommer 1982 klappte dann trotzdem alles, Papa, wie am Schnürchen. In einer der nahegelegenen Fahrschulen fand ich den Lehrer, der trotz meines Alters von 35 Jahren Spaß hatte, mir das Motorradfahren beizubringen. Papa, das Fahren auf einem Zweirad fiel mir deshalb so leicht, da ich seit Deiner Anleitung begeisterter Zweiradfahrer war. Weißt Du noch, wie Du mir als Sechsjährigem Mut machtest, bei Deinem Kollegen den Kanalberg mit Mamas Fahrrad hinunter zu fahren? Im Juni hatte ich meinen Einser, und im Juli konnte ich an meiner Kawasaki 400 das Nummernschild F – KR 29 anbringen. Diese ganz neue Maschine erhielt ich für den Spottpreis von 2.000 DM. Hans von der HuK sagte mir, dass ein Freund seines Vaters in Neviges ein Motorrad geschenkt bekommen, jedoch, da gerade den Autoführerschein gemacht, kein Interesse am Motorradfahren hätte. Deshalb stand die Maschine schon seit zwei Jahren unbenutzt in der Garage von seinem Vaters.

Jetzt, Papa, durfte ich ohne Scham und ohne Scheu in aller Öffentlichkeit Lederkleidung tragen, da ich mir sagte: Du bist jetzt ein Motorradfahrer. Björn freute sich mit mir. Nach anfänglichem Hänseln war Deniz stolz auf mich, dass ich mir diese imposante Maschine erlaubt hatte. Er beglückwünschte mich zu meinem Outing, als er das Huk-Symbol auf dem Motorrad sah. Björn besorgte mir gleich einen Tiefgaragenplatz in der Nähe, und Folkmar Braun, der befreundete Pfarrer, sagte: »Gregor, du kaufst dir keine Motorradkleidung von der Stange, sondern fährst mit mir nach Stuttgart. Dort ist eine spezielle Motorradbekleidungsfabrik, deren Qualität auch in Insiderkreisen hoch angesehen ist.« Folkmar hatte recht. War ich bisher in den drei schwulen Frankfurter Lederlokalen einer unter anderen, so begann man mich gleich nach Eintritt in meinen neuen Lederklamotten mit Motorradhelm in der Hand zu hofieren, was mir wiederum auch nicht gefiel, da ich wie bisher einer unter anderen Lokalbesuchern bleiben wollte.

Ich war darüber erleichtert, Papa, dass Mama und meine Schwestern sich ebenfalls mit mir freuen konnten, wenn ich mit Björn über die Sauerlandlinie zum Wochenende nach Essen-Karnap kam. Anlässlich der 650-Jahr-Feier Essen-Karnap besuchten Björn und ich Dich, Papa, zum ersten Mal mit der Kawasaki an Deinem Grab auf dem Friedhof. Es tat uns gut, eine Weile bei Dir unter den großen, inzwischen traumhaft bunt gewordenen Bäumen auf dem herbstlichen Friedhof auszuruhen.

In Gedanken an meine jährlichen Einkehrtage in Trier muss ich, Papa, über die Reaktion der jungen Mönche bei meiner Ankunft mit dem Motorrad in der Abtei St. Matthias schmunzeln. War ich bisher mehr mit den älteren Mönchen in gutem Kontakt, so begannen sich nun angesichts der Maschine die jungen Brüder sehr für mich zu interessieren. Mir machte es Spaß, den einen oder anderen von ihnen zum Ausflug an die Mosel oder in die Eifel einzuladen, da ich in meinen Seitentaschen immer einen zweiten Helm bei mir hatte. Die Mönche stellten mir für die Kawasaki sofort einen trockenen Unterstand in ihrer Abtei zu Verfügung.

»Alleine soll der Mensch nicht bleiben!« – auch ein Ausspruch von Dir, Papa. Als einsamer Biker auf der Suche fand ich zwar nicht in Frankfurt, aber in Aschaffenburg einen schwulen Motorradclub. Bei den regelmäßigen Treffen in ihrer Stammkneipe gab es für mich wertvolle Infos zum Umgang mit der Maschine. Durch die gelegentlichen Wochenendausflüge konnte ich nicht nur bestens vom WG- und Klinikstress abschalten, sondern wurde auch auf den kurvenreichen Landstraßen über die Höhen der umliegenden Berge sicherer: Taunus, Spessart, Odenwald und Rheingau. Besonders bei einem verlängerten Motorrad-Seminarwochenende in Südostwestfalen auf einem Bauernhof genoss ich die raue, herzliche Geselligkeit unter Gleichgesinnten. Als ich nach diesem Wochenende am Montag ins Schwimmbad ging, kam mir lachend ein Junge entgegen: »Du hast ja einen tollen Knutschfleck!« Statt stumm rot anzulaufen, konnte ich nach den Seminaren bei Lothar den Jungen anlächeln und mich für seine bewundernde Feststellung bedanken.

Mit dem Ausruf »Wir sind damals mit dem Motorrad auch überall hingekommen!« begrüßte mich der 70jährige Hans Schmidt im Januar 1983 im schwulen Seniorenlokal »Karussell« an der Theke. Ich freundete mich mit ihm an und hörte mit großem Interesse von seinem Erleben als schwuler Mann in der Adenauer-Ära. Als erfolgreicher Student durfte Hans sein Studium der Kunstgeschichte, Philosophie und Wirtschaftswissenschaften wegen § 175 nicht beenden, da er »rechtmäßig« verurteilt und in Haft genommen worden war. Beim Erzählen schaute mich Hans mit tiefgründigen, traurigen Augen an. Hans hatte mehrere Artikel über diese dunkle Zeit veröffentlicht und den Gedichtband: »Zweisamkeit – Ein Tagebuch«, seinem langjährigen Partner gewidmet, herausgegeben. Gerne nahm er meine Einladung an, als Referent zum Gruppenabend der HuK zu kommen, um von seinen Erlebnissen in der Nachkriegszeit zu berichten. Abschließend, Papa, trug Hans an diesem HuK-Abend das Gedicht »Ami« von Wolfgang Neuss, Inhaber der ersten Frankfurter schwulen Buchhandlung vor, das von der deutsch-amerikanischen Freundschaft handelte.

Hans lebte inzwischen an den Rollstuhl gebunden in einem Seniorenheim, in dem ich ihn wie zuvor bei ihm zu Hause wöchentlich besuchte: »Gregor, ich werde nicht mehr lange hier sein, ich will nicht mehr. Keiner interessiert sich hier für mich. Wenn ich von meinen Freunden erzähle, gehen die Alten auf ein anderes Thema und reden von ihren Enkelkindern. Du sollst mein Erbe, meine ganze Zimmereinrichtung bekommen.« Überrascht und nachdenklich bedankte ich mich für diesen Freundschaftsbeweis, sagte ihm aber: »Hans, du weißt, ich habe in der WG nur ein schon übervolles Zimmer. Selbst mehrere Bücher könnte ich nicht mehr aufstellen!« »Du liebst aber meine Madagaskarpalme, und wie oft haben wir hier auf diesem uralten Spieltisch gemeinsam Schach gespielt. Bitte, nimm heute wenigstens diese beiden Erinnerungsstücke an mich mit. Du bist doch mit deinem Motorrad da? Meinen Gedichtband hast du ja schon!« Sein bittender, intensiver Blick und die Ernsthaftigkeit in seiner dunklen gebrochenen Stimme wahrnehmend, wollte ich dem Freund nicht wieder »nein« sagen. Diesmal, an einem Dezembertag 1989, verabschiedeten wir uns in herzlicher Umarmung mit vielen Tränen in den Augen und einem »Auf Wiedersehen«. Einige Tage später erhielt ich von der Sozialarbeiterin des Seniorenheimes die telefonische Nachricht, dass Hans Schmidt mit seinem Rollstuhl die hohe Treppe hinuntergestürzt und dabei tödlich verunglückt war. Mir, Papa, blieb die Trauer um einen wertvollen Freund im verbundenen Gebet, dass er dort, wo immer er auch ist, einen segensreichen Advent haben wird. Mir blieb die Gewissheit, dass er als Pionier an der zweiten homosexuellen Befreiungsbewegung in Frankfurt geschichtsträchtig mitgewirkt hatte. Als schwuler Zeitzeuge und sogenannter 175er wird Hans über seinen Tod hinaus für die Zukunft ein Vorbild bleiben.

An einem der folgenden Tage, Papa, meldete ich mich schriftlich bei der »Gesellschaft für humanes Sterben« an, um würdigere Möglichkeiten, sich das Leben zu nehmen, kennenzulernen. Als Motorradfahrer hätte ich ja auch jederzeit schwer verunglücken können, zumal ich damals öfter über die gefährlichen, da verkehrsreichen Autobahnen über dem Frankfurter Kreuz und durch das Rhein-Main-Gebiet nach Straßburg fuhr.

Wegweisend für die HuK erlebte ich 1982 die erste Begegnung mit dem Verein David & Jonathan aus Frankreich. Während der Arnoldshainer Akademietagung »Homosexuelle in Kirche und Gemeinde« im Februar lernte ich Jean-Pierre aus Straßburg kennen. Er blieb mit unserer Frankfurter HuK-Regionalgruppe in Kontakt und berichtete uns, dass sich fünf Jahre vor der Gründung der HuK 1972 David & Jonathan in Frankreich gegründet hatte. Inzwischen gab es in allen großen französischen Städten Regionalgruppen. »Gregor, du kannst von uns allen am besten Französisch. Im Mai findet ein spirituelles Wochenende von David & Jonathan in Straßburg statt. Für unsere internationalen Kontakte wäre es gut, wenn du als unser Vertreter dort teilnehmen würdest«, meinte Lothar daraufhin. Zum ersten gegenseitigen Treffen reiste ich noch mit dem Zug nach Frankreich. Später fuhr ich nur noch mit dem Motorrad über Karlsruhe am Schwarzwald entlang und kam mit meiner Kawasaki doppelt so schnell wie mit dem Zug bei David & Jonathan an. Von den dortigen Verbündeten brachte ich stets neue Impulse für unsere Frankfurter Gruppe mit. Bei den vielen erlebnisreichen Straßburger Treffen entstand eine jahrelange Freundschaft mit Jean-Pierre.

In Frankfurt, Papa, genoss ich es inzwischen, mit dem Motorrad nicht nur in der Mitte der Fahrbahn zu sein, sondern auch nach jeder roten Ampel den Autofahrern davon zu fahren, zumal diese mich über Jahre hinweg als Fahrradfahrer in die Bordsteinrinne gedrängt hatten. Nicht nur auf weiten Fahrten wie nach Straßburg und Bottrop erfreute ich mich am Fahrtwind und dem absolut freien Gefühl auf dem Motorrad, sondern auch nach jedem Seelsorgedienst in der Uniklinik. Nach längerem Besuch auf der Intensivstation war ich verschwitzt, da ich zum Schutz der Patienten über meiner Kleidung noch Schutzkittel, Mundschutz und Handschuhe trug. Oft nachdenklich tauschte ich in meinem Zimmer die Krankenhauskleidung mit der Lederkleidung und fuhr wie in einer befreienden Verwandlung durch die City nach Hause. Interessanterweise, Papa, sah ich auf dem Uni-Gelände vor der chirurgischen Klinik die meisten Motorräder aller Couleur stehen, obgleich das Personal besonders oft mit Motorradunfällen konfrontiert wurde. Einige Ärzte und Pfleger begrüßte ich beim herbstlichen Motorradcorso durch Frankfurt mit anschließendem Biker-Gottesdienst. In Stille, Papa, gedachten wir in dieser Motorradandacht all derjenigen Biker, die im letzten Halbjahr zu Tode gekommen waren. Ich hatte Grund genug, bei der Feier meinem Gott für dieses wunderbar befreiende Erlebnis mit meiner Kawasaki zu danken.

An meinem 35. Geburtstag waren mir Deine und Mamas Botschaften so wichtig geworden, dass ich begann, neben meinem eigenen auch Eure Lebensläufe aufzuschreiben. Glücklicherweise konnte ich Mama ab und zu als Zeitzeugin interviewen. Bei meinen weiteren Forschungen zum Stammbaum staunte ich über Großmutters schöne Vor- und Zunamen: Augustina Karolina Nodstawa. Über mich und meine Vergangenheit mehr zu erfahren, halfen mir, Papa, die bioenergetischen Seminare. Statt mich an den wenigen freien Wochenenden unter Bäume an den Nidda-Auen zu legen, ging ich drei Jahre monatlich von Januar 1984 bis April 1987 in die »Brotfabrik«, in der die Körperpsychotherapie mit Namen Bioenergetik von Alexander Lowen stattfand. Die beiden Leiter*innen Ilse und Gustel arbeiteten dermaßen gerne mit uns zwölf Gruppenmitgliedern, dass sie uns nach Abschluss der Therapie noch vier Fünf-Tage-Workshops zu den Themen Helden- und Schattenreise, Familie, Sexualität, Sterben und Tod anboten.

Papa, an den Therapiewochenenden konnte ich wie in den supervisorischen KSA-Kursen berufliche Probleme ansprechen. In dieser körperbetonten Therapie hatten alle Personen vereinbart, über die Inhalte der Gruppensitzungen Außenstehenden gegenüber zu schweigen. Vielleicht durch mein Jammern über meine Seelsorgerrolle im katholischen Klinikteam genervt, lud mich Ilse während einer Bioenergetik-Sitzung ein – da sie um meine Liebe zu den Patienten wusste – mich, zwischen mein Seelsorgeteam und die Patienten zu stellen. Spontan stellte ich mich in diesem Rollenspiel abwehrend und mit erhobenen Armen und Händen dem Team gegenüber, um meine personenzentrierte Seelsorge mit den Patienten zu schützen. Die Kommentare der Gruppenmitglieder lauteten: »Gregor, ist dir klar, deine wertvollsten Teile, Gesicht, Augen, Ohren, Vorderseite, zeigst du denen, die du nicht ausstehen kannst, und denen, die du liebst, deinen Patienten, zeigst du den Arsch!« Diese bioenergetische Erfahrung änderte mein Verhalten zum Team. Wir klärten unsere unterschiedlichen Positionen. Während die Kolleg*innen ihre Seelsorge vorzugsweise katholischen Patienten zugutekommen ließen, erlaubte ich mir weiterhin, jeden Patienten, egal welcher Weltanschauung und mit welchem religiösen Hintergrund, zu besuchen. Letztlich respektierten wir im Team gegenseitig die unterschiedliche seelsorgliche Vorgehensweise.

Von manchen Erlebnissen in meinen Seelsorgebegegnungen, Papa, die nicht der Schweigepflicht unterlagen, berichtete ich aus gegebenem Anlass in der bioenergetischen Therapie. Als einige Gruppenmitglieder besorgt meinten, dass ich mich zu sehr mit den Patient*innen identifizierte – was ich natürlich aufgrund meiner Seelsorgeausbildung weit von mir wies –, fragte mich Gustel: »Gregor, willst du mal etwas ausprobieren?« Zögernd sagte ich zu. Ich sollte mich mitten in den Raum stellen und ein jedes Gruppenmitglied mit Hilfegesuchen, Sorgen und Bedürfnissen auf mich zukommen. Am Ende lag ich halb erstickt auf dem Boden des Gruppenraumes, da alle so sehr an mir zerrten, dass ich umfiel und alle über mir lagen. Diese und viele andere wertvolle Erfahrungen bleiben mir als kostbare Erträge aus der fünfjährigen Therapie unvergessen. Nach dem letzten Workshop »Sterben, Tod und Wiedergeburt« im Mai 1988 hatte ich mich persönlich sogar so verändert, dass ich langsam begann, mich von Björn und der WG zu trennen und mir eine eigene Wohnung zu nehmen.

»Gregor, du brauchst Erholung«, war die Reaktion meines Klosterfreundes Paul, als ich ihm von meinem Teamkonflikt bezüglich der ökumenischen Seelsorge berichtete. »Komm für einige Tage zu uns auf unseren Klosterberg in die Schwäbische Alb. Du wirst dort allen Ärger mit Abstand und mit ganz neuen Augen sehen! Auch hast du mal wieder Zeit, mit deinem Freund Jesus in Ruhe zusammen zu sein. Was meinst du?« Sofort spürte ich die großartige Möglichkeit, von einem

Berg aus in großer Entfernung mein Miteinander in der WG, in der Klinik und in der HuK anders als im Frankfurter Alltag zu sehen. Ob Du es glaubst oder nicht, Papa, nachdem ich mir eine Woche Urlaub genommen hatte, machte ich mich in diesem Frühjahr 1985 sogleich mit dem Motorrad auf den Weg zum Dreifaltigkeitsberg. Dank des befreiend wirkenden Fahrtwinds, der vorüberrauschenden Städte, der grünen, gelben und roten Felder, der Freude an den Bäumen in zahlreichen Alleen, vermochte ich nach kurzer Zeit auf meiner Maschine Frankfurt nicht nur äußerlich, sondern auch seelisch hinter mir zu lassen. Selbst von einer Lederhaut geschützt, fühlte ich mich dem Rotwild in den Wäldern und den Vögeln in den Lüften verbunden.

Pauls Ordensbrüder hießen mich auf dem Dreifaltigkeitsberg willkommen. Nach guter Kost und Schlaf genoss ich es, an ihrem Stundengebet in der barocken Wallfahrtskirche teilzunehmen. Durch das Erlebnis des Göttlichen fühlte ich mich in der Freundschaft mit Jesus verbunden. In dieser Gebetsatmosphäre kamen mir Erinnerungen an die unendlich lange, mit Rückschlägen und Krankheitserfahrungen gepflasterte Abendschulzeit. Ich dankte Jesus für seine ermutigende Nähe, für Mama und Papa, die mich stets nach den Schulstunden spät abends bestens versorgten und trösteten. Die frohe Botschaft Jesu blieb mir Quelle, Kraft, Licht, Schönheit und Erfolg bis hin zu meinem jetzigen, sich verändernden Leben in der schwulen WG in Frankfurt-Bockenheim und als Krankenhausseelsorger in der Uniklinik.

Durch die Entspannung, das Loslassen und Freigeben in diesen Urlaubstagen gelang es mir, die unglaublich herrliche Landschaft auf dieser höchsten Erhebung der Schwäbischen Alb zu schauen. Ich vermochte die gute Luft mit meinem Atem zu trinken und spürte beim Einatmen, dass die Waldluft mich jung und froh machte. Beim Ausatmen konnte ich alle Spannungen, allen Dreck und die schlechte Luft herauslassen. Ich fühlte mich dabei entleert und zu einem neuen Leben ermuntert, vereint mit meiner Herkunfts- und derzeitigen Wahlfamilie in der WG, mit der Natur, mit dem Universum, von dem ich ein Teil bin, ein göttlicher Teil. Mit Blick vom Dreifaltigkeitsberg auf Frankfurt hinunter sah ich neu, dass ich mich nicht nur durch Therapie, Arbeits- und Berufswechsel, durch Aus- und Fortbildungen verändert hatte, sondern vor allem durch Begegnungen mit Menschen: mit Gefangenen und ihren Aufsehern, Patienten, den schwulen Zeitzeugen der Nachkriegszeit, der HAF- und HuK-Mitglieder und nicht zuletzt mit unseren WG-Bewohnern. Ohne es bereits zu ahnen, Papa, sollten mir zukünftig aber nicht mehr Inhaftierte, sondern an AIDS erkrankte und sterbende Freunde und Patienten auf Jahrzehnte solidarisch verbunden bleiben. Angesichts dieser ganz neuen Herausforderung erübrigt es sich eigentlich, Dir zu sagen, Papa, dass ich mit dem kommenden Jahr 1987 keine Lust mehr hatte, die Kawasaki aufwendig und zeitintensiv zu pflegen, sondern wieder zu meinem anderen vertrauten Zweirad, dem Fahrrad, zurückzukehren. Selbst mein Lederfetisch gehörte inzwischen der Vergangenheit an.

In tiefer Verbundenheit mit Dir, Papa – sind wir doch als Christen eine Gemeinschaft der Lebenden mit den Toten –, grüße ich Dich herzlich

Dein Gregor

Brief über die Zeit als Seelsorger mit AIDS-Kranken

Frankfurt am Main, 16. November 2017

Lieber Papa!

Endlich kann ich nun offiziell von Burkhard als »meinem Mann« sprechen. Wie meine Schwester Marlene mit Karlheinz bin ich seit gestern mit Burkhard ganz normal verheiratet. Keinem Menschen mehr, weder auf Amtsstuben noch bei der Supervisionsarbeit noch im Freundes- und Bekanntenkreis, muss ich das Unwort »Eingetragener Lebenspartner« erklären. Wie immer bei außergewöhnlichen Ereignissen waren Burkhard und ich gestern Morgen um 9.00 Uhr besonders aufgeregt. Hatten wir doch erst am 12. Juli dieses Jahres unsere Silberne Hochzeit gefeiert und nun eben die Grüne auf dem Standesamt. Für uns beide war der gestrige Hochzeitstag ein willkommener Anlass, uns noch einmal bei Pia und Winfried zu bedanken, die vor vier Jahren bei unserem ökumenischen Segnungsgottesdienst in der Kirche St. Cäcilia der Liturgie vorstanden. Natürlich waren ihre Partner*innen beim Festessen in der Pizzeria »Chimino« gleich um die Ecke unserer Wohnung dabei. Jedoch zuerst möchte ich Dir, Papa, von an meinem Ende des letzten Briefes angedeuteten neuen seelsorglichen Herausforderungen als Seelsorger auf der AIDS-Station in den 1980er Jahren berichten.

Als ich Anfang des Jahrzehnts als Krankenhausseelsorger auf die AIDS-Station der Uniklinik kam, waren fast ausschließlich schwule Männer von dieser Krankheit betroffen und hatten nur noch eine geringe Lebenserwartung. Selbst schwul, Papa, war ich am Bett der Patienten tief berührt, von ihrem Erleben zu hören. Von diesen Lebens-, Sterbe-

und Trauererfahrungen AIDS-kranker Menschen habe ich auch schon in meinem Buch »AIDS-Station – Wege humaner Begleitung« berichtet. Ende 1983 sagte unser Diakon Willibald Troemer aus dem katholischen Klinikteam zu mir: »Gregor, auf meiner Station der allgemeinen Infektionskrankheiten ist eine neue, tödlich verlaufende Krankheit aufgetreten. Davon sind überwiegend junge Männer betroffen. Als Seelsorger bin ich da ganz allein, da der evangelische Pfarrer wegen seiner kleinen Kinder aus Ansteckungsangst dort keine Besuche macht. Wie du weißt, gehe ich in ein anderes Krankenhaus und wäre beruhigt, wenn du die AIDS-Station als Seelsorger übernimmst.« Du kannst Dir denken, Papa, dass ich sofort zusagte. Die gesellschaftliche AIDS-Hysterie dieser Jahre war auf ihrem Höhepunkt. Nachrichten aus der Boulevardpresse wie folgende lagen mir in den Ohren: *»Homosexueller hat andere angesteckt«, »Sind AIDS-Kranke unsere Mörder von morgen? Wer schützt die gesunde Bevölkerung vor den Seuchenträgern?«, »Kein Abendmahlskelch mehr für die Gemeinde – Einzelkelche in Königstein, damit sich evangelische Christen nicht anstecken«, »Kein AIDS-Infizierter in den öffentlichen Dienst. Bayern zieht erste Konsequenzen«, »Kardinal Höffner spricht von AIDS als einer Vorsehung und Heimsuchung Gottes«* usf.

Diese kirchlichen Aussagen führten dazu, dass die leitenden Professoren der AIDS-Station 68, Wolfgang Stille und Eike B. Helm, mich bei unseren täglichen Begegnungen ein Jahr lang nicht begrüßten. Die Ärzte waren über die diskriminierenden Aussagen kirchlicher Amtsträger über AIDS-Kranke äußerst empört. Sie waren anfangs darüber befremdet, mich als römisch-katholischen Seelsorger auf ihrer Station zu sehen. Erst als sie zu ihrer Überraschung erfuhren, dass immer mehr Patienten und ihre Angehörigen mich um einen Seelsorgebesuch baten und sie bei der Weihnachtsfeier 1984 sahen, dass fast alle gehfähigen Patienten anwesend waren, war das Eis zwischen uns gebrochen. Ihr Verhalten mir gegenüber kehrte sich ins Gegenteil um. Bei ihrer Chefvisite übergingen sie das Patientenzimmer, in dem ich mich gerade aufhielt. Plötzlich erhielt ich vom Hauspersonal Einladungen zu Stationsbesprechungen und zum monatlichen Symposium »Wissen über AIDS« im Hörsaal der medizinischen Fakultät. Die Professoren des Zentrums der Inneren Medizin baten mich sogar, mit einem eigenen Referat zum Thema »Thanatologie und Sterbebegleitung« an Pflege- und Ärztekongressen teilzunehmen. So referierte ich im März 1987 auf einer internationalen Fortbildungstagung für Krankenpflege im großen, vollbesetzten Hörsaal der Universität Gießen zum Thema: »Hören, was AIDS-Kranke uns sagen wollen!«. Professor Helm hatte zuvor über den aktuellen Stand der AIDS-Forschung berichtet. Ja, Papa, ich war selbst über meine Courage überrascht, trotz tausend Ängsten und Unsicherheiten öffentlich als Redner aufzutreten. Oder war es der Löwe in mir, der all seine Kräfte auf mich übertrug, da ich doch im Sternzeichen des Löwen geboren worden war.

Bei einer Nachbesprechung der Aufnahmen für den Film »AIDS – die Kirche und die Moral« in der sonntäglichen ARD-Reihe »Gott und die Welt« sagte der Berliner Filmregisseur Christian Modehn zu mir: »Sie sprudeln über im Erzählen von den spannenden Lebenserfahrungen Ihrer AIDS-Patienten. Es geht Ihnen um die Würde dieser Menschen. Bestimmt werden einige von ihnen glücklich sein, über Sie ihr Lebenszeugnis der Öffentlichkeit zu hinterlassen. Schreiben Sie mit den AIDS-Kranken ein Buch von ihren gelungenen und misslungenen Lebensentwürfen.« Mein Einwand, dass ich als Legastheniker zwei linke Hände zum Schreiben hätte, ließ der Regisseur nicht gelten. »Sie werden hier in Frankfurt Leute finden, die an Ihrem Buch mitwirken wollen.« Ich erbat mir Bedenkzeit. Gänzlich erleichtert war ich natürlich, als mein Motorradförderer und Freund Folkmar Braun, ein genialer Prediger und Autor, mir sofort seine grammatische und stilistische Hilfe beim Schreiben anbot.

Papa, je mehr ich nachdachte, umso lebhafter fielen mir wunderbare Lebenszeugnisse der Patienten ein, die ich fragte, ob ich von ihnen anonymisiert berichten durfte. Die heutige großartige, positiv veränderte gesellschaftliche Haltung homosexuellen Menschen gegenüber ist jedoch unter anderem aufgrund der erlittenen diskriminierenden Erfahrungen der AIDS-Kranken in den 1980er Jahren zu verstehen. Als zuständigem katholischem Stationsseelsorger berichteten mir die Patienten: *»Die Nachbarin hat mich beim Hausbesitzer angezeigt, drei Tage später hatte ich die Kündigung. Ein holländischer Kardinal hat uns Schwule im Radio als abartig erklärt und Hausbesitzern Recht gegeben, die uns wegen unser Liebe kündigen«, »Keiner kommt mehr zum Essen zu mir nach Hause, seit meine Freunde wissen, dass ich auf der AIDS-Station gelegen habe, dabei ist Kochen mein einziges Hobby«, »Wissen Sie, Herr Seelsorger, ich habe Angst, in meiner Abhängigkeit von den moralischen und religiösen Vorstellungen anderer hier auf der Station vereinnahmt zu werden«, »Wie damals die Juden und Schwulen im KZ, will auch heute eine Gruppe von Ärzten alle HIV-Infizierten tätowieren, sie wollen mir einen Stempel in mein Fleisch brennen …«*

Diese klagende Angst der schwulen AIDS-Patienten erschreckt mich, Papa, bis heute. Und ich frage mich, wie konnten Ende des 20. Jahrhunderts Ärzte, Juristen, Priester, Bischöfe, Politiker, die zu den Gräueltaten der Nazis und der jungen Bundesrepublik an homosexuellen Menschen geschwiegen hatten, erneut schweigend den Ruf nach Ghettoisierung schwuler Kranker hinnehmen? Als wenn es die 60er Jahre nicht gegeben hätte, in denen Kinder von ihren Eltern Aufklärung über ihr Verhalten in der Vor-, Kriegs- und Nachkriegszeit forderten. Oftmals waren ihre Gesprächsangebote vergeblich, da ihre Eltern, vom Wirtschaftswunder benebelt, gleichgültig zur Kenntnis nahmen, dass friedliebende Männer, liebende Männer in der BRD wie unter den Nazis erneut denunziert, verhaftet und dem sozialen Tod preisgegeben wurden.

Warum, Papa, betone ich aufgrund der Aussage des AIDS-Patienten: »Sie wollen mir einen Stempel in mein Fleisch brennen« erneut die historischen Gräueltaten unserer jüngsten deutschen Geschichte? »Das Böse«, wie es in der Ausstellung der Hochschule der deutschen Polizei anhand von Filmen und Büchern zum sadistischen Umgang von Polizisten mit Minderheiten unter Polen, Juden und Fremdarbeitern gezeigt wurde, muss benannt werden, damit dieser Terror in Deutschland nicht wieder geschieht.

Die 1968er Generation widersprach der Lüge ihrer Eltern, dass Hitler an allem schuld gewesen war. Nicht Hitler und seine politischen Mittäter allein standen bei dem großen Frankfurter Auschwitzprozess 1963 vor Gericht, den deutsche Juristen Gott sei Dank vergeblich zu verhindern suchten. Der schwule und jüdische Generalstaatsanwalt in Hessen, Fritz Bauer, schrieb in einem Brief als Initiator dieses Prozesses, dass »mit den 22 Angeklagten im Auschwitzprozess 22 Millionen auf der Anklagebank sitzen«.

In mein erstes Buch »AIDS-Station«, Papa, nahm ich neben den sieben Patientenberichten zwei ergänzende Kapitel auf. Mein Mainzer Kollege Jürgen Bußmann schrieb den seelsorglich qualifizierten Beitrag »AIDS – Plädoyer für eine Seelsorge als Sorge um den ganzen Menschen«, und der Sexualwissenschaftler Martin Dannecker, der selbst offen schwul lebt, sprach in seinem Interview folgende Themen an: »Phantasien der Heterosexuellen über Homosexuelle/Probleme mit dem Coming-out/Lebendige Beziehungen zwischen Homosexuellen/Anliegen der Bürgerrechtsbewegung der Homosexuellen/AIDS – Was hat sich verändert?«. Martin Dannecker gelang es, dem Leser den alltäglichen homosexuellen Menschen nahezubringen, ohne dass ich von mir und meinen schwulen Erfahrungen erzählen musste. Jedoch dank des Lektors vom Kösel-Verlag, der unter das erste Kapitel: »Ich bin, was ich bin – Gregor Schorberger« setzte, war jedem aufmerksamen Leser sofort klar, dass ich als Autor ebenso schwul wie die sieben Patienten war. Unbewusst-bewusst hatte ich dann doch von meinem schwulen Leben berichtet. Den Aufruf zum massenhaften Outing von Harvey Milk im Kopf – nur so kann sich die Gesellschaft ändern –, war ich sehr froh, dass sich das Lied »Ich bin, was ich bin« aus dem Musical »La cage aux folles« gleich einem roten Faden durch das erste Buchkapitel zog. Als Burkhard dieses Lied in meinem Buch entdeckte, fiel ihm in Anlehnung an die biblische Stelle spontan ein: »Ich bin der, Ich bin da« aus der Berufungsgeschichte Gottes zu Moses.

Mein Dienstvorgesetzter im Bischöflichen Ordinariat hatte wohl geahnt, dass ich mich mit diesem Buch in aller Öffentlichkeit auf die Seite der schwulen Erkrankten stellen würde. Als er von der Vorveröffentlichung des Buches im Frühjahr 1987 durch den Kösel-Verlag erfuhr, bestellte er mich sofort zu sich. Er forderte mich auf, das Buch zurückzuziehen, wenn dort das Thema Homosexualität vorkäme, ansonsten würde mir gekündigt. Wie von der Kraft des Heiligen Geistes inspiriert oder von den verbündeten Kranken ermutigt, entgegnete ich ihm, dem Vorgesetzten, ohne Angst: »Wissen Sie, in dieser Gesellschaft gibt es genug andere Arbeitsstellen. Ich war ja schon mal Briefträger, und das ist ein sehr schöner Seelsorgeberuf. Das Buch kommt natürlich heraus. Ich habe den AIDS-Patienten zugesagt, ihr vorbildliches Leben zu veröffentlichen. Ich stehe zu meinem Wort, zumal einige Kranke gestorben sind. Machen Sie sich keine Sorge wegen Ihrer Kündigung. Ich freue mich darauf, den Menschen in meinem Zustellungsbezirk wieder beim Austragen der Briefe in Trauer und Freude beizustehen.« Bei der Verabschiedung meinte der noch über meine angstfreie Haltung verblüffte Vorgesetzte, dass er es nur gut mit mir meine, aber ich wisse schon, der Herr Bischof dulde keinen öffentlich engagierten homosexuellen Mitarbeiter. Wie Du weißt, Papa, war ich seitens einiger Priester als geouteter schwuler Pastoralreferent des Bistums Limburg zwar nicht gerne gesehen, dennoch blieb ich trotz vieler weiterer Kündigungsdrohungen meiner Dienstvorgesetzten bis zur Rente im September 2012 im Seelsorgedienst. Nicht mein Bistum, dafür andere Bistümer, katholische Krankenhäuser, Ordensgemeinschaften, Akademien, Schulen, Ärzte- und Pflegekongresse und selbst die Charité in Ostberlin luden mich nach der Veröffentlichung des Buches »AIDS-Station« in den Folgejahren zu Vorträgen ein.

Besonders Professor Wolfgang Stille begrüßte und förderte die neue Kultur, die durch die AIDS-Patienten in der Schulmedizin der Universität entstand. Mein Manuskript übergab er zur Prüfung der medizinischen Aussagen seinem Oberarzt Reinhard Brodt. Nach der Korrektur durch diesen sagte mir Prof. Stille: »Herr Schorberger, sprechen Sie auf Grundlage meines klinischen Ausfragebogens noch mit einigen Patienten über ihre Sterbeerlebnisse. Sie können dann die erste Doktorarbeit zum Thema Thanatologie im Klinikum der Johann Wolfgang Goethe-Universität bei mir schreiben.« Ich bedankte mich für sein Angebot, sagte aber, dass ich als personenzentrierter Seelsorger aus ethischen Gründen die Patienten nicht ausfragen würde. Prof. Stille akzeptierte meine Einstellung. Er bat mich aber in seinem Buch »AIDS. Das Spektrum des Krankheitsbildes in Kasuistiken« zum Thema »Sterbebegleitung von AIDS-Kranken« ein Kapitel zu schreiben. Prof Stille blieb bei seinem Anliegen einer Doktorarbeit und gewann den Medizinstudenten Bernhard Knupp, zu diesem Thema bei ihm zu promovieren. Über unsere Zusammenarbeit bei seiner sozialmedizinischen Forschung entstand zwischen Bernhard und mir eine Freundschaft. Jahre später, nach der Geburt seines zweiten Sohnes Jonas, bat er mich sogar, Taufpate zu werden. So, Papa, erhielt ich zu meiner Freude mit Jonas nach Birgit, Fabian, Norbert und Titus mein fünftes Patenkind.

Erstaunlich viele Medien wie Fernsehen, Radio und Zeitungen berichteten in den Jahren von 1986 bis 1992 von der

AIDS-Station. In Solidarität mit den Kranken sagte ich keinen Fernsehbeitrag ab. Öffentliches Auftreten ist ein Wagnis, Papa. Im August 1987 etwa hatte ich mit Ulrike Holler vom Hessischen Rundfunk ein Radiointerview gemacht, in dem sie mich bat, in Form eines Rollenspiels als Patient zu sprechen. Eine Zuhörerin beschwerte sich gleich beim Bischof: Ein Seelsorger seines Bistums habe in aller Öffentlichkeit von seiner Homosexualität erzählt, dass er AIDS und viele Liebhaber gehabt hätte. Sofort teilte mir mein Vorgesetzter telefonisch mit, dass jetzt der Kündigung nichts mehr im Wege stünde, da man »Beweise« hätte. Es genügte ihm nicht, vom Rollenspiel zu hören. Er beruhigte sich erst, als ich die Tonbandrollen vom Hessischen Rundfunk erbat und sie ihm ins Bischöfliche Ordinariat schickte. Natürlich entschuldigte er sich nicht bei mir, und ich dachte mir: So schnell geht das in der Kirche wie in der Gesellschaft, dass Opfer ungehört zum Täter gemacht werden und noch Beweise ihrer »Unschuld« anschleppen müssen.

Papa, in diesem knappen Jahrzehnt zwischen 1983 und 1992 spürte ich einen bahnbrechenden Übergang zu etwas Neuem in mir. Dank meiner Erfahrungen als Seelsorger auf der AIDS-Station trat ich plötzlich couragiert und streitbar auf. Trotz heftigster innerkirchlicher Widerstände und Verbote durch meine Vorgesetzten widersprach ich ihnen und setzte mich weiterhin in der Öffentlichkeit für die Kranken ein. Niemals hätte ich mir auch nur annähernd vorstellen können, dass ich in Zeitungen, Radiosendern und Fernsehprogrammen leidenschaftliche Interviews zugunsten AIDS-kranker Menschen gab. Selbst Mamas anerzogene Botschaft zur Bescheidenheit: »Schuster, bleib bei Deinen Leisten« überwand ich in meinem Kampf für die gleichen Rechte schwuler Männer. Dachte ich nur, Papa, an meine Schreibschwäche und unüberlegten, spontanen, manchmal peinlichen Redensarten, so war ich unglaublich überrascht, jetzt selbst Anfragen von Verlagen und Autoren anzunehmen. Selbst in Fachbüchern schrieb ich Artikel zum Leben und Sterben, zu Tod und Trauer schwuler AIDS-Patienten und ihrer Angehörigen. Ihnen vor allem danke ich für »meine zweite Geburt«, in der ich Mut zum Kämpfen für eine gerechtere Welt auch in unserem Lande bekam. Ich wurde beinahe berühmt. Beim Ethikunterricht in der Krankenpflegeschule sagte ein Schüler spontan zu mir: »Herr Schorberger, Sie sind eine Hebamme!« Ich fragte ihn, wie er darauf kam. »Ja, Sie sind als Seelsorger auf der AIDS-Station eine Hebamme in umgekehrter Richtung: Wie die Hebamme in der Frauenklinik für eine gute Geburt sorgt, sorgen sie sich um ein gutes Sterben der Kranken in ein neues Leben hinein.«

AIDS-Patienten teilten mir, Papa, ganz offen mit: »Ich werde sterben. Ich habe nur noch eine kurze Zeit zu leben. Ich werde mich hier in der Klinik nicht passiv in der medizinischen Betreuung verwalten lassen. Bis zum letzten Atemzug will ich die volle Qualität des Lebens genießen. Lieber will ich bei einem Glas Wein oder bei meiner letzten Zigarette sterben als an Schläuchen angebunden leben. Wie früher möchte ich trotz meines stationären Aufenthaltes als Sterbender weiterhin am gesellschaftlichen und kulturellen Leben teilnehmen.«

Diese und andere Aussagen der Patienten ließen uns Seelsorger auf die Idee kommen, ein Patientencafé auf der Station einzurichten. Die Stationsschwester Inge war samt ihren Kolleg*innen sofort über unseren Plan begeistert. Sie wusste, dass in der Universitätsklinik um jeden Raum gestritten wurde, und so schlug Schwester Inge das Notarztbereitschaftszimmer vor. Die Ärzte unseres Hauses brauchten dieses Zimmer weder tagsüber noch nachts, da sie sich immer im Zentralgebäude der Uniklinik aufhielten. Sofort sagten wir zu, für die Einrichtung eines Patientencafés zu sorgen. Wegen der Bedienung schlug Karl-Heinz Horst vor: »Wir haben doch das Magazin ›Evangelisches Frankfurt‹, das an alle Haushalte, auch an katholische, verteilt wird. Dort werden wir einen Aufruf machen, dass wir ehrenamtliche Frauen und

Männer für unser Café suchen.« Papa, der Zeitungsartikel mit der Überschrift »AIDS – Kampf gegen Angst, Vorurteile, Ausgrenzung« war ein voller Erfolg. 45 Personen aus der Frankfurter Bürgerschaft meldeten sich, von denen nach Bewerbungsgesprächen 32 Frauen und Männer ihren Dienst begannen. Ab Oktober 1986 gab es täglich nachmittags in diesem hübschen kleinen Café nicht nur für Patienten, sondern auch für deren Angehörige, für Ehrenamtliche und Stationspersonal Kaffee und Kuchen. Als Walter, mit dem ich mich beim Motorrad-Seminarwochenende in Südostwestfalen angefreundet hatte, von unserm Café auf der AIDS-Station hörte, bot auch er sich an, dort als Ehrenamtlicher sonntags mitzuarbeiten. Walter brachte jedes Mal zur Freude der sterbenskranken Patienten und deren Freunden zwei große, von seiner Mutter gebackene Torten mit. Ein Journalist berichtete nach seinem Interview mit uns hauptamtlichen Seelsorgern über dieses Café. Ich war glücklich, Papa, dass über solche Zeitungsartikel ein ganz normaler, von gegenseitiger Sympathie getragener Umgang zwischen überwiegend heterosexuellen Ehrenamtlichen und schwulen AIDS-Kranken auf unserer Station Realität wurde. Ebenso war ich als kirchlicher Angestellter erleichtert, dass endlich auch mein Bistumsblatt »Der Sonntag« anlässlich des Bischofsbesuchs in der Uniklinik im November 1989 einen freundlichen Artikel über seine Begegnung mit AIDS-Patienten herausbrachte.

Sofern es der Krankheitszustand zuließ, konnten die Patienten selbstverständlich mit einem Urlaubsschein in der Tasche an den Mainpromenaden spazieren, ins Theater, in den Palmgarten, in eines der vielen Frankfurter Museen oder nur in ein Stadtcafé gehen. Manche brauchten jedoch Hilfe und Begleitung dabei. »Herr Schorberger, ich möchte vor meinem Tod noch einmal so gerne in das ›Café der Tiere‹ am Liebfrauenberg gehen. Ich habe doch niemanden, würden Sie mit mir gehen?«, fragte mich etwa der schwerkranke Franz Odenwald. Gleich nach der Zustimmung des Stationspersonals fuhren wir am anderen Tag mit der Straßenbahn in die Innenstadt. Der durch Kaposi-Sarkom, das ist ein Hauttumor im Gesicht, entstellte, schwer atmende und bis zum Skelett abgemagerte Patient erregte natürlich sofort die Aufmerksamkeit der anderen Fahrgäste. Es ließ uns gleichgültig, da Franz mir während der Straßenbahnfahrt die Schönheit des Tier-Cafés, das vom Frankfurter Zoo betrieben wurde, beschrieb. Im Café sagte er »Mein Maracuja-Saft ist ausgezeichnet. Möchten Sie ihn nicht mal probieren?« Dankbar und unüberlegt nahm ich sein Glas und trank einen Schluck. Glücklich und in bester Stimmung fuhren wir an diesem Nachmittag wieder zur AIDS-Station zurück. Am anderen Tag begrüßte mich der Stationspfleger Erich: »Ihr Ausflug mit Franz gestern war großartig. Den ganzen Nachmittag erzählte er uns von den vielen Tieren, den bunten Salzwasserfischen im Aquarium und natürlich von seiner Sahne-Kirschtorte und dem Maracuja-Saft. Stellen Sie sich vor, heute Morgen fanden wir Franz tot im Bett.« Sogleich dachte ich daran, wie unvernünftig ich mich verhalten hatte, aus seinem Saftglas zu trinken. Ich hatte Angst, mich angesteckt zu haben, obwohl ich durch die medizinischen Vorträge inzwischen wusste, dass man sich mit dem Speichel eines Infizierten nicht anstecken kann. Im Gebet konnte ich alle meine Sorgen, Ängste, Unsicherheiten, Trauer und Stress Gott übergeben.

Auf Wunsch von Patienten entstand im Jahr 1987 jeden Freitagabend zusätzlich noch ein Meditationskreis von einer halben Stunde mit anschließendem Beisammensein im Patientencafé. Sabine Grünberg, eine religionspädagogische Studentin an der Goethe-Universität, bereicherte die Meditationsandacht mit biblischen Stellen von männerliebenden Männern und frauenliebenden Frauen.

Aus diesem Café, Papa, ging ein jährliches Sommerfest hervor. Ich erzählte dem Personal von meinen positiven Erfahrungen als Seelsorger beim jährlichen Sommerfest in der Kinderklinik und schlug vor: »Warum sollte nicht auch hier im Haus

68 der allgemeinen Infektionsstationen eins stattfinden?« Das Treppenhaus mit dem Eingangsportal und den Sitzecken war groß genug, um alle von AIDS betroffenen Menschen einzuladen. Im September 1987 fand zur großen Freude der Kranken das erste Sommerfest mit Kindern, Frauen und Männern und vor allem mit den AIDS-Patienten, ihren Freunden und dem Stationspersonal statt. Auch Angehörige kirchlicher und gesellschaftlicher Organisationen, von der AIDS-Hilfe und ambulanter Pflege bis hin zur AIDS-Beratungsstelle des Stadtgesundheitsamtes – selbst Personal der Lufthansa – nahmen teil. Über 100 Personen feierten mit Schwerkranken und Sterbenden, dem Personal und der Klinikambulanz vom frühen Nachmittag bis zum späten Abend. Schnell hatte sich herumgesprochen, dass dank der guten Kontakte der AIDS-Kranken zu namhaften Künstlern wie Hape Kerkeling das Sommerfest von diesen mitgestaltet wurde. Ab sofort gehörte es zum jährlichen Bestandteil des Hauses 68 der Uniklinik.

Unter den eingefleischten Schulmedizinern und den Beamten der Klinikverwaltung gab es, Papa, aber auch viele Gegner unseres Patientencafés und des Sommerfestes. Sie sahen dadurch die Seriosität der wissenschaftlich-pharmakologischen Krankenversorgung gestört. Als man das Café schließen wollte, erklärte die Stationsschwester Inge jedoch: »Nur über meine Leiche!« Papa, das Café blieb erhalten. Im gleichen Jahr 1989 verboten diese Herren wegen Baumaßnahmen vor dem Haus 68 allerdings das Sommerfest. Nach meinen Gesprächen mit dem Frankfurter Stadtdekan Klaus Greef sagte ich zu Schwester Inge, wir fänden einen Weg, unser Sommerfest trotzdem durchzuführen. Nach längerer Raumsuche bot letztlich die katholische Stadtkirche im Haus der Volksarbeit Räumlichkeiten dafür an. Für mich, Papa, war es unmöglich, dieses Fest ausfallen zu lassen, denn ich wusste, dass der größte Teil der Patienten den Winter nicht überleben würde. Dienste der Malteser und Johanniter holten alle Schwerkranken und Sterbenden von der Universitätsklinik für einige Stunden in den Festsaal des Hauses der Volksarbeit in der Innenstadt Frankfurts. Sie brachten nach individuellem Wunsch die Kranken während und nach dem Fest auf die AIDS-Station zurück. Besonders begeistert waren die Kranken an diesem Nachmittag von den Liedern des Seelsorgepraktikanten Tom Rees. Zur Begleitung von Gitarrenmusik sang er mit seiner begnadeten Stimme Lieder, die ihren Seelen sehr guttaten, wie nach dem Fest einige Patienten dem Personal berichteten.

Gegen Ende seines dreimonatigen Praktikums verabschiedete sich Tom aus seiner geliebten Pfarrei und aus dem Bistum Speyer und wurde Flugbegleiter bei der Lufthansa. Durch unsere vielen Gespräche und durch Begegnungen mit Lufthansa-Angestellten motiviert, fand Tom seine eigentliche Berufung. Die Gruppe »Wake up« der Lufthansa kochte einmal wöchentlich abends auf der AIDS-Station ein Fünf-Sterne-Menü für Kranke, ihre Angehörigen und das Stationspersonal. Sie hatten das Bedürfnis, den Umgang mit Sterbenden und mit ihrer eigenen Trauer zu lernen. Das Lufthansa-Personal fragte mich, ob ich nicht ein Wochenendseminar zum Thema mit ihnen leiten könnte. Die Lufthansa sponserte nicht nur das wöchentliche Menü, sondern stellte auch die Ehrenamtlichen der Wake-up-Gruppe zu diesem dreitägigen Sterbe-, Tod- und Trauerseminar im Kloster Johannisberg im Rheingau frei, weil unter dem fliegenden Personal so viele von AIDS betroffene Kollegen waren. Wie selbstverständlich konnten dank der Ordensschwestern gleichgeschlechtliche Liebespaare unter den Seminarteilnehmern ein Doppelzimmer im Kloster bekommen. Durch die gute Luft und die wunderbaren Spaziergänge in den Rheingau-Weinbergen gestärkt, von der Gastfreundschaft der Steyler Missionsschwestern und nicht zuletzt durch die Inhalte des Wochenendseminars begeistert, lud ein teilnehmender Pilot uns alle zu einem Rundflug über Deutschland ein, den erneut die Lufthansa spendierte. Auf dem Videofilm, den ein

Teilnehmer der Wake-up-Gruppe aufnahm, sieht man die glücklichen Gesichter der mitfliegenden AIDS-Patienten, der Angehörigen, Ehrenamtlichen, Seelsorger*innen und einiger Steyler Missionsschwestern. Selbst heute bin ich, Papa, überrascht, mich wieder zu erinnern, welch vielseitige kulturelle und gesundheitsfördernde Lebensgestaltung schwule AIDS-Patienten in die deutsche Krankenversorgung brachten.

Engagierte Patienten und ihre Angehörigen machten mir auch Mut, 1988 ein zweites Buch herauszugeben. Erstaunlicherweise erhielt ich keine Rüge vom bischöflichen Ordinariat, als ich ungefragt ein Jahr nach Erscheinen der »AIDS-Station« im Oktober dem Lahn-Verlag zusagte und eine Tonbildserie mit 38 Dias zum Thema »Höre, was ich dir sagen will. Begleitung von AIDS-Kranken« als Autor herausbrachte. In diesem Buch berichtete ich von der AIDS-Station: »Viele Erfahrungen mit AIDS-Kranken sind neu für uns Schwestern, Ärzte, Raumpflegerinnen, Sozialarbeiter, Seelsorger und Krankengymnasten. Was bedeutet es, immer wieder junge Menschen sterben zu sehen? Wie gehen wir mit unseren eigenen Ängsten vor Ansteckung, Berührung, Aggressionen, Ohnmacht, Unsicherheit um? Wie erleben wir unsere Sexualität, Liebe, Lust, Befriedigung angesichts von Sterben und Tod? Was passiert, wenn wir von unserer Arbeit auf der Station draußen erzählen? Da wir uns immer wieder neu diese und andere Fragen stellen, entstand auf unserer Station eine Atmosphäre der Offenheit statt Tabuisierung, der Gastfreundschaft statt Verdrängung, Zuwendung, statt Ausgrenzung.« Zu dieser Atmosphäre trug erheblich das täglich geöffnete Patientencafé bei.

Aus der Kinderklinik kam öfter eine junge Mutter zur Erholung in unser Patientencafé. Sie hieß Miriam Blank und berichtete: »Meine fünfjährige Tochter Mara hat AIDS. Sagen Sie mir, wer hilft uns Eltern? Wo finden wir Orte der Geborgenheit? Wo können wir unsere Fragen, Ängste und Gefühle der Hoffnung wie Ohnmacht angesichts des Sterbens unserer Kinder zum Ausdruck bringen?« Nach vielen Gesprächen mit dieser Frau in der Kinderklinik sah sie die Möglichkeit, über die Veröffentlichung ihrer Erfahrungen Diskriminierung abzubauen. Als Kinderseelsorger, Papa, war mir natürlich daran gelegen, auch einen Schwerpunkt zum Thema AIDS-kranke Kinder und ihrer Angehörigen mit Fotos und Interviews in mein zweites Buch aufzunehmen.

Wie die Kinder wurden Ende der 1980er Jahre auch zunehmend Erwachsene über ambulante Pflege zu Hause pflegerisch und medizinisch betreut, um ihnen ein Sterben in ihrer vertrauten Umgebung zu ermöglichen. Daher berichtete ich auch in meinem neuen Buch von Schwester Adelheide Juchly, die der Aachener Ordensgemeinschaft der Franziska-Schervier-Schwestern angehört. Sie war in der ambulanten Krankenpflege mit Schwerpunkt Betreuung von AIDS-Kranken und daran Sterbenden der Innenstadt tätig. In ihrem Ambulanzbezirk errichtete Sr. Adelheide in der ersten Etage eines vornehmen Gründerzeithauses an der Konstablerwache die erste Wohngemeinschaft von und für AIDS-Kranke und ihre Freunde in Frankfurt am Main, begleitet von ehrenamtlichen Mitarbeiter*innen. Bestimmt, Papa, bist Du interessiert zu hören, wie es dazu kam. Ich hatte gerade in der Klinikseelsorge Telefondienst, als Caritas-Präsident Georg Hüssler aus Freiburg mit der Frage anrief, was die Caritas für AIDS-Kranke tun könne. Ich antwortete ihm: »Kommen Sie auf die AIDS-Station und fragen Sie die Patienten selbst.« Papa, dieser berühmte Mann, der sich im Vietnamkrieg humanitär eingesetzt hatte, kam tatsächlich nach Frankfurt in das Haus 68. Nach ganztägigem Gespräch mit den Patienten und ihren Lebenspartnern war Georg Hüssler überzeugt, dass Wohnraum für AIDS-Kranke gebraucht wurde. Sichtlich bewegt hörte der Caritas-Präsident von dem Patientenangehörigen Max, dass er jedes Wochenende seinen Freund Ramon in die gemeinsame Dachwohnung hinauftrug, damit dieser noch einige glückliche Stunden mit seiner geliebten Katze verbringen konnte. Kurz nach seinem Besuch veranlasste Herr Hüssler in fünf Großstädten, nämlich in Berlin, Hamburg, Essen, Frankfurt und München, Wohngemeinschaften für AIDS-Kranke einzurichten. Du kannst Dir vorstellen, wie glücklich ich war, dass seitens der Kirche nicht mehr nur über schwule Männer, sondern mit ihnen und ihren Angehörigen gesprochen wurde.

Deswegen, Papa, bejahte ich sofort die Anfrage einer katholischen Schulklasse aus Fulda, nach Frankfurt kommen zu wollen, um konkret etwas über den Umgang mit allen von AIDS betroffenen Menschen zu erfahren. Da inzwischen mein zweites Buch »Höre, was ich dir sagen will. Begleitung von AIDS-Kranken« erschienen war, konnte ich über die Dia-Schau, verbunden mit den Interviews Kranker, Angehöriger, Ehrenamtlicher und mit dem medizinischen Personal sowohl aus der Kinderklinik wie von der AIDS-Station den Schüler*innen hautnah eine Begegnung ermöglichen, ohne sie auf die Station mitnehmen zu müssen. Nachdem die Schüler*innen ihre Fragen gestellt hatten, erzählten sie: »Aus unserer Unterrichtseinheit haben wir eine Ausstellung gemacht und alle eingeladen: Schüler, Eltern und Lehrer, Interessierte aus Stadt und Land. Den Erlös des Bazars möchten wir Ihren Patienten zugutekommen lassen.« Die Freude der Patienten über die Aktion der Schüler*innen sehe ich, Papa, heute noch vor mir. Ihre Fragen ließen mich an Elie Wiesel denken, der angesichts des Leidens in Anschwitzt sagte, dass es gerade, wenn es um die Rettung Gottes im Leid und Leidenden geht, nicht so entscheidend sei, Antwort zu finden, sondern die richtigen Fragen zu stellen. Elie Wiesel ist ein rumänisch-amerikanischer Schriftsteller, Hochschullehrer, Publizist, und Holocaust-Überlebender und erhielt 1986 den Friedensnobelpreis.

Bei einem erneuten Stationsaufenthalt sagte mir ein dynamischer junger Mann namens Klaus Ahorn: »Schreiben Sie über uns, erzählen Sie in aller Öffentlichkeit von uns AIDS-Kranken. Kommen Sie mit mir zum Kongress 1986 nach München. Zum ersten Mal macht die AIDS-Hilfe dort eine Tagung zum Thema ›Psychosozialer Umgang mit AIDS und AIDS-Vorfeldpatienten‹. Lassen Sie uns beide beim Fernsehfilm zum Thema ›Vom Virus nicht berührt. AIDS, die Kirche und die Moral‹ mitwirken. Wissen Sie, ich war auf der ersten katholischen Tagung zum Thema ›AIDS, die Herausforderung von Sexual- und Sozialethik und deren Konsequenzen für die Pastoral‹ in Köln. Gerade auf dieser Tagung habe ich wieder erfahren, dass sich die katholische Kirche uns Schwulen gegenüber überhaupt nicht verändert hat. Sie diskriminieren uns nach wie vor. Einer der Referenten dort bezeichnete unsere Sexualität als ›subhuman‹. Ist doch ein Wahnsinn, dass ich als liebender Mensch von solchen Kirchenvertretern verachtet werde.«

Diese Worte des 21jährigen AIDS-Kranken im Ohr, besuchte ich, Papa, vier Jahre später anlässlich der HuK-Jahrestagung in München eine Vernissage zum Thema »Bilder von AIDS-Kranken« in einer kleinen Münchener Kirche. Diese Bilder eines vereinsamten, von AIDS gezeichneten alten Mannes, einer klagenden Frau mit ihrem AIDS-kranken Kind im Arm, eines schwulen, sich selbst tröstenden Paares berührten mich zutiefst. In der halbdunklen Kirche konnte ich wieder einmal meinen Tränen freien Lauf lassen, die ich bisher versteckt und verdrängt hatte. Ein fremder Mann kam auf mich zu mit der Frage, ob er mich trösten und mir helfen könne. Erst als ich mehrmals meine Tränen abgewischt hatte, entdeckte ich den zugewandten Blick eines vor Leben strotzenden alten Mannes. Ich bedankte mich bei ihm für sein Hilfsangebot. Er fragte, ob er mich umarmen dürfe. Als Haltloser nickte ich dankbar und genoss es, eine Weile von ihm gehalten zu sein. Als wenn seine Kräfte auf mich übergangen wären, fühlte ich mich plötzlich wieder stärker und sah umso schärfer die vielen Bilder. Als der aufmerksame Mann hörte, dass mir über die Bilder der Künstlerin meine eigenen geliebten, an AIDS verstorbenen Freunde wieder vor Augen gekommen waren, schlug er vor, diese Bilder zu einer Ausstellung nach Frankfurt zu holen und stellte mir die Londoner Künstlerin Diana Constance vor. Als sie von unserem kirchenpolitischen ehrenamtlichen Engagement mit AIDS-Patienten hörte, war Frau Constance sofort bereit, ihre großformatigen Bilder auch am Main aufstellen zu lassen.

Um einen besonders öffentlichkeitswirksamen Effekt zu Gunsten aller von AIDS betroffenen Menschen zu bewirken, kam für mich, Papa, als erste Adresse nur der Frankfurter Dom infrage. Er genoss von allen Kirchen Frankfurts durch seine Innenstadtlage, durch seine historische Bedeutung und durch seine Sehenswürdigkeiten besondere Attraktivität. Angesichts der Thematik der Bilder und des mit der Ausstellung verbundenen Anliegens, Begegnung zwischen von AIDS Betroffenen und der Gesellschaft herzustellen, sagte der Dompfarrer, Stadtdekan Klaus Greef, auf meine Anfrage hin sofort zu. Es zeigte sich jedoch auch, dass einige Ordinariatsräte des Bistums Limburg erhebliche Bedenken gegen diese Ausstellung in einem katholischen Gotteshaus hatten. Gott sei Dank ist es mir gelungen, Papa, den Stadtdekan zum Verbündeten für unser Anliegen zu machen, auch mit dem Hinweis, dass nicht zuletzt seitens einiger Bischöfe und Kirchenpräsidenten in Deutschland den AIDS-Kranken gegenüber inzwischen ein Klima der Zuwendung statt der Ausgrenzung entstanden war. Von den Unkenrufen des bischöflichen Ordinariats Limburg unbeirrt, stand Klaus Greef nicht nur zu dieser Ausstellung, sondern machte sich auch zu deren Schirmherrn. Die Kommentare der Besucher*innen zeigten die Bedeutung dieser Ausstellung über alle von AIDS betroffenen Menschen hinaus für die Kirchen, die Gesellschaft und für die Politik. Auf 35 Seiten des ausgelegten Buches schrieben Besucher ihre Namen, eigene Erlebnisse und Kritiken. Nicht nur die weltlichen Medien, auch das bistumseigene Blatt »Der Sonntag« schrieb zur AIDS-Präsentation im Dom ganzseitige Artikel. In meinem Eröffnungsvortrag zur Vernissage, Papa, sagte ich: »Die Solidarität muss wechselseitig sein. Wenn wir bereit sind, von ganzem Herzen hinzusehen, hinzugehen, hinzuhören, können wir voneinander lernen: Gesunde von Kranken, Kranke von Gesunden.«

Gerade das war das Anliegen der AIDS-Patienten, ihrer Freunde, der Ehrenamtlichen und des Stationspersonals in Zusammenarbeit mit der Krankenhausseelsorge: sich zu zeigen und zu einer Begegnung mit allen Dombesuchern, Touristen, Gruppen aus Pfarrgemeinden, gesellschaftlichen, politischen und kirchlichen Organisationen einzuladen. AIDS-Kranke sehen im Endstadium nicht anders aus als Krebskranke, dennoch gehört heute immer noch Mut dazu, sich an ihrer Seite zu zeigen, mit den abgemagerten Kranken ins Café oder zur Apotheke, mit dem von Hauttumoren gezeichneten Nachbarn, Kollegen, Freunden, Familienangehörigen ins Konzert oder in die Sonntagsmesse zu gehen. An den Tagen der Ausstellung selbst standen den Besuchern täglich AIDS-Kranke, HIV-Positive und Ehrenamtliche zu Gesprächen zur Verfügung. Den Abschluss der gut besuchten Schau bildete ein ökumenischer Gottesdienst im Dom. Anschließend lud der von Medizinern und uns Krankenhausseelsorgern 1987 gegründete Verein »AIDS-Solidarität Rhein-Main« zu einer Benefizveranstaltung, einem Konzert der Gruppe »Duo Balance«, im Pfarrsaal der Domgemeinde ein. Noch heute, Papa, höre ich mir die romantischen französisch-deutschen Lieder dieser Gruppe gerne zur Erholung an.

In den Jahren auf der AIDS-Station überfiel mich eine zunehmende Sehnsucht nach einem Partner. Der sterbende Franz Gansreiter sagte zu mir: »Heute Abend bringt mir Helge meine Lieblingssommerspeise Erdbeerpudding mit. Ohne ihn wäre ich schon lange tot.« Wir hatten gerade die Kommunionfeier an seinem Krankenbett beendet. Franz sollte in diesem Sommer eigentlich schon längst gestorben sein, so hatten es die Ärzte prognostiziert. Doch zu aller Verwunderung starb er auch im Herbst nicht. Lächelnd sagte mir die Stationsschwester Inge: »Sehen Sie, Herr Schorberger, es gibt nicht nur in der Kirche, sondern auch bei uns in der Medizin Wunder.« Obgleich schon 67 Jahre alt, total abgemagert und wegen seiner Lungenödeme schwer atmend, erholte sich Franz wieder von seinen heftigen Krankheitsattacken. Erst im Dezember wurde er sichtlich apathisch und starb zu Weihnachten. Erstmals traf ich an diesen Feiertagen Helge, Franz' »Lebenspartner«, von dem er mir viel berichtet hatte. Obgleich Helge Franz täglich nach seiner Arbeit in der Klinik besuchte, hatten wir uns nicht auf der Station angetroffen. Am Totenbett sagte er: »Ich bin Ihnen, Herr Schorberger, dankbar, was Sie alles für meinen Vater getan haben. Gerade die Kommunionfeiern haben ihn über Monate hin gestärkt. Es ist nicht selbstverständlich, dass Sie mit meinem evangelischen Partner auf seinen Wunsch das Abendmahl gefeiert haben, zumal Sie römisch-katholischer Seelsorger sind. Sie werden wieder von mir hören.«

Ich blieb, Papa, nachdenklich zurück, weil Helge, vielleicht 45 Jahre alt, zu meiner Überraschung einmal von seinem Vater und dann wieder von seinem Partner am Totenbett gesprochen hatte. Anfang des neuen Jahres lud er mich zu einem Trauerbesuch in ihre gemeinsame, große und lichte Wohnung in einem Hochhaus am Taunusrand mit Panoramablick über Frankfurt ein. Bei meinem ersten Besuch erfuhr ich von Helge, dass sein Lebenspartner die Zeit vom Sommer bis zum Spätherbst nur deswegen überlebt hatte, weil er auf eine schriftliche Nachricht des Amtsgerichtes wartete. Am ersten Dezember erhielt Franz Gansreiter den Bescheid, dass sein Antrag auf Erwachsenenadoption positiv entschieden wurde und sein Lebenspartner Helge mit dem 1. Dezember adoptiert war. Er trug jetzt den Namen Gansreiter. Dank der Adoption konnten Franz' raffgierige Geschwister Helge nichts von dem in der gemeinsamen Wohnung wegnehmen, was sie sich in über zwanzig Jahren Partnerschaft aufgebaut hatten. Am Beispiel von Franz Gansreiters Leben und Sterben wurde mir wieder einmal überdeutlich bewusst, wie stark Körper, Seele und Geist zusammenspielen, wenn ein großes Ereignis ansteht.

Bestimmt wirst Du, Papa, wissen wollen, was Ende der 1980er Jahre aus der WG in Bockenheim und vor allem aus meinem Freund Björn geworden ist. Im letzten bioenergetischen Workshop zum Thema »Sterben – Tod – Wiedergeburt« hatte ich an eine vertraute Person einen Brief über meine erfahrene Lebensveränderung zu schreiben. Ich suchte mir Björn aus. Diesen Brief, spontan während eines Therapiewochenendes geschrieben, sehe ich heute als unverschämtes Verhalten ihm gegenüber an. In Freundlichkeit verpackt, trennte ich mich von ihm. In der Trennungskrise brachte unser Rechtsanwalt im Rückblick auf die wertvollen dreizehn Jahre gemeinsamer Lebensgestaltung es auf den Punkt: »Das kann doch nicht sein. Ihr, das Vorzeigeehepaar hier im Stadtteil, trennt euch!« Im Sommer 1988 suchte ich vergeblich eine Mietwohnung. Eigentum, Besitz und Reichtum passten damals so überhaupt nicht in mein ethisches Bewusstsein. Dennoch blieb mir nichts anderes übrig, als eine Eigentumswohnung zu suchen, stand ich doch wegen der Spannungen in der WG unter hohem Druck. Spannungen, Papa, die ich selbst verursacht hatte, da ich mir selbst und vor allem gegenüber Björn nicht eingestehen wollte, dass ich mich in den fünf Jahren Therapie stark verändert hatte. Nach einem halben Jahr Suche wagte ich im Februar 1989 den Kauf einer Zwei-Zimmer-Wohnung.

Schritt für Schritt fühlte ich mich durch den Auszug aus der langjährigen WG als ein anderer Mensch. Meine Seelsorgeerfahrung auf der AIDS-Station, verbunden mit der Herausgabe meiner beiden Bücher, hatten mir ein größeres Selbstbewusstsein gegeben. Vor diesem Hintergrund war dieser letzte Workshop ein entscheidender Impulsgeber gewesen. Mein Harmoniebedürfnis, mein Helfersyndrom und die Verdrängung meiner eigenen Lebensthemen fanden dadurch endgültig ein Ende.

Dazu passt, Papa, mein Mut, in die USA zu reisen. Ursprünglich sollte ich im kirchlichen Auftrag reisen, was letztlich meine Vorgesetzten verweigerten. Es ging darum, aus New York, Washington und San Francisco Konzepte für ein lebenswertes Sterben im Hospiz kennenzulernen und zu prüfen, ob sie für Frankfurt geeignet waren. Die Idee zu dieser Reise hatte die ambulant tätige Franziskaner-Schwester Adelheide. Im Sommer 1987 nahm ich also meinen gesamten Jahresurlaub samt Resten aus dem Vorjahr und besuchte dank der Hilfe von Freunden, die dolmetschten, sechs Wochen lang die hervorragenden AIDS-Hospize, je zwei Wochen lang in New York, Washington und San Francisco. Hatte ich doch von dem Caritas-Präsidenten Dr. Georg Hüssler die Zusage im Ohr, die katholische Kirche würde Wohnungen für die AIDS-Kranken beschaffen. Wegen der biblisch-fundamentalistischen Einstellung vieler US-Bürger, die ich von Deutschland in einem so großen gesellschaftspolitischen Ausmaß her nicht kannte, angesichts der hochoffiziellen, politisch gewollten Unterdrückung und Diskriminierung von Minderheiten wie homosexuellen Menschen, Transgender und besonders schwarzen Menschen, war mir die USA bisher nie eine Reise wert gewesen. Björn zeigte mir den Film eines jungen schwedischen Journalisten, der das andere Amerika, das der Armut, des Analphabetentums, der Verslummung ganzer Gegenden und der Diskriminierung von Minderheiten, zeigte. Auch Björn zog es nicht in die USA, obgleich Freunde uns einluden, mit ihnen dorthin zu reisen.

Ja, Papa, Dein Sohn fuhr in dieses sowohl abstoßende wie faszinierende Land, allerdings nur, um Hospiz-Erfahrungen für AIDS-Kranke zu sammeln. Dieser humane Umgang mit AIDS-Kranken zeigte mir, dass einzelne amerikanische Städte nicht gegen – wie der damalige Frankfurter Oberbürgermeister –, sondern mit AIDS-Kranken leben wollten. Diese Erfahrungen sollten mir bald schon zugutekommen. Oberbürgermeister Wolfram Brück nämlich wollte Isolierungsstationen für AIDS-kranke Prostituierte im städtischen Krankenhaus Frankfurt-Höchst einrichten. Rechtzeitig vor der Realisierung informierte uns der dortige Krankenhausseelsorger über diesen neu geplanten Knast des Oberbürgermeisters. Zu dritt verlangten wir einen Gesprächstermin mit Herrn Brück, den wir Gott sei Dank erhielten. Dort erfuhren wir von ihm, dass er wie der bayrische CSU-Politiker Peter Gauweiler Isolationseinrichtungen für AIDS-Kranke verwirklichen wollte. Seine »sorgenvolle« Begründung lautete, er müsse die Familienväter, die zahlreich Bordelle besuchten, vor Ansteckung schützen, damit sie den Virus nicht an ihre Kinder und Frauen weitergäben. Unverblümt fragte mein evangelischer Kollege Karl-Heinz Horst ihn, ob er ein KZ in Frankfurt errichten wollte. Gerade Prostituierte wären allein um ihrer Selbsterhaltung willen auf Hygiene bedacht und müssten vom Gesundheitsamt statt bestraft in ihrem Verhalten bestärkt werden, nur Safer Sex mit den Freiern zuzulassen. Aufgrund meiner amerikanischen Erfahrungen in San Francisco sagte ich ihm, dass dort eine ganze Großstadt durch Aufklärung und Unterstützung nicht gegen, sondern mit AIDS-Kranken und ihren Angehörigen lebte, und seitdem waren die Infizierungsraten stark zurückgegangen. Statt Isolationsstationen zu schaffen, solle er mithelfen, dass in Frankfurt am Main eine Atmosphäre des Miteinanders entstünde. Dafür wäre die Errichtung eines Hospizes für AIDS-Kranke ein vorbildliches Zeichen. Letztlich ließ er sich durch uns drei Seelsorger und die Proteste des Höchster Klinikpersonals überzeugen, dass sein Vorhaben das Gegenteil bewirken würde: Sex ohne Kondome, Doppelmoral, geheime Verbreitung des Virus, ein Klima der Angst und Einschüchterung und eine Kriminalisierung von Kranken.

Die couragierte Einstellung schwuler religiöser US-Bürger hatte mich, Papa, wiederum sehr gefreut. Gerne ging ich mit ihnen in ihre Lokale, Restaurants, Kulturzentren und Kirchen. In New York besuchte ich die historische Christopher Street. Besonders genoss ich, im Castro-Viertel San Franciscos im Stadtbild als schwuler Mann endlich einmal in der Mehrheit zu sein. Jahre nach der Ermordung des Stadtrats Harvey Milk blühte das schwul-lesbische Leben in diesem Stadtteil auf. Nicht nur der Friseur, der Herrenoberbekleidungs-Verkäufer und der Reiseanimateur waren schwul, sondern auch der Elektroinstallateur, der Autohändler, der Rechtsanwalt und der Kinderbetreuer zeigten sich 1987 ganz unbefangen als normale homosexuelle Menschen in ihrer Stadt. Sonntags nahm ich wie selbstverständlich an der gemeinsamen Kelchkommunion im Gottesdienst der lesbisch-schwulen Community in der römisch-katholischen Hauptkirche St. Bonifatius teil.

Aber auch Schreckliches musste ich in den USA erleben. So veranlasste der damalige römische Glaubenspräfekt Joseph Ratzinger, dass Mitte der 1980er Jahre alle römisch-katholischen schwul-lesbischen Gottesdienstgemeinden, die sich Dignity nennen, aus den Pfarrkirchen ausgeschlossen wurden. Dignity, Papa, ist der Name der römisch-katholischen homosexuellen Gottesdienstbewegung, die sich seit 1968 in vielen Großstädten der USA gegründet hatte – ich habe dir in einem früheren Brief schon davon berichtet. Unter dem Dach der Episcopal Church fanden die Dignity-Gemeinden in Washington Gastfreundschaft. Als Priester nahm mich Jo van Straaten vom Jesuitenkonvent gastfreundlich in dieser Stadt auf. Sein holländischer Akzent und seine junge dynamische Ausstrahlung faszinierten mich. Jo nahm mich mit zur heiligen Messe in die Dignity-Gemeinde, zu der er als Priester eingeladen war. Umgeben von römisch-katholischen Gays, allein oder mit ihren Lebenspartnern, in der vollbesetzten Kirche, fühlte ich mich beschenkt, Papa, mit ihnen an der

Kommunion in beiderlei Gestalt teilzunehmen. Beim geselligen Umtrunk nach dem Gottesdienst stellte mich Jo einigen Repräsentanten der katholischen Gay-Bewegung vor. Dank seiner Übersetzungen konnte ich einige Anregungen sowohl für Konzepte aus Hospizen als auch geistliche Impulse für unsere Andachten auf der AIDS-Station nach Deutschland mitnehmen. Der Eucharistie stand dort nicht allein der Pfarrer vor, sondern mit ihm feierten gleichwertig Frauen und Männer den Gottesdienst am Altar.

An meinem 40sten Geburtstag nahm mich Jo in die deutsche Militärgemeinde mit, in der er zu zelebrieren hatte. Die Gottesdienstbesucher*innen begrüßten mich mit Applaus, als Jo ihnen mitteilte, dass ich nicht nur aus Deutschland kam, sondern auch mit ihnen meinen Geburtstag feierte. Noch heute, Papa, ist mir dieser 40ste Geburtstag in ungewohnter Umgebung in besonderer Erinnerung, zumal als ich einige Jahre später erfuhr, dass Jo an AIDS gestorben war. Sofort kam bei mir die Frage auf, warum er, der junge, sympathische, vielversprechende und hochintelligente Jesuit, sterben musste und nicht ich.

In Frankfurt eröffnete Bischof Franz Kamphaus im April 1992 das erste stationäre Hospiz, das schwule AIDS-Patienten gefordert hatten, unter dem Dach der Caritas. Welch ein Kuriosum, Papa. Die Kirche, die unverändert homosexuelle Menschen verurteilt und als Sünder bezeichnet, nimmt sie gerne als Sterbenskranke in ihr Hospiz auf. Die Saat, die die unzähligen schwulen AIDS-Kranken und ihre Freunde jahrelang durch ihr Outing gelegt hatten, ist nicht nur am Beispiel der Realisierung deutscher Hospize für alle Sterbenden, sondern auch in einem gerechteren Umgang unserer Gesellschaft mit Minderheiten aufgegangen. Ich verabschiedete mich jedoch beim Sommerfest 1992 als Seelsorger von der AIDS-Station, da ich meine Trauer beim Abschied der mir ans Herz gewachsenen Patienten nicht mehr so gut verarbeiten konnte und zeitweise depressiv wurde. Burkhard nahm an diesem Sommerfest teil. Ich konnte ihm zahlreiche befreundete AIDS-Patienten, Personal und meine Seelsorgekolleg*innen vorstellen. Besonderes Vergnügen bereitete mir, meinem Limburger Vorgesetzten – Papa, wie oft hatte er mir die Kündigung angedroht! – Burkhard als meinen Freund vorzustellen.

Mit neuem Elan und großer Bereitschaft übernahm die Kollegin Schwester Helga Weidemann aus dem katholischen Seelsorgeteam die AIDS-Station. Sie übernahm von mir auch den jährlichen ökumenischen Gedenkgottesdienst für »Alle an AIDS Verstorbenen« im Frankfurter Dom anlässlich des Christopher Street Days (CSD). Viele von AIDS betroffene, trauernde und damit solidarische Menschen gehen am Sonntagnachmittag des CSD-Tages zu diesem eindrucksvoll gestalteten ökumenischen Gottesdienst in die Bartholomäus-Kirche, den Dom der Frankfurter City.

Nach einer kurzweiligen schmetterlingsleichten, aber eben ohne Happy End gebliebenen Sommerliebe sagte mir Helge zum Trost: »Gregor, man soll nie etwas erwarten, gerade nicht in der Liebe. Wenn Du nicht suchst, kommt sie von selbst.« Er sollte Recht behalten, Papa, denn zwei Jahre später, auch im Sommer, am 12 Juli 1992, traf ich Burkhard – gleich einem Geschenk des Himmels – an einem Sonntag in der schwulen Gemeinde.

Mit Deiner froh machenden Botschaft »Die Liebe ist eine Himmelsmacht«
verabschiede ich mich für heute von Dir, Papa, mit einem herzlichen Gruß

Dein Gregor

Teil III: 1992 – 2020

Vertrauen
oder
Das eigene Selbst leben

Brief über die eingetragene Lebenspartnerschaft

Frankfurt am Main, 10. Januar 2018

Lieber Papa,

Deinen Worten »Die Liebe ist eine Himmelsmacht« entsprechend, ließ der junge Mann, Burkhard Cramer aus Netphen-Irmgardeichen, nach unserer Begrüßung am Sonntagabend im Gemeindehaus der Pfarrei Maria Hilf nicht mehr von mir los. Als er und ich nach dem Gottesdienst gemeinsam in Olafs Auto fuhren, legte er seinen Arm um meine Schultern und bat mich, ihm ein schwules Lokal zu zeigen, da er erst seit einigen Tagen hier war und sich in dieser großen Stadt noch nicht auskannte. Ich brachte ihn in das »Binger Loch«. Ich wusste, dass man sich dort ungestört unterhalten konnte.

Ein Funke seiner Liebe zu mir war an diesem Sonntagabend, dem 12. Juli 1992 – von mir noch unbemerkt –, auf mich übergesprungen. Wir beide hatten uns so blendend und angeregt unterhalten, dass wir das Schlagen der Lokaluhr zur Mitternacht gar nicht wahrnahmen. In entspannter Gesprächsatmosphäre bei einem Glas Bier verging uns die Zeit in diesem gewölbten Kellerlokal im Fluge. Erst um 1.00 Uhr morgens verabschiedeten wir uns mit einem Gute-Nacht-Kuss. Bevor ich die S-Bahn nach Niederrad nahm, zeigte ich Burkhard noch den Fußweg vom Lokal zu seiner nahegelegenen Wohnung. Er hatte sich dort über die Mitwohnzentrale ein kleines Zimmerappartement genommen. Papa, unbefangen wie ich normalerweise einem Fremden gegenüber auftrete, ahnte ich damals noch nicht, wie sehr sich Burkhard an diesem Abend in mich verliebt hatte.

Burkhard tat alles, dies so schnell wie möglich zu ermöglichen. Schon am folgenden Abend schellte er an der Haustür der Klinikseelsorge, die direkt gegenüber der Augenklinik lag. Zufällig – es gibt ja keine Zufälle – war ich noch im Büro, da ich eine monatliche Supervisionsgruppe des Stationspersonals leitete. Ich öffnete die Tür nur deshalb, weil eine Teilnehmerin noch fehlte. Statt der erwarteten Kinderkrankenschwester stand Burkhard vor mir, mit einem gewinnenden, strahlenden Lächeln im Gesicht. »Ich habe heute Nachmittag in der Augenklinik auf der anderen Straßenseite Vermessungsarbeiten gemacht. Ich sah das Schild Klinikseelsorge und wollte dich unbedingt wiedersehen«, erklärte er. Ich entgegnete ihm, dass er, wenn er wolle, sich gerne während meiner Supervisionsstunde in meinem Arbeitszimmer aufhalten könne.

Anschließend fuhren wir zum Abendessen zu mir nach Hause. Durch Burkhards charmantes Auftreten, seine jugendliche, attraktive Ausstrahlung und sein bezauberndes Lächeln war ich inzwischen längst von ihm erobert worden und wollte auch meinerseits mit ihm zusammenbleiben. In der Nacht genossen wir beide unsere erotische Nähe. Sein Körpergeruch hatte es mir besonders angetan.

Von Burkhard erfuhr ich, dass er in diesem Frühsommer sein Studium der Architektur an der Uni in Siegen abgeschlossen hatte. Da er sehr kurzfristig zum 1. Juli 1992 Arbeit in einem renommierten Architektenbüro mit Schwerpunkt Krankenhausbau erhalten hatte, war es ihm unmöglich gewesen, rechtzeitig eine passende Wohnung zu finden. Welch ein Zufall, Papa, dass wir beide in derselben Uniklinik arbeiteten, er als Architekt und ich als Seelsorger. Drei Tage nach unserer Begegnung schrieb ich über meinen ersten Eindruck von ihm: »Er redet zu viel, ist zu jung, erst 26 Jahre alt, auf mich wirkt er viel zu bieder und zu brav, er hat Heuschnupfen und schielt, er trägt eine unattraktive dunkle Brille.« Bei unserem nächsten Treffen erzählte mir Burkhard, dass er nach unserer ersten Begegnung trotz drei Glas Wein nicht schlafen konnte. Er sei bei der Arbeit ganz aufgeregt und voll Verlangen gewesen, mich wiederzusehen.

Auch bei mir war inzwischen der Funke der Liebe zwar schon längst übergesprungen, dennoch schreckte ich wegen seines jungen Alters von einem täglichen Treffen mit Burkhard zurück. Ich vertröstete ihn auf den nächsten Sonntagabend zum Gottesdienst in Maria Hilf. Als ich jedoch erfuhr, dass er sich noch am Abend meiner Absage sinnlos in der Eckkneipe seiner Wohnung betrunken hatte, war ich von seiner Anhänglichkeit so berührt, dass ich mich seitdem mit ihm, wenn auch nur stundenweise, täglich abwechselnd mal in seiner, dann in meiner Wohnung traf. Meine Unsicherheit und Abwehr ihm gegenüber lösten sich sehr schnell auf. Obgleich achtzehn Jahre jünger als ich, war Burkhard mir, was Weisheit, Allgemeinwissen und Technik anging, haushoch überlegen. An seiner Seite fühlte ich mich in der Öffentlichkeit so stark wie nie zuvor. »Du brauchst keine Handtasche mehr zu tragen, um dich daran festzuhalten, du hast jetzt mich!«, sagte er schmunzelnd zu mir. In den kommenden Monaten stellte ich fest, dass ich keine kleineren Verletzungen oder gar Fahrradunfälle mehr brauchte, um mich zu spüren. Ich lernte, mich von Burkhard durch seine Zärtlichkeit verwöhnen zu lassen, Geschenke und Einladungen zum gemeinsamen Essen anzunehmen, da er auch noch gut kochen konnte. An seiner Seite fand ich wieder neuen Mut zu reisen. Zusammen sahen wir uns die Kathedralen von Speyer und Worms an, küssten uns in einer kleinen romanischen Kapelle in Trier und genossen Anfang 1993 eine erste große Winterreise mit dem Zug. Wir bewunderten die Backsteingotik von Rostock bis Lübeck. Der sonntägliche, schwule Abendgottesdienst in Maria Hilf mit anschließendem geselligem Beisammensein war und blieb einer der Fixpunkte unseres gemeinsamen spirituellen Erlebnisses.

Voller Freude über die Bestätigung unserer Beziehung hatte ich nach den ersten Wochen den missionarischen Eifer, Burkhard sogleich allen Freunden, Arbeitskolleg*innen und Familienangehörigen vorzustellen oder zumindest von ihm zu erzählen. Mama und Marlene freuten sich von meiner nun schon seit einem Monat bestehenden Freundschaft zu ihm zu hören. Allein Christiane wollte anfangs nichts von ihm wissen. Ihrem traditionellen Familienverständnis entsprechend, hatte sie große Probleme mit anderen Lebensformen, insbesondere mit homosexuellen Menschen. Käthe, Burkhards Mutter, nahm die gleiche abweisende Haltung mir gegenüber ein.

Bei unserem ersten Bottrop-Besuch zu Karlheinz' 50. Geburtstag im Oktober 1993 erhielten wir als Paar sofort ein Zimmer mit Doppelbett. Zuerst begrüßten wir nach unserer Ankunft Mama und Christiane. Christiane lernte Burkhard endlich persönlich kennen – nach anderthalb Jahren. Alles Eis war sofort gebrochen. Besonders freute mich, Papa, bei dieser Feier Burkhard auch Deinem Bruder Paul und seiner Frau Friedel vorstellen zu können. An der Festtafel nahmen Tante und Onkel uns beide im herzlichen Einvernehmen zwischen sich, während Mama und Christiane uns gegenübersaßen. Die lockere, humorvolle Atmosphäre unter uns Sechsen am Tisch spiegelt sich wunderbar in den Fotos wieder, die ich mir mit Burkhard hin und wieder ansehe. Noch heute spricht er von der interessanten Unterhaltung mit Friedel und Paul. Als Zeichner, Architekt und Solosänger im Cäcilien-Gesangsverein, also auch Künstler, war er besonders interessiert, von Onkel Gregor zu hören.

Zu Ostern 1993 nahm er mich auf Einladung seiner Eltern nach Irmgardeichen mit, das heute zur Stadt Netphen gehört, hoch im Rothaargebirge gelegen. Stolz stellte sein Vater, Lothar, mir detailliert die Schönheiten seiner Heimat vor. Ich war von diesem idyllisch gelegenen, von tiefschwarzen Bergwäldern umringten Dorf überwältigt. Sogleich erinnerte ich mich an Mamas Ferienaufenthalte mit uns Kindern in den Allgäuer Alpen. Beim traumhaften Panoramablick über die weiten Wiesenabhänge zeigte mir Burkhard seine Lieblingsorte. Besonders ein verkrüppelter und dennoch imposanter

Baum auf einer Anhöhe über dem Dorf hatte ihm nach Familienstreit stets neue Kraft gegeben. Von hier aus konnte er mit großem Abstand auf seine temperamentvolle Verwandtschaft, seine ihn wegen des Schielens hänselnden Mitschüler oder auf seine eigenen inneren Zerwürfnisse blicken.

Nach dem gastfreundlichen Empfang seiner Eltern führte einer unserer ersten Besuche an das Sterbebett seiner Oma im Pflegeheim. Burkhard stellte mich ihr vor, obgleich wir nicht wussten, was sie noch mitbekam. Ich war froh, sie persönlich kennengelernt zu haben, zumal Burkhard seine Oma stets geliebt und umsorgt hatte. Sein Opa mütterlicherseits war einige Jahre zuvor während der Messe auf einer der Kirchenbänke, die er als Schreinermeister selbst hergestellt hatte, plötzlich gestorben. Von Burkhards Großeltern väterlicherseits aus der Stadt Siegen erfuhr ich, Papa, dass sein Opa wie Du in der Nazi-Zeit als Polizist in mehreren Städten, auch bei uns in Essen, tätig war. Als gläubige Katholiken standen seine Großeltern dem Nazi-Regime kritisch gegenüber. Burkhards Großmutter hatte trotz der Drohungen der Nazis sonntags ihre drei Söhne couragiert weiterhin zum Gottesdienst in die katholische Kirche geschickt. Als Strafe mussten sie, wie Lothar mir berichtete, beim nächsten Treffen der Hitlerjugend auf dem Bauch einmal um den Fußballplatz robben. Der Ortsgruppenleiter hatte seiner Mutter mit Verhaftung gedroht, wenn ihre Söhne sonntagmorgens nicht zum Aufmarsch durch Siegen erschienen, wozu es Gott sei Dank nicht kam. »Der ist unser Untergang!«, prophezeite schon bei Hitlers Machtergreifung seine tiefgläubige Urgroßoma aus Irmgardeichen, die zeitlebens als Putzfrau gearbeitet hatte.

Ebenso selbstverständlich, wie mich Burkhard zu seiner Oma mitnahm, nahm er mich an seiner Seite in den Ostergottesdienst in der voll besetzten Dorfkirche mit. Hatten vermutlich viele Kirchgänger eine Frau aus Frankfurt an der Seite ihres talentierten jungen Architekten erwartet, so sahen sie mich »alten Mann«, wie wir uns im Gottesdienst beim Friedensgruß nicht nur die Hand reichten, sondern einen Kuss auf den Mund gaben. Ganz selbstverständlich traten wir im überwiegend katholischen Dorf Irmgardeichen als Männerpaar auf. Nicht nur zu Kirchfeiern, sondern auch in die Gaststätte, zu Familienfeiern und zu Festen von Burkhards Freunden wurden wir fortan gemeinsam eingeladen.

Wurde ich von Anfang an von Lothar, Burkhards Vater, und seinen beiden Schwestern sowie ihren Männern herzlich willkommen geheißen, so hatte es seine Mutter Käthe in den ersten Jahren mit mir äußerst schwer. Ähnlich wie Deine Tochter Christiane, Papa, konnte Käthe uns als Männerpaar nicht akzeptieren. Gleichzeitig glaubte sie durch mein Erscheinen, dass ich ihr den Sohn wegnehmen wollte. Die Erwartungen seiner Mutter, so oft wie möglich nach Hause zu kommen, bereiteten Burkhard in den ersten Jahren unserer Beziehung großen Stress. Ich hatte Angst, dass er an diesem Spagat zwischen Irmgardeichen und Frankfurt zerbrach. Zu guter Letzt aber veränderte sich mein Verhältnis zu Käthe durch meine persönliche seelsorgliche Anteilnahme am Tod ihrer Mutter. Mit der Zeit entstand ein zartes Band gegenseitiger Sympathie zwischen uns, das mit den Jahren immer stärker wurde. Von Käthes Bruder Hans, Burkhards Patenonkel, seiner Frau Inge und seinen Kindern war ich dagegen sofort als Familienmitglied angenommen worden.

Durch die Leitung meiner vielen Seelsorgekurse außerhalb Frankfurts und der damit verbundenen Abwesenheit von zu Hause konnte ich Abstand zu einer zu engen Beziehung mit Burkhard nehmen. Ich hatte manchmal Angst, dass unsere Liebe symbiotisch würde. Andererseits hatte ich ob meines Alters von 45 Jahren den Eindruck, trotz meines sehnsüchtigen Verlangens nach einer Zweierbeziehung nicht mehr beziehungsfähig zu sein. Manchmal glaubte ich angesichts des großen Altersunterschiedes von 18 Jahren, dass ich für ihn eine Zumutung war. Ich dachte, dass ich durch unsere enge Beziehung verhindern würde, dass er Gleichaltrige kennen und lieben lernte, was letztlich sein Recht gewesen wäre. Gott sei Dank hatte ich in den ersten drei Jahren unserer Beziehung durch meine Supervisorenausbildung einen kompetenten persönlichen Berater, einen Telefonseelsorger, den ich vierzehntäglich in Mainz aufsuchte. Neben der fachlichen Begleitung war er bereit, auf alle Stolpersteine meiner frischen Liebesbeziehung einzugehen. Sein aufmerksames Zuhören, sein Nachfragen und seine Hinweise halfen mir im Wissen um meine eingefleischten, eigenbrötlerischen Verhaltensweisen, unsere Beziehung zu stärken.

Mit unseren Freund*innen feierten wir unseren ersten gemeinsamen Geburtstag am 12. Juli 1993. Mit einem Glas Sekt und Frühstück begannen wir unser Fest in Burkhards kleinem, aber schönen Zimmerappartement.

Mein Beruf als Krankenhausseelsorger, Papa, blieb mir unverändert eine der nährenden, tragenden Säulen meines Lebens. Mit Beginn meiner neuen Beziehung im Sommer 1992 hatte sich aber nicht nur mein Privat-, sondern auch mein berufliches Leben vollkommen verändert. Mit dem Abschied von der AIDS-Station entstand etwas Neues. Gerade erst vor einem Jahr hatte ich mit Ach und Krach die Zulassung zur Supervisionsausbildung (KSA) erhalten. »Alles ist scheiße, was Sie da sagen!«, entgegnete ich einem der Prüfer des Kolloquiums. Er begründete seine Ablehnung meiner Zulassung damit, dass ich als Pastoralreferent doch sehr gut in meiner römisch-katholischen Kirche aufgehoben sei. Ich würde dort Ansehen genießen und brauche deshalb nicht Supervisor zu werden. Papa, ob Du es glaubst oder nicht, plötzlich hatte ich nach meinem aggressiven Wortgefecht – gerade muss ich an Deine cholerischen Ausbrüche denken – Kraft und Stimme, um meine Kompetenz für die Supervisionsausbildung zu begründen. Einstimmig genehmigten mir die fünf Prüfer im Mai 1991 diese seelsorgliche KSA-Ausbildung in der Deutschen Gesellschaft für Pastoralpsychologie (DGfP).

Als ich beim Bistum meine Freistellung und finanzielle Unterstützung dafür beantragte, erhielt ich sofort eine Absage. »So einen wie Sie will der Bischof nicht in der Mitarbeiterschulung seiner Angestellten und Priester«, sagte mir der Dezernent des Bischöflichen Generalvikariats. Damit, Papa, hatte ich die Quittung für mein jahrelanges Auftreten als römisch-katholischer Seelsorger in der Öffentlichkeit an der Seite schwuler AIDS-Patienten. Aber Klagen, Schimpfen oder sich als Opfer einzurichten nützten mir nichts. Nach einer Zeit der Trauer über diese himmelschreiende Ungerechtigkeit und Benachteiligung anderen Kolleg*innen gegenüber sagte ich mir: Gregor, jetzt erst recht! Statt zu kuschen, wie es meine damals fast ausschließlich priesterlichen Vorgesetzten erwarteten, meldete ich mich privat zur KSA-Supervisionsausbildung der DGfP an. Meinem emanzipatorischen Anspruch gemäß war es mir auch ein innerliches Vergnügen, dem Bistum zu zeigen, dass sich ein schwuler Angestellter nicht kleinmachen ließ, sondern für seine Rechte zu kämpfen wusste. War ich doch meines Wissens nach der Einzige im Bistum Limburg, der sich mit seinem Schwulsein öffentlich und authentisch in der Kirche zeigte. Die Drohungen der Bistumsleitung schreckten mich nicht, wichtig war mir nur, Papa, gegebenenfalls auch von meiner Lebenswelt als schwuler Mann den Kolleg*innen und unmittelbaren Vorgesetzten erzählen zu können.

Die KSA-Supervisorenausbildung bestand darin, dass ich zwei zeitlich in Intervalle aufgeteilte Sechs-Wochen-Kurse als Co-Leiter und zwei Sechs-Wochen-Kurse am Stück als Leiter zu absolvieren hatte. 1992 fand ich Ernst Laufen, einen Kurssupervisor und Gefängnisseelsorger in Werl bei Dortmund. Er suchte für seinen fraktionierten Kurs in diesem Frühjahr einen Co-Leiter. In der schönen Franziskaner-Bildungsstätte des kleinen Wallfahrtsstädtchens Werl verbrachte ich somit meinen Jahresurlaub. An der Seite dieses kompetenten, pastoralpsychologisch geschulten Lehrsupervisors machte es mir Spaß, als Kurs-Co-Leiter die sechs Kapläne, eine Ordensschwester und eine Gemeindereferentin für die Seelsorge zu begeistern. 1993 dann hatte ich die großartige Gelegenheit, mit der Lehrsupervisorin Dr. Roswitha Wogenstein in Berlin-Pankow einen fraktionierten KSA-Kurs zu leiten. Bis auf einen Westdeutschen kamen alle anderen Teilnehmer*innen, allesamt Pastor*innen, aus der ehemaligen DDR. Für mich war es ein ganz neues Erlebnis, dass ich ihnen als Kursleiter aus dem Westen pastoralpsychologisches Wissen vermitteln sollte. Da mein personenzentrierter Ansatz konträr zu ihren Erwartungen stand, waren die Auszubildenden in den ersten drei Wochen von mir enttäuscht. Erst in der zweiten Kurshälfte genossen die Teilnehmer*innen meine Wertschätzung ihrer Person. Mir gelang es, ihnen bewusst zu machen, dass sie schon längst viele Talente als Seelsorger*innen in sich trugen, zu denen sie nur stehen, diese praktizieren und veröffentlichen sollten. Sie erfuhren, dass »das Gold« in ihnen lag.

Durch die Unterstützung meines unmittelbaren dienstvorgesetzten Klinikpfarrers konnte ich unabhängig von der Bistumsleitung die beiden letzten 6-Wochen-Klausur-Kurse in der Frankfurter Uniklinik durchführen. Mit der Feststellung, dass durch die Kursteilnehmer*innen, deren Praxisplätze in unserer Uniklinik lagen, meine Stationen somit seelsorglich versorgt seien, gab mir der Vorgesetzte grünes Licht. Für das die Ausbildung abschließende fraktionierte 6-Wochen-Training am KSA-Institut in Stuttgart nahm ich mir wieder Urlaub. Dort lernte ich auch meinen neuen evangelischen Kollegen Pfarrer Winfried Hess kennen und schätzen. Mit Winfried war ich zum Abschluss der Ausbildung am 1. November 1995 zum Kolloquium nach Eisenach eingeladen. Das Bildungshaus, in dem sich die KSA-Sektion traf, lag direkt unter der Wartburg. Durch die Freundschaft mit Winfried gestärkt, war ich gewiss, dass wir beide das Kolloquium bestehen würden. Am Tage vor dem Kolloquium wanderten Winfried und ich vom Bildungshaus über viele Waldwege hinauf zur Wartburg. Winfried holte sich dort die Kraft von Martin Luther und ich die Fürbitte von Elisabeth von Thüringen, Papa, sodass wir beide am Allerheiligentag tatsächlich als KSA-Supervisoren der DGfP anerkannt wurden. Auf dem Weg zum Bahnhof blieb uns anschließend noch ein wenig Zeit für einen Lokalbesuch. Vor Freude und mit großer Erleichterung nach dieser aufwendigen Prüfung lud ich die sieben anwesenden Thekengäste zu einem Glas Bier ein. Im Vergleich zu diesem Kolloquium war mein Diplomabschluss an der theologischen Hochschule St. Georgen ein Leichtes gewesen. Vor dem Lokalbesuch mit Winfried war ich noch zur Telefonzelle geeilt, um Burkhard, der ebenfalls mit mir gebangt hatte, die glückliche Nachricht mitzuteilen.

Abschiednehmen, Papa, von der siebenjährigen KSA-Ausbildung war gleichzeitig verbunden mit dem Abschied von mir anvertrauten Menschen. Trotz der Abschiede von Freund*innen und Bekannten aus den Wohngemeinschaften, den Gefängnissen oder den Infektionsstationen blieb ich dennoch mit Einzelnen verbunden. So bat mich der Lebenspartner von Klaus Ahorn, seinen Geliebten zu beerdigen, was ich natürlich gerne tat. Tief betroffen war ich, in dieser Zeit auch von dem geliebten, plötzlich verstorbenen Freund Folkmar Braun Abschied nehmen zu müssen. Unsere gemeinsamen Auto- und Motorradausflüge und seine engagierte redaktionelle Hilfe bei meinen Büchern kamen mir bei der Trauerfeier im Februar 1993 in den Sinn. Nur 16 Tage zuvor hatten wir seinen 50. Geburtstag gefeiert.

Als von meiner KSA-Sektion frisch ernannter Kursleiter entstand Ende der 1990er Jahre zu meinen Vorgesetzten im Bischöflichen Ordinariat ein entspannteres Verhältnis. Gleich nach meiner Ernennung luden sie mich zu direkten Gesprächen ein. Der Regens des Limburger Priesterseminars bat tatsächlich mich, Papa, den geouteten, schwulen, kirchlichen Angestellten um Mitarbeit an einem Konzept zur Seelsorgeausbildung aller Pastoralassistenten, Gemeindeassistenten und Priesteramtskandidaten. Ich begann nun als Supervisor im Bistumsauftrag, verschiedenste Fort- und Ausbildungskurse zu leiten. Mit einem Bein blieb ich in der Seelsorgepraxis der Uniklinik und mit dem anderen begann ich, junge Menschen für die Seelsorge zu begeistern und zu schulen.

Trotz aller Kursaufträge blieb mein Herz aber weiterhin sehr nahe an den Patienten, die ich über kursorische (Erstkontakte bei allen Kranken), begleitende Stationsbesuche und über die Rufbereitschaft erreichte. Jedes Jahr zog ich als Kinderseelsorger erneut zum Martinstag mit einer Schar manchmal sogar schwerkranker kleiner Patienten durch die Kellerflure der Klinik.

Ehrenamtliche Helfer, Papa, hatten den spastisch gelähmten, von Anfällen geschüttelten Lino in seinem Rollstuhl von der Station zur Martinsfeier mitgebracht. Bei meiner Frage an die anwesende Kinderschar, wer von ihnen beim Martinsspiel eine Rolle übernehmen wollte, hatte ich den kleinen erhobenen Zeigefinger Linos übersehen. Das Spiel konnte beginnen, da die an Leukämie erkrankte Laura den Martin spielte, Bernd von der Herzstation den Bettler und Kevin von der Mukoviszidosestation das Pferd. Eine aufmerksame ehrenamtliche Frau rief plötzlich in den Saal: »Hier hat sich noch jemand gemeldet!« und zeigte auf Lino. Dank einer spontanen Eingebung holte ich ihn sofort auf die Bühne und sagte zu ihm, indem ich ihm eine Kappe aufsetzte: »Du bist das zweite wichtige Pferd.« Ich glaubte, im erstarrten, verhärmten Gesicht dieses stummen Kindes ein Lächeln zu sehen. Bei meinem Stationsbesuch in der Woche darauf empfing mich der Stationspfleger mit den Worten: »Was haben Sie nur mit unserem Lino gemacht? Seit der Martinsfeier spricht er wieder und hat Interesse, Musik zu hören.

Können Sie ihm nicht einen Kassettenrecorder besorgen?« Für bedürftige Patienten in der Kinder-, Haut-, Augen und Strahlenklinik hatte ich Geld, sei es aus Spenden oder aus dem kleinen Etat des Klinikseelsorgehaushaltes. Bis zu seiner Verlegung in ein Pflegeheim entstand so zwischen Lino und mir ein herzliches Verhältnis. Es machte mir auch Spaß, Papa, ihm Märchen vorzulesen und mit ihm Kinderlieder zu singen. An sonnigen Wintertagen durfte ich mit dem gut eingepackten Kind auf dem Klinikgelände spazieren gehen. Lino war eines der wenigen kranken Kinder, die keinen Besuch ihrer Angehörigen erhielten, da seine Eltern aus einem schwierigen sozialen Milieu kamen.

Nach wie vor war mir der Austausch sowohl über meine Patientenbegegnungen als auch über meine Kurserfahrungen im Seelsorgeteam besonders wertvoll. Außer mit meinem Freund Winfried Hess leitete ich auch mit anderen Kolleg*innen zusammen Seelsorgekurse. Mir, Papa, wird gerade deutlich, wie sehr die Chemie zwischen den Kursleiter*innen stimmen muss, damit die Aus- und Fortbildungskurse, was Lern- und Kompetenzzuwachs angeht, erfolgreich werden. Ende der 1990er Jahre hatte mich eine Krankenpflegeschule in Höchst angefragt, ob ich für ihre 32 Schüler*innen ein Drei-Tage-Seminar zum Thema »Sterben, Tod und Trauer« übernehmen könnte. Der Tagungsort war das schön gelegene Kloster Johannisberg im Rheingau. Allein hätte ich diese Anfrage niemals annehmen können. Meine Kolleg*innen standen aus dienstlichen Gründen nicht zu Verfügung. Ich hatte jedoch in dieser Zeit das große Glück, Matthias Proske, einen Seelsorgepraktikanten, zu haben, der neben Theologie auch noch Pädagogik studierte. »Gregor, zusammen schaffen wir das!«, erklärte er mir. Er machte mir Mut, diesen Auftrag anzunehmen. Als die Fachweiterbildung der Uniklinik von unseren Kursen erfuhr, bat sie Matthias und mich, einmal im Jahr auch für ihr Pflegepersonal der Intensivstationen diese Trauerseminare anzubieten. Matthias und mir gelang es, die Universitätslehrer zu überzeugen, dass ihr Fachpersonal nur erfolgreich zu dieser Thematik arbeiten konnte, wenn das Seminar außerhalb des alltäglichen sterilen Uniklinikgeländes in angenehmer Umgebung stattfand. Wegen des erhöhten finanziellen Aufwands stimmte die Leitung der Fachweiterbildung nur zögerlich zu. Für uns beide war das Kloster Johannisberg im Rheingau der ideale Ort. Die freundlichen, humorvollen Nonnen dort empfingen die Intensivschwestern und -pfleger herzlich und gastfreundlich. Matthias und ich genossen in den Pausen über kleine Reflexionsspaziergänge die faszinierende, biblisch anmutende Landschaft der Rheingau-Berge und am Abend ein Glas Wein in den Stuben der Weinbauern. Der Erfolg unserer meisten Kurse lag nicht zuletzt daran, dass wir Kursleiter uns in der Freizeit erholten, amüsierten und uns in netten Lokalen bedienen ließen, statt ständig für die Teilnehmer präsent zu sein. Auch wenn es egoistisch klingt, ich hatte inzwischen gelernt, dass die Selbstsorge genauso wichtig ist wie die Fürsorge.

Letztlich war die Uniklinik von unserem Curriculum überzeugt, da es nicht nur der Qualifizierung der Pflegenden, sondern auch, durch den Ortswechsel bedingt, ihrer Personalpflege zugutekam. »Herr Schorberger, stellen Sie sich vor, unser Johannisberger Konzept zum würdigen Umgang mit den Toten und deren Angehörigen auf unserer Intensivstation ist sowohl von der Pflege- wie von der ärztlichen Leitung in Kraft gesetzt worden. Selbst mit der Pathologie hat sich eine gute Zusammenarbeit ergeben«, sagte mir Schwester Reinhild anlässlich meines Stationsbesuchs. Schwester Reinhild hatte mich am Sonntag über die Rufbereitschaft auf die Intensivstation gerufen: »Kommen Sie bitte, wir haben hier zwei italienische Geschwister, die wollen die Station nicht verlassen, bis sie ihren tödlich verunglückten Bruder gesehen haben. Doch dieser liegt schon seit gestern in der Pathologie.« Bei meiner Anfrage war der diensthabende Pathologe sofort einverstanden, dass ich mit dem Geschwisterpaar zu ihm kommen konnte. Er ermöglichte ihnen, ihren Bruder im Aufbewahrungsraum der Pathologie hinter einer großen Glasscheibe zu sehen. Die Schwester des Verstorbenen sagte mir, dass sie nicht Abschied nehmen könnten, wenn sie ihren Bruder nicht berühren dürften. Dagegen standen die strengen hygienischen Vorschriften in der Pathologie. Ich hatte spontan den Einfall, den Pathologen zu bitten, die Trennscheibe zu entfernen, da ich als Seelsorger den Verstorbenen segnen müsse. Er erklärte sich zum Glück dazu bereit. Die Trennscheibe war noch nicht ganz hochgezogen, da stürzten sich die Geschwister schon küssend und streichelnd auf ihren Bruder. Sie sagten mir anschließend erleichtert und tränenreich mit strahlenden Augen, dass sie jetzt gehen könnten. Ich begriff erneut, Papa, dass b e g r e i f e n im wahrsten Sinne des Wortes in der Trauer hilft, Abschied zu nehmen. Hatte ich doch damals am Totenbett Deiner Mutter als kleiner Knirps intuitiv Omas Hand ergriffen und geküsst.

In der kommenden Zeit, Papa, standen für Burkhard und mich Veränderungen an. Als angestellter Architekt fühlte sich Burkhard nach einigen Jahren Berufstätigkeit unzufrieden und suchte nach Neuem. Berlin war für uns beide eine Option. Burkhard war sofort begeistert und erhielt im Oktober 1995 tatsächlich zwei Termine für Vorstellungsgespräche dort. Ich hatte Anfang 1996 vom Bistum die mündliche Zusage, als Krankenhausseelsorger mit einer halben Stelle in Berlin-Kreuzberg und mit der anderen halben Stelle als Seelsorgeausbilder und Supervisor am Pankower KSA-Institut zu arbeiten. Plötzlich reizte es mich, mit Burkhard nach Berlin zu gehen. Eine faszinierende Aussicht begann in meiner Seele aufzublühen. Diese Herausforderung lockte mich, im Alter von 50 Jahren nochmals meinen Lebensraum komplett zu verändern. Ich wollte mich neuen beruflichen Herausforderungen stellen und noch einmal als Fremder in fremder Umgebung mit Burkhard einen neuen Lebensabschnitt beginnen. Dennoch, Papa, sollte es nicht zum Umzug kommen. Frankfurt am Main ließ uns gleich einem starken Magnet nicht los. Die Architekturbüros in Berlin stellten sich letztlich als unseriös heraus, sodass ein Wechsel nicht infrage kam. Stattdessen ergab sich für Burkhard die Möglichkeit, bei einem ehemaligen Kollegen, der sich selbstständig gemacht hatte, für dessen Büro freischaffend tätig zu werden. In den kommenden Jahren gab es genügend Aufträge für ihn, sodass er in Frankfurt bleiben konnte.

Frankfurt sollte unsere Stadt bleiben und auch für Burkhard Heimat werden. Jeden Monat dankten wir neu für unser Zusammensein, das wir unverändert als Himmelsgeschenk empfanden. Dabei wurde uns bewusst, dass Geschenk nicht Besitz heißt, und wir versuchten, das besitzergreifende Wort »mein« Mann oder »mein« Freund zu vermeiden. Wir benannten uns anderen Personen gegenüber nur mit unseren Namen – darum wissend, dass sich jederzeit auch der Abschied voneinander ereignen konnte, sei es durch ein berufliches oder persönliches Ereignis, sei es, dass einer von uns sich glühend in einen anderen Mann verliebte. Sollte es geschehen, wollten wir innerlich offen und bereit sein, mit dieser unerwarteten Wendung offen und ehrlich umzugehen.

Inzwischen, im Juli 1997, waren Burkhard und ich beziehungsmäßig fünf Jahre alt geworden. Beide hatten wir das Verlangen, zusammenzuziehen. Bis zu diesem Jahr wechselten wir jede Woche den Wohnort: mal waren wir im Westend, mal in Niederrad. Ständig war ich in der Straßenbahn mit einem Wäschepaket unterwegs, da unsere Waschmaschine in Niederrad stand. Aufgrund der hohen monatlichen Sozialabgaben für Rente und Krankenversicherung blieb für Burkhard als Freiberufler kaum Geld für seinen Lebensunterhalt übrig. Durch unser Zusammenziehen hätten wir immerhin eine Miete sparen können.

Trotz monatelanger Suche war schon damals in Frankfurt eine bezahlbare Wohnung nicht zu finden. Nur ganz langsam freundeten wir uns mit dem Gedanken an, zusammen in die Waldstraße nach Niederrad zu ziehen. In Erinnerung an den biblischen Spruch, dass man keinen neuen Wein in alte Schläuche füllen sollte, war ich wie Burkhard anfänglich dagegen, in meine alte Wohnung zu ziehen. Allein das Verlangen, noch näher beieinander zu sein, ließ uns auf Probe in Niederrad zusammenziehen. Ich konnte dieser Idee letztlich nur unter der Bedingung zustimmen, dass ich die Hälfte der Niederräder Wohnungseinrichtung für Burkhard frei räumte, damit er diese leergewordenen Zimmer nach seinem Geschmack gestalten konnte. Von meinen drei großen Aquarien übernahm die Frankfurter AIDS-Hilfe zwei für ihr Café zur Freude und Erholung der Kranken. Burkhard bestand jedoch darauf, dass ich wenigstens ein Aquarium mit meinen Lieblingsfischen in der Küche behielt. Heute kann ich mir gar nicht mehr vorstellen, wie ich in der übervollen kleinen Wohnung mit mehreren geräuschvollen Aquarien hatte schlafen können. Für mich, Papa, war es wie ein Befreiungsschlag, mich nun im Alter von 50 Jahren von unzählig vielen Gegenständen zu trennen. Die »vielen schönen Dinge« hatten nicht nur meine Regale besetzt, sondern auch meine Seele. Es ging darum, vom Loslassen nicht nur zu reden, sondern es zu tun. Ich konnte ganz neu durchatmen und mich mit Burkhard freuen, dass er unsere Räume so gut gestaltete. Ich gewann ein ganz neues Wohn- und Lebensgefühl. Burkhard fand in unserer, inzwischen sanierten Wohnung, neue Zimmerdecken und einen neuen geschliffenen Dielenholzboden vor. Ich war erleichtert, nach einem Jahr Baustelle im Sommer 1998 in einer ganz neu anmutenden Wohnung ein neues Leben mit ihm zu beginnen. Nach unserem Einzug schien sie mir doppelt so groß geworden zu sein. Für mich war unser Zusammenziehen ein mehrfacher Gewinn. Erstaunlich leicht konnte ich mich von festgefahrenen Gewohnheiten und von verstaubten Gegenständen trennen.

Im Nachsinnen, ob Du und Mama bei Eurem Umzug damals vom Erdgeschoss in die erste Etage Euch auch von alten Lasten befreit habt,
verabschiede ich mich für heute mit einem herzlichen Gruß

Dein Sohn Gregor

Brief über die Zeit als Sehlehrer

Frankfurt am Main, 8. Februar 2018

Lieber Papa,

ich war besonders während der 1970er und 1980er Jahre in der Ökumenischen Arbeitsgruppe Homosexuelle und Kirche (HuK) emanzipatorisch tätig. In einem der letzten Briefe hatte ich Dir ja begeistert von der Gründung der HuK anlässlich des evangelischen Kirchentages 1977 in Berlin erzählt. Der Kampf für gleiche Rechte in der evangelischen Kirche, insbesondere in der Landeskirche Hessen-Nassau, schien Mitte der 1970er Jahre schier aussichtslos. Junge Theologiestudenten wie mein Freund Nulf erfuhren in diesem Jahrzehnt vom Leiter des Konvikts: »Sollte hier jemand unter euch homosexuell sein, kann er gleich wieder mit dem Studium aufhören« Entsprechend der Jakobsstelle: »Ich lass Dich nicht los, nur wenn Du mich segnest«, kämpften wir in dieser Zeit in der HuK über Outing, Dialog und Tagungen unverändert für die Akzeptanz von homosexuellen Menschen in den Kirchen. Im Wissen um das damalige Kirchenrecht, das das Wohnen eines homosexuelles Paars im Pfarrhaus verbot, teilte das HuK-Mitglied Nulf Schade bei seiner Vorstellung als möglicher neuer Pfarrer dem Kirchenvorstand der Frankfurter Friedensgemeinde mit: »Ich bin gerne euer Pfarrer und ich ziehe gerne ins Pfarrhaus ein, aber nur mit David!« Als ein Kirchenvorsteher fragte: »Wollen wir nicht lieber einen normalen Pfarrer?«, antwortete ihm eine Frau: »Was hatten wir denn die ganze Zeit, normale Pfarrer, und was mussten wir mit ihnen erleben? Eine Scheidung nach der anderen.« Ja, es stimmte, die letzten drei gewählten Pfarrer hatten sich in ihrer Gemeindezeit alle scheiden lassen, das brachte große Unruhe in den Frieden der Gemeinde. Letztlich erhielt Nulf ein einstimmiges Votum des Kirchenvorstandes. Manchmal, Papa, ändert sich erst durch couragiertes Auftreten etwas zugunsten von mehr Humanität und Christlichkeit in unseren Kirchen. Heute ist es selbstverständlich, dass Männer liebende Männer und Frauen liebende Frauen nach ihrem Vermählungsgottesdienst in die Kirchenbücher der Evangelischen Kirche in Hessen und Nassau, kurz EKHN, eingetragen werden. Inzwischen kann in der EKHN ein Pfarrer mit seinem Mann und ebenso eine Pfarrerin mit ihrer Frau im Pfarrhaus der Gemeinde wohnen.

Statt unsere Kirche zu verlassen, mussten Priester und Kirchenfürsten weiterhin mit uns schwulen Katholiken rechnen. In der katholischen Kirche der 1970er und 1980er Jahre herrschte gegenüber homosexuellen Menschen ebenfalls eine sibirische Kälte. Durch Berufsverbote, Sanktionen, Pressezensur und Tabuisierungen versuchten die Kirchenleitungen zu verhindern, dass schwule Katholiken sich öffentlich zeigten und zum Dialog aufriefen. Aber nicht christliche Schwule und Lesben bekamen plötzlich ein großes Problem, sondern meine Kirche. Zur Überraschung unserer Diözesanbischöfen zeigten wir bewegten, gleichgeschlechtlich liebenden Christen uns trotzdem auf den Katholikentagen und in anderen Kirchenräumen etwa in Pfarreien, Caritas, Vereinen, Dekanaten, Akademien und Universitäten. Was nun, meine Kirche? Lehrst du doch in jedem Gottesdienst das Gebot der Liebe, verbunden mit der frohen Botschaft, dass der Mensch nicht allein bleiben soll.

Nach meinem Referat »Seelsorge mit AIDS-Kranken« während der Jahrestagung der HuK im Familienzentrum Maulhof im Mai 1992 zitierte mich mein Personalchef mit der Feststellung zu sich, dass ich mich bei dieser Tagung als Homosexueller zu erkennen gegeben hätte. Im Beisein des Bischofs war in der Dezernentenkonferenz eine Beschwerde eingegangen. Auf meine Frage, von wem er diese Nachricht erhalten habe beziehungsweise wer mich denunziert hätte, sagte er nur, dass mich das nichts anginge. Nach meiner Erwiderung, dass ich mich als Referent nie auf Fragen zu meinem Privatleben einlassen würde, ließ er mich ärgerlich gehen. Ich hatte mir in meinem Dienstverhältnis oftmals eine blutige Nase geholt, da ich mich in den Medien als Pastoralreferent und Seelsorger auf Seiten meiner schwulen Freunde gezeigt und auf ihren Wunsch hin ihre Lebenswelt veröffentlicht hatte. Dennoch ließ ich mir, Papa, ein Quäntchen Hoffnung, dass sich der winzige, wunderschön zarte, hellgrüne Farn, wie ich ihn so oft bei meinen meditativen Spaziergängen an hohen Klostermauern in Trier bewunderte, sich auch eines Tages gegenüber den Betonmauern der katholischen Amtskirche durchsetzen würde. Trotz unserer erfolgreichen kirchenpolitischen Arbeit in der HuK hatte ich Sehnsucht nach einem spirituellen Ort, nach einer lesbisch-schwulen Gottesdienstgemeinschaft, wie ich sie auf meiner USA-Reise im Sommer 1987 in mehrere Städten dort kennen- und schätzen gelernt hatte. Papa, endlich geschah das Wunder. Mit ganz großen Ohren hörte ich im Frühjahr 1991 vom sonntäglichen Abendgottesdienst schwuler Katholiken und ihren Freund*innen im Frankfurter Gallusviertel. Da ich keinen priesterzentrierten Gottesdienst mehr ertragen konnte und daher keine Kirche in Frankfurt fand, war ich in dieser Zeit spirituell fast verkümmert. Doch eines Tages schellte es an meiner Tür.

Ich war allein zu Hause, es war noch am frühen Morgen in der Osterzeit. Wie immer saß ich beim Frühstück und las die Tageszeitung. Ab und zu schweifte mein Blick aus dem Küchenfenster auf die schmale serbische Fichte und die neben ihr stehende haushohe Blautanne. Ich freute mich, unter den Tannen in den kleinen Gärten Gruppen von Osterglocken, die ersten farbigen Tulpen und tiefblauen Stiefmütterchen zu sehen. Ich war in stiller Betrachtung versunken, als die Wohnungsklingel läutete. Zu meiner großen Überraschung stand Georg Trettin in der Tür. Seit dem Studium an der Philosophisch-Theologischen Hochschule St. Georgen vor 15 Jahren hatte ich ihn nicht mehr gesehen. Voller Freude über das Wiedersehen lud ich Georg ein, mit mir zu frühstücken. Wir hatten uns unendlich viel zu erzählen. Georg hatte als geouteter schwuler Theologiestudent wie auch sein Kommilitone Udo trotz seiner hervorragenden pastoralen, homiletischen und exegetischen Kompetenzen keine Anstellung vom Bistum erhalten. Er fand Arbeit bei der Frankfurter Allgemeinen Zeitung, während Udo sich mit Gelegenheitsarbeiten und weiteren Studien über Wasser hielt.

Georg erzählte mir: »*Im Herbst 1990 habe ich mit Udo und einem Theologiestudenten über die Idee diskutiert, eine schwule Gemeinde zu gründen. Wir fragten uns, ob es möglich sei, zwei widerstreitende Lebenswelten, die schwule und die katholische, in denen wir lebten, einander näherzubringen. Es hat kein großes Konzept gegeben, aber die Erwartung, dass eine schwule Gemeinde dazu ermutigt, im schwulen Coming-out den Glauben nicht wegwerfen zu müssen. Wir gingen davon aus, dass es in Frankfurt auch andere Schwule geben würde, denen Ähnliches am Herzen läge. Hast Du nicht Lust, mitzumachen? Mir ist seit meinem Coming-out immer beides wichtig gewesen: Ich bin gerne schwul, und ich lebe gern katholisch. Für mich ist das Katholische eine Feier des Lebens, die den Tod mit einbezieht und die Solidarität, die mich mit den Generationen vor und nach mir und mit den Menschen der ganzen Welt verbindet, die das Gleiche feiern, und das schließt verdammt viele Lesben und Schwule mit ein. Es ist ein intensiver und lebensbejahender Lebensstil. Und das soll für mich als Schwulen nicht gelten? Einfach als Schwule Gottesdienst mit anderen zu feiern ist ein wichtiges Hauptanliegen unseres ›Projekts: schwul und katholisch in der Gemeinde Maria Hilf‹ (PSK). Unsere Gottesdienstbesucher brauchen keine Angst zu haben, von anderen Gemeindemitgliedern diskriminiert zu werden oder sich immer wieder neu als Schwule erklären zu müssen. Sie wollen einen Gottesdienst feiern, in dem ihre Lebenswelt in Gebeten, Homilie, Predigtgesprächen und Fürbitten vorkommt, wo eine Atmosphäre des Vertrauens und Glaubens entstehen kann!«* Dann fuhr er fort, mir von ihren ersten Schritten zu berichten: *»Ohne den Bischof zu fragen – den Stadtpfarrer hatten wir nur informiert –, feierten wir zuerst in der kleinen Kapelle der Katholischen-Hochschul-Gemeinde (KHG) Eucharistie. Schnell entstand eine persönliche und vertraute Gottesdienstatmosphäre. Als gesellschaftliche Minderheit wollten die schwulen Gläubigen nicht in einer Sondergemeinde bleiben, sondern zukünftig in einer ganz normalen Pfarrkirche mitten in einem Frankfurter Stadtteil ihren Gottesdienst feiern. Maria Hilf im Frankfurter Gallusviertel war die einzige römisch-katholische Gemeinde in Frankfurt, die bereit war, uns sonntagabends ihre Kirche zum Gottesdienst zur Verfügung zu stellen. Letztlich hat unser Konzept, Feier nach katholischem Ritus, Öffentlichkeit, ökumenische Gastfreundschaft, basiskirchliche Orientierung nach dem Vatikanischen Konzil und eine schwule Befreiungstheologie, die Hauptamtlichen und den Pfarrgemeinderat überzeugt.«*

Unser Frühstück war längst zu Ende. Bei der Verabschiedung sagte ich Georg zu, am nächsten Sonntagabend, dem Pfingstsonntag, in die Kirche zu kommen.

Papa, zum Pfingstsonntag 1991, am Hochfest des Heiligen Geistes, feierte ich, glücklich inspiriert von den sieben Gaben des Heiligen Geistes, zum ersten Mal unter Gleichgesinnten in der großen Kirche Maria Hilf Gottesdienst. Ich kam mir in diesem Kirchenschiff dennoch nicht verloren vor, da alle im Kreis um den Altar herum Platz genommen hatten. Ich hatte Herzklopfen und war aufgeregt, da ich niemanden von den fünfundzwanzig Gottesdienstbesuchern kannte. Der Gottesdienst fand am Hauptaltar der Kirche statt. Zu Beginn der Heiligen Messe begrüßte ein Moderator uns Teilnehmer einschließlich des Priesters. Ein schwuler Laie predigte, und der Priester, der mit uns im Kreis saß, stand als Gast des PSK dem Eucharistischen Hochgebet vor. Zum Friedensgruß nach dem Vaterunser gaben sich in einer herzlichen Stimmung die um den Altar Versammelten die Hand, umarmten sich oder küssten sich auf den Mund. Später beim Bibelabend erfuhr ich von Udo, dass es in der hebräischen Bibel nicht Friedensgruß, sondern Friedenskuss heißt. Den Initiatoren gelang es, 17 Priester und drei Pastoralreferentinnen zu finden, die in ihrer Freizeit gerne sonntagabends im Wechsel zum Projekt: schwul und katholisch (PSK) kamen. Mancher von ihnen war erleichtert, einmal zuhören zu können und nicht wieder alles allein machen zu müssen. Seit diesem Pfingstgottesdienst war ich jeden Sonntagabend in der Kirche Maria Hilf. Heißt es doch in einem Kirchenlied zu Pfingsten: *Komm, Heil'ger Geist, der Leben schafft, erfüll' uns all' mit deiner Kraft. Dein Schöpferwort rief uns zum Sein. Nun hauch uns Gottes Odem ein.* Durch dieses spirituelle Erlebnis gestärkt, begann ich, in einer geschlechtergerechten Sprache die befreiende Botschaft Jesu zu hören und Gott dafür zu danken, hier in der römisch-katholisch-schwulen Gemeinde angekommen zu sein – ist er, der von Jesus verkündete Schöpfergott, doch ein Gott ausnahmslos aller Menschen und Kreaturen. Seit diesem Pfingstsonntag feiere ich sonntäglich mit den schwulen Freunden Gottesdienst und bleibe anschließend zum geselligen Beisammensein im Gemeindehaus.

1996, sechs Jahre nach ihrer autonomen Gründung, erhielt unsere winzig kleine Gemeinde von Bischof Franz Kamphaus einen kirchenrechtlichen Titel. Dieser Anerkennung ging Ärger voraus, da der Bischof angesichts seiner vielen verwaisten Kirchenorte nicht einsah, dass übers Jahr verteilt 17 Pfarrer zu uns kamen. Er wollte in einem Bistumspapier diese Zahl auf sechs begrenzen. Der Hinweis der Priester, dass sie am Sonntagabend ehrenamtlich und gerne zum Gottesdienst der Schwulen gehen, überzeugte den Bischof schließlich, und er bestätigte alle 17 Zelebranten. Erfreulicherweise traf sich Franz Kamphaus in den Jahren 1996 und 2004 mit den Mitgliedern des PSK. Gerade heute, Papa, erfuhr ich über den Frankfurter Stadtdekan zu meiner freudigen Überraschung, dass im kommenden August 2018 unser neuer Bischof Georg Bätzing das PSK besucht, mit uns die Messe feiert und anschließend zum geselligen Beisammensein bleibt.

Unsere damaligen Sprecher der schwulen Gemeinde erarbeiteten auf Wunsch des Bischofs mit seinem Kirchenrechtler Thomas Schüller ein Bistumspapier, das letztlich unseren kirchenrechtlichen Titel »Projekt schwul und katholisch in der Gemeinde Maria Hilf« (PSK) begründete. Dieser Schutztitel war uns auch deshalb so wichtig, da wir von rechtsextremen, fundamentalistischen Kreisen in aller Öffentlichkeit nicht nur als häretische Gemeinde, sondern als andere Religion beim Nuntius in Berlin und im Vatikan angezeigt wurden. Ich selbst, Papa, erhielt von diesen Leuten den Titel »Homoagitator«. Sie setzten mich mit vollem Namen und beruflicher Anschrift in der Hoffnung ins Internet, dass ich schwerste dienstrechtliche Konsequenzen erfahren würde. Da jedoch unser Bischof von diesen Kreisen ebenso angegriffen wurde, ließ man mich diesmal von Arbeitgeberseite in Ruhe. Sicherlich gab es auch in den Frankfurter Nachbargemeinden Anfeindungen von konservativen Katholiken, die für die hauptamtlichen Seelsorger*innen nicht immer leicht zu ertragen gewesen waren, wie der Gemeindepfarrer von Maria Hilf, Hans Josef Wüst, uns berichtete: »*Was da alles an Angriffen im Hintergrund gelaufen ist! Als Pfarrer habe ich immer schon Stiche gespürt und von Kollegen der Nachbargemeinden gehört: ›Dieser Pfarrer da, um Gottes Willen, solch eine Gemeinde wollen wir nicht sein.‹ Wenn ich dort zu Besuch war, guckten die mich immer so von der Seite an, als wollten sie sagen: ›So ganz sauber kann es da nicht zugehen.‹ Da kamen öfter solche Dinge. Ich hatte damals von der Firma Telenorma schönes rosa Papier abgestaubt. Ganze Stapel altes, schönes Papier. Da hätte die Gemeinde drei oder vier Jahre keinen Pfennig mehr gebraucht für das Papier unseres Pfarrbriefes. Ein Kirchenbesucher schrieb: ›Da braucht ihr nur mal dahin zu gehen, diese Gemeinde veröffentlicht schon ihre Pfarrbriefe auf* *rosa Papier. Das ist eine schwule Gemeinde. Die ganze Gemeinde ist schwul, Pfarrer, Pfarrgemeinderat und Pfarrbüro benutzen schon rosa Papier.‹ Aber das sind inzwischen Ausnahmen. Die sonntägliche Anwesenheit der Schwulen ist in der Pfarrei selbstverständlich geworden.«*

Jeden Sonntagabend Gottesdienst zu feiern, Gottes Wort zu hören, die befreiende Botschaft Jesu zu kosten, zu beten und mit dem eigenen Lieder- und Gesangbuch zu singen, erfrischten Burkhard und mich für den Alltag und stärkten unsere Beziehung erheblich. Zwanzig Jahre vor unserem eigenen Segnungsgottesdienst erlebten wir 1992 im PSK das Liebespaar Friedrich und Arnold, das sich ganz selbstverständlich für ihren Lebensbund einen Segnungsgottesdienst dort wünschte. Von den Verantwortlichen unserer Gemeinde einschließlich des mitfeiernden Priesters gab es keinen Einwand, da beide seit Beginn der Gemeinde regelmäßig zum Sonntagsgottesdienst kamen. Arnold, der Gärtner, hatte die Kirche aufs schönste mit Blumen geschmückt. Noch heute, Papa, sehe ich beide sich an den Händen haltend vor mir; ihre verliebten Blicke beim Tausch der Ringe rührten mich zu Tränen. Anschließend luden sie alle Gottesdienstbesucher zu Kaffee und Kuchen ein. Es gab sogar meine Lieblingstorte Schwarzwälder Kirsch. Friedrich, der von Beruf Bäcker und Konditor war, hatte alle Kuchen selbst gebacken. In der römisch-katholischen Kirche Deutschlands sind Arnold und Friedrich vermutlich das erste Brautpaar, das am 5. Juli 1992 in einer Pfarrkirche im Beisein ihrer Freundinnen und Freunden ihre Liebe vor Gott bezeugten. Viele Jahre hatte ich dieses Paar aus den Augen verloren, aber kürzlich, Papa, in der Straßenbahn wiedergesehen. Gemeinsame schöne wie dramatische Erlebnisse zogen in diesem Moment wie ein Film vor meinen Augen vorbei. Noch heute muss ich über die Empörung einiger PSKler schmunzeln, weil Friedrich als für den Eine-Welt-Laden Verantwortlicher in der Kirche eine Packung Kondome zum damaligen Preis von 50 Pfennigen nach dem Gottesdienst verkaufte.

Einer der Höhepunkte des PSK war der jährliche ökumenische Freitagabend-Gottesdienst zum Christopher-Street-Day-Wochenende. Den Gottesdienst zum 25jährigen CSD-Jubiläum am 10. Juli 1994 gestalteten erstmalig HuK und PSK gemeinsam mit der Metropolitan Community Church (MCC). Seit 1995 gehört ein Prozessionsgang mit zwei Stationen zum Gottesdienst. Die erste Station ist am AIDS-Memorial, einer Gedenkmauer unterhalb der Peterskirche mit je einem eingeschlagenen Nagel für jede in Frankfurt an AIDS verstorbene Person. Die zweite Station hatten wir am Mahnmal der im Nationalsozialismus verfolgten und ermordeten Homosexuellen auf dem Klaus-Mann-Platz. Zum ökumenischen Gottesdienst am 4. August 1996 in der Peterskirche hielt Burkhard die Predigt zum Gottesdienstthema »Josef und seine Brüder«. Dem farbenprächtigen Gewand Josefs entsprechend, gestaltete Burkhard mit bunter Kreide am frühen Morgen dieses Tages ein kreisrundes Kreuz in Regenbogenfarben um das Mahnmal auf dem Klaus-Mann-Platz herum. Von der Künstlerin Rosemarie Trockel wurde die Skulptur eines Engels des Kölner Domes (Gipsmodell) auf einem Sockel in Richtung Justizviertel (Gericht und Gefängnis) aufgestellt. Sie erklärte dazu: »Nachdem der Metallguss gemacht worden ist, soll der Kopf des Engels abgeschlagen, anschließend aber wieder angebracht werden. Dabei soll der Kopf leicht verschoben werden, sodass die Spuren der Abtrennung sichtbar bleiben. Der Kopf des Engels soll so verrückt werden, dass das Gerichtsgebäude exakt in seiner Blickrichtung liegt.« So steht das Mahnmal heute da. Dieses eindrucksvolle Homosexuellen-Mahnmal mitten in der Frankfurter City steht nun seit 20 Jahren in einem Viertel, in dem die meisten schwulen Lokale sind. Bei unserer jährlichen kleinen Andacht am Engel zum CSD liest eine Person vom PSK den Text auf seinem Sockel vor: *Homosexuelle Männer und Frauen wurden im Nationalsozialismus verfolgt und ermordet./Die Verbrechen wurden verleugnet, die Getöteten verschwiegen, die Überlebenden verachtet und ver-*

urteilt./Daran erinnern wir in dem Bewusstsein, dass Männer, die Männer lieben, und Frauen, die Frauen lieben, immer wieder verfolgt werden können. Frankfurt am Main, Dezember 1994.

Du siehst, Papa, dass ich mich immer wieder neu mit meinen Brüdern identifiziere, die die Polizei in der Nazizeit und in der Nachkriegszeit von Dienst wegen verfolgten, verhafteten, verhörten und ermordeten. Ich glaube, hier liegen die Wurzeln meines permanenten schwulen Engagements. Dank der vielen politisch bewegten, selbstbewussten Schwulen in den AIDS-Hilfen, in der Gesundheits- und Sozialpolitik, bei den Grünen und nicht zuletzt in den weltlichen und kirchlichen schwul-lesbischen Bewegungen wurde der Unrechtsparagraph 175 gegen den Willen der Deutschen Bischofskonferenz 1994 endgültig abgeschafft. Im letzten Jahr, 2017, beschloss der Bundestag nicht nur die Aufhebung der Verurteilungen nach § 175 StGB, sondern auch die Rehabilitierung und eine Entschädigung der Opfer. Damit waren schwule Männer, was die Strafbarkeit sexueller Handlungen anging, erstmals in Deutschland heterosexuellen Männern gleichgestellt. Für mich, Papa, war das ein Quantensprung, und erstmals konnte ich mich dem deutschen Rechtsstaat annähern.

Mit der Abschaffung des § 175 am 11. Juni 1994 hat sich zwar die rechtliche Situation von uns Schwulen verändert, aber die diskriminierende Einstellung in Teilen der Bevölkerung wirkt bis heute nach. Erschreckt hat mich die Feststellung des Filmregisseurs und Freunds Christian Modehn im Januar 2017: »Der § 175 besteht noch: in der katholischen Kirche.« Auch ich sehe, dass angesichts der vielen durch moralische Verurteilung, Bedrohung, Suizid oder Mord zu Tode gekommenen homosexuellen Kinder, Jugendlichen und Erwachsenen sich trotz Wiedergutmachung durch den Staat nichts wiedergutmachen lässt. Meiner Meinung nach liegt – um zukünftig wachsam zu bleiben – eine erste Versöhnung im Benennen der Ungerechtigkeit am Beispiel ganz konkreter Zeugenaussagen. Jährlich wiederkehrende Gedenkfeiern an homosexuellen Mahnmalen und Stolpersteinen sind ein weiterer Schritt, Verantwortung für die Gräueltaten zu übernehmen, die die deutsche Bevölkerung Männer liebenden Männern angetan hat. Schon seit den 1970er Jahren hat mich Dorothee Sölles Antwort auf die Frage, wer für sie Christus sei, tief gerührt: »Christus ist der, der den gelben Stern und das rosa Dreieck angezogen hat.«

Jetzt, Papa, möchte ich Dir auch noch von meiner Arbeit als Sehlehrer berichten. Von der Patientin in der Strahlenklinik, die mir die VHS-Augenübungskurse empfohlen hatte, habe ich Dir ja bereits erzählt. Nach dem Ende meiner langjährigen bioenergetischen Therapie nahm ich an den Kursen des Integrativen Sehtrainings von Wolfgang Hätscher-Rosenbauer teil. Dank dieser Augenübungskurse lernte ich, täglich die Muskeln der Augen durch Augenyoga so zu lockern, dass ich trotz meiner erheblichen Sehschwäche bei 4 Dioptrien und Astigmatismus jahrelang keine Brille mehr brauchte. »Jede körperliche Bewegung ist gut für die Augen, Gregor!« Diese Aussage meines Kursleiters an der VHS im Frühjahr 1991 begeisterte mich so sehr, dass ich mich bei ihm zu einer Ausbildung als Sehlehrer in Gießen anmeldete. Ich hatte neben Jogging und Fahrradfahren einige Augenübungen wie Sonnenbaden, Palmieren und Augenyoga in meinen Alltag integriert. Die monatlichen Workshops fanden in einer alten Villa in Gießen statt. Ihr größter, mit Pflanzen geschmückter Raum diente uns zwölf Teilnehmer*innen sowohl als Trainingsstätte als auch als Schlafsaal. Die Erfahrungen dort an den Sehtrainingswochenenden beglückten mich deshalb so stark, Papa, weil diese monatliche Oase mir Abstand vom alltäglichen privaten wie beruflichen Leben ermöglichte. Im Wissen um die eigenen Seherfahrungen und die qualifizierte Ausbildung war ich Mitte der 1990er Jahre davon beseelt, Menschen Anleitungen zu geben, über ganzheitliches Sehen ihre Augen gesund zu erhalten. Dementsprechend konnte ich im Oktober 1996 in Gießen meine dreijährige Aufbauausbildung erfolgreich abschließen. Hatte ich doch, Papa, mit diesem erworbenen Beruf ein zweites soziales Standbein, falls meine Vorgesetzten irgendwann einmal ihre ständigen Kündigungsandrohungen wahrmachen sollten. Nach dem Abschlussworkshop mit Prüfung erhielten wir das Zertifikat, dessen Text ich hier kurz wiedergeben möchte: »Gregor Schorberger hat die theoretische und praktische Abschlussprüfung der Ausbildung in Integrativem Sehtraining (I. S. T.) bestanden und sich qualifiziert, als I. S. T.-Kursleiter in eigener Verantwortung I. S. T.-Selbsthilfeprogramme abzuhalten.«

Gleich im Anschluss an die Ausbildung begann ich eigene Augenübungskurse anzubieten. Zu Beginn eines jeden Gruppenabends fragte ich: »Ja, wie geht es Ihren Augen jetzt? Was sagen sie Ihnen nach einem langen Tag? Sind sie entspannt oder angestrengt? Gibt es einen Unterschied zwischen rechtem und linkem Auge? Wollen Ihre Augen jetzt überhaupt noch sehen?« Bestimmt ungewohnte Fragen, die ich da stelle. Wir gebrauchen unsere Augen so selbstverständlich, dass wir uns normalerweise gar keine Gedanken um sie und unser Sehen machen. Gott sei Dank sind unsere Augen von Natur aus so geschaffen, dass sie jung und unternehmungslustig bleiben und ihre Sehkraft immer wieder erneuern, wenn wir ihnen die Möglichkeit dazu geben. Laufen doch 80 Prozent all unserer Lebensqualität über das Sehen.

Diese Eröffnungsfragen hatte ich auch im August 1994 den zahlreichen Besuchern im großen Kursaal von Bad Münstereifel gestellt. Auf Vermittlung meines Freundes Stefan Bey hatte ich in der Reihe »Mit allen Sinnen glauben« den Abend »Sehen, Augen, das Fenster der Seele« übernommen. Trotz großer Aufregung mit Herzklopfen bis zum Hals war ich hoch motiviert, diese Anfrage der Kurverwaltung anzunehmen. Meine ersten sieben Augen-Übungskurse in der katholischen Hochschulgemeinde lagen hinter mir. Also, Papa, war ich für diesen Großauftrag gut gerüstet. Nach den bereits genannten Eingangsfragen erzählte ich der aufmerksamen Zuhörerschaft, wie wertvoll etwa herzhaftes Gähnen nicht nur für die Augen ist: »Ein Körper, der sich morgens streckt und räkelt, kommt automatisch zum herzhaften Gähnen, und das Gähnen führt wiederum zum Tränenfluss. Herzhaftes Gähnen ist wunderbar für die Augen und unser Sehen. Die Tränen reinigen die Hornhaut von Fremdkörpern und Staub. Gleichzeitig gibt die Tränenflüssigkeit der Hornhaut Nahrung und bewahrt unsere Augen vor dem Austrocknen und dem Sand- und Brenngefühl. Herzhaftes Gähnen lockert die Kaumuskeln. Alles, auch die Kiefer- und Schultermuskeln sind dann wieder ein wenig lockerer geworden. Ist es doch eine Tatsache, dass fast alle Fehlsichtigen Nacken- und Schulterverspannungen haben, die wiederum auch Einfluss auf unsere Augenmuskeln ausüben. Mehrmaliges tägliches herzhaftes Gähnen ist eine der besten Augenübungen. Gähnen ist eine Wohltat für Ihr Sehen und für viele Ihrer Muskeln.« Nach dieser ersten Selbstheilungserfahrung lud ich die Anwesenden anschließend zu einer imaginären Reise ein: »Stellen Sie sich bei geschlossenen Augen einen Löwen vor, der sich in der Mittagshitze wohlig räkelt und streckt und dabei ganz weit sein Maul aufreißt. Er gähnt ganz herzhaft, da es ihm so gut geht und er genüsslich alle Viere von sich streckt.« Ob Du es glaubst oder nicht, Papa, überall im großen Saal begannen die Leute mit weit offenem Mund oder mit vor den Mund gehaltener Hand laut zu gähnen.

Über diese Reaktionen der Mitmachenden war ich glücklich und lud die Zuhörer*innen zu einem Vortrag über die Geschichte des ganzheitlichen Sehens ein. Die Methode des I.S.T. stammt vom Augenarzt Dr. William Bates. Er entwickelte 1919 diese Selbstheilungsmethode in New York. Er lud seine Augenpatienten zu täglichen kleinen Seherfahrungen wie Sonnenbaden oder Palmieren (die gewölbten Hände über die geschlossenen Augen legen) ein. Da die Reihe in

Bad Münstereifel auch den Glauben zum Thema hatte, fiel mir bei der Vorbereitung meines Abends sofort die Heilung des blind geborenen Bartimäus durch Jesus ein. Hier konnte ich deutlich machen, dass gesundes Sehen neben dem körperlichen, sexuellen, psychischen, spirituellen auch immer einen sozialen Aspekt beinhaltet. Mein Freund Stefan berichtete mir gleich nach diesem Abend, dass die Veranstalter des Kurbades mich für weitere I. S. T.-Vorträge und Augenübungskurse vorgesehen hätten, die ich jedoch aus zeitlichen Gründen nicht annehmen wollte.

Jedoch fragte ich mit der befreundeten Sehlehrerin Sibylle Stocké im Kloster Johannisberg/Rheingau an, ob wir dort ein Wochenendseminar für ganzheitliches Sehen durchführen konnten. Die befreundeten Nonnen sagten mir sofort zu. Zu diesen Seminaren luden wir mit den Worten ein: »Natürlich besser sehen. Erleuchte die Augen unserer Herzen. Erholung mit den Augen für Leib, Seele und Geist im Kloster Johannisberg und in der umgebenden Weinberglandschaft. Hoch über dem Rheintal/Rheingau gestalten wir ein Fünf-Tage-Seminar zur Stärkung der Sehkraft und zur Vorbeugung von Fehlsichtigkeit, u. a. Augen- und Körperentspannung, Tanzen, Augenyoga, Akupressur, Palmieren, Licht-, Sonnenbaden, Spaziergang, Blickstafette, Farben und Phantasiereisen.« Bekannte und Mitglieder aus dem Umkreis unseres Vereins I. S. T. nahmen am Wochenendseminar teil. Schnell hatte sich das Wochenendangebot »Gutes für die Augen zu tun« auch in unserer schwulen Gemeinde herumgesprochen. Mich freute es, über den sonntäglichen Gottesdienst hinaus die Freund*innen mit oder ohne Brille bei den Übungen, bei anregenden Seh-Wanderungen durch die Weinberge, lachend und weinend, mal ganz anders zu erleben. Selbst aus dem Schwesternkonvent der Steyler Missionarinnen kam hin und wieder eine Nonne hinzu. Noch heute bin ich überrascht, wie diese Schwestern die vielen Körperübungen bei Beibehaltung ihrer Haube in humorvoller Stimmung mitmachten. Gerne erinnere ich mich mit

Sibylle an eine den Schwestern befreundete 84jährige Frau. »Jetzt, Monate nach meiner Grauer-Star-Operation, kann ich zum ersten Mal wieder entspannt sehen«, verkündete sie glücklich. Obgleich sie alle Seherfahrungen im Sitzen mitmachte, meldete sie sich gleich wieder für den nächsten Kurs an. Da wir wegen der Gruppenraumgröße nur bis zu 10 Teilnehmer*innen zusagen konnten, war unser halbjährliches Angebot immer ausgebucht. Wehmütig schauen Sibylle und ich auf unsere sieben Johannisberger Kurse zurück, da die Schwestern 2004 das Kloster aufgaben.

Auch wenn ich heute keine I.S.T.-Kurse mehr gebe, weil mir das Kloster Johannisberg samt der herzlichen Gastfreundschaft der Nonnen fehlt, leite ich doch innerhalb meiner KSA-Seelsorgekurse in den Kreativeinheiten die Teilnehmer*innen zur Wahrnehmung ihrer Augen und zu Entspannungsübungen an. Gerade im aktuellen interreligiösen Seelsorgekurs 2017 bis 2018 mit Winfried Hess gelingt es mir, Muslimas und Buddhisten für diese Heilmethode zu begeistern. Du siehst, Papa, ich kann es nicht lassen, für die Gesundheit der Augen und des Sehens zu sorgen. Also wird mich der Weg des Sehens, der leuchtenden Farben und des Lichtes in seinem ganzen Regenbogenspektrum unverändert in mein beginnendes achtes Lebensjahrzehnt begleiten, und ich bleibe ebenso zuversichtlich, dass dieses »Licht« mich weiterhin körperlich, sexuell, sozial, seelisch und spirituell inspirieren wird.

Mit Dir in den vielfältigen Farben des Regenbogens verbunden, umarme ich Dich herzlich

Gregor

Brief über die Zeit als Märchenerzähler

Frankfurt am Main, 5. März 2018

Lieber Papa,

gerade komme ich mit Burkhard aus seinem Heimatdorf Irmgardeichen. Am Abend waren wir, wie jedes Jahr am ersten Märzwochenende, zu seinem Stammtisch eingeladen. Er fand im Gasthaus Ley statt, das Burkhard vor acht Jahren nach einem Totalbrand wieder zur vollsten Zufriedenheit der Wirtsleute aufgebaut hat. Einmal im Jahr bin ich mit den Frauen der neun Männer dort zu reichhaltigem Abendessen eingeladen. Ich hätte nie gedacht, Papa, dass ich mich einmal bei einem Stammtischtreffen so wohlfühlen würde. Der Wirt Günter und seine Frau Resi freuen sich jedes Mal, Burkhard und mich zu sehen. Günters jüngerer verstorbener Bruder hieß ebenfalls Gregor. Allein aufgrund meines Vornamens war zwischen dem Wirt und mir eine spontane Sympathie entstanden. Beide Wirtsleute lobten Burkhards Fähigkeiten. Er hatte während seines Architekturstudiums in Siegen mit einem Freund ihr gesamtes denkmalgeschützte Haus vermessen. Erstmalig hatten sie jetzt genaue Pläne und mehrere Zeichnungen von ihrem Gasthaus.

An der Schwelle des neuen Jahrtausends, von der ich Dir, Papa, in diesem Brief, der die Zeit von 1997 bis 2002 behandelt, berichten möchte, holte mich die Vergangenheit noch einmal durch Onkel Pauls Beerdigung intensiv ein. Tante Hilde, die Schwägerin Onkel Pauls, sagte mir beim Beerdigungskaffee im Kolpinghaus: »Gregor, du bist jetzt der einzige Mann, der noch den Namen Schorberger trägt.« Sie hatte recht, Papa. Heute kann ich dank meiner Suchaktion im Internet sagen, dass es deutschlandweit vermutlich keinen weiteren männlichen Träger des Namens Schorberger mehr gibt. Seltsam, welche Erinnerungen mir angesichts der Jahrtausendwende kommen. Gerne erinnere ich mich an die Geburtstage in unserer Familie, die immer einen besonders festlichen Stellenwert im Jahreslauf hatten. Für mich ist das Zusammenfallen von Onkel Pauls Sterbejahr 1997 mit dem 70sten Geburtstag seiner Frau Friedel und meinem 50sten bedenkenswert.

Ich erzähle Dir, Papa, nun schon im dritten Jahr mein Leben in diesen Briefen. Manchmal frage ich mich verunsichert, ob ich mir die Zeit für dieses Erinnern, dieses äußerliche Weggehen aus der Gegenwart und Eintauchen in die Vergangenheit zum Nachteil ehrenamtlicher Tätigkeit überhaupt nehmen darf. Zu meinem 50. Geburtstag am 13. August 1997 sah ich mir nochmals die alten Fotobände zu runden Jubiläen an. Ich entdeckte Fotos von meinem zehnten Geburtstag, der in die Messdienerzeit fiel. Der zwanzigste Geburtstag zeigt mich glücklich mit meiner Schwester Marlene in unserem Bücherzimmer an Deinem großen Schreibtisch in der Vorbereitung auf das Abendgymnasium. Am dreißigsten zeigte ich mich stolz als junger Erwachsener mit den schwulen Freunden in der Frankfurter WG. Anlässlich des Gottesdienstes der deutschen Militärgemeinde in Washington feierte ich 1987 meinen vierzigsten Geburtstag in ihrer Kirche. Neben der Betrachtung der Fotoalben las ich in den jeweiligen Tagebüchern, wie und mit wem ich jeweils diesen besonderen Tag verbracht hatte. Bei diesem Rückblick auf ein halbes Jahrhundert Leben sang ich damals Jubellieder, um Gott zu danken und zu loben, da ich trotz aller kleinen und größeren Krisen mein Leben in der Nachfolge Jesu – nach wie vor – als unverdientes Geschenk ansehe.

An meinem 50. Geburtstag nun hatte ich mich gleich nach dem Frühstück mit Burkhard auf den Weg nach Bottrop gemacht, um diesen Tag gemeinsam mit unseren Lieben zu begehen. Die kleine Reise ging drei Tage später, an Burkhards 32. Geburtstag, über Coesfeld weiter nach Münster. Coesfeld deshalb, weil wir unsere gemeinsame Freundin Monika Niehues, die dort als Ordensschwester in der Krankenhausseelsorge tätig war, wiedersehen wollten. Zur Feier unserer Geburtstage lud uns Monika in ein vornehmes Restaurant zum Mittagessen ein. Ich hatte Monika als Seelsorgepraktikantin auf der AIDS-Station im Sommer 1990 schätzen und lieben gelernt. Die damals entstandene Freundschaft hat sich über die Jahre hinweg bis heute gehalten. Von Coesfeld fuhren wir weiter nach Münster. Diese sympathische Fußgängerzonenstadt mit ihren hübschen roten Ziegelsteinfassaden und riesigem bunten Marktplatz vor dem Dom gefiel uns aufs Neue. Nach einigen wunderbaren Tagen in der fahrradfreundlichen Stadt am großen Aa-See reisten wir weiter nach Wuppertal. Hier, in ihrer Geburtsstadt, traf sich Myriam mit uns, um uns zur Schwebebahnfahrt und zum Essen in ein Restaurant einzuladen. Als transidente Frau hatte sich Myriam in der langen Zeit unserer Freundschaft über erfolgreiche Therapie und chirurgischen Eingriff eine neue Identität zugelegt. Selbstverständlich zeigte sie uns auch die Schönheiten ihrer Stadt mit den reizvollen Gründerzeitvierteln. Wieder zu Hause in Frankfurt visualisierte ich den Lauf der Zeit in den Haltungen der Entspannung, des Loslassens und des Freigebens.

In der Silvesternacht 1999 standen Burkhard und ich mit einer Flasche Sekt am Frankfurter Mainufer. Dort waren wir von vielen aufgeregt-frohen Menschen umgeben. Pünktlich um 00.00 Uhr, noch vor Beginn des farbenfrohen Feuerwerks, erschien über der Paulskirche, dem Römer und dem Dom in Form einer Leuchtinstallation die riesige Zahl 2000. Burkhard und ich gaben uns gleich den umstehenden Paaren einen Glückwunschkuss auf den Mund und stießen mit echten Sektgläsern auf das neue Jahr an.

Den Neujahrsabend verbrachten wir mit Georg im »Switchboard«, einem Kulturcafé der AIDS-Hilfe inmitten des schwulen Frankfurter Stadtviertels. Während Georg früh mit seinem tauben italienischen Freund nach Hause ging, blieben Burkhard und ich noch eine Weile in festlicher Geselligkeit an diesem schönen Ort. Reinhilde, die Kellnerin, freute sich besonders, mich in diesem Haus wiederzusehen, in dem wir uns 1973 zum ersten Mal getroffen hatten. Da hieß das schwule Lokal noch »Schaukel« und Reinhilde bediente ihre Gäste unter dem Namen Reiner. Mir, Papa, kamen an diesem besonderen Neujahrsabend unzählige Erinnerungen an die vielen schwulen Frankfurter Lokalitäten von damals. Es gab Lokale für Studenten und Senioren, Bars für gemischtes Publikum, Buchgeschäfte, Tanzdielen für deutsche und amerikanische Soldaten, Saunen für alle Altersgruppen und das erste schwul-lesbische Kulturhaus in der Wittelsbacherallee. Hier begegnete ich zum ersten Mal meinem neuen Freund Georg Linde, ohne ihn damals näher kennenzulernen. Georg war Anfang der 1970er Jahre bei RotZschwul (Rote Zelle Schwul) und ich bei der HAF engagiert. Ende der 1990er Jahre trafen wir uns im PSK wieder. Als Katholik aus dem Westerwald hatte Georg seit langem nach einem Gottesdienstort gesucht, da er beides verbinden wollte: sein Schwulsein und sein Katholischsein. Über sein erstes Gottesdiensterlebnis bei uns sagte er mir später: »Das Bild eines Freundespaares habe ich vor Augen, wenn ich an meinen ersten Gottesdienst beim PSK denke. Die beiden saßen mir damals im Stuhlkreis gegenüber und hielten sich liebevoll an der Hand. Das hatte mich sehr berührt. Denn diese Szene drückte genau mein eigenes Bedürfnis aus: In der Gemeinde die Liebe zu Gott und die Liebe zu einem Partner von der Abspaltung zu heilen. Über eine schwule Zeitung hatte ich damals 1997 von dem Projekt erfahren. Irgendwann bin ich dahin gegangen. Eine ganz wichtige Erfahrung dort im PSK war für mich, damals wie heute, als Schwuler offen Gottesdienst feiern zu können. Daher hat mich auch die Beobachtung des Freundespaares in ihrer Liebe im Gottesdienst so berührt. Auf einer Ebene hat dieses Erlebnis eine Heilung in mir bewirkt. Seit der Pubertät war bei mir die Sexualität von der Spiritualität abgespalten, und nun konnte ich beides wieder zusammen erleben.«

Natürlich gab es auch im PSK in den letzten Jahren heftige Krisen. Wir PSKler überlebten trotz der öffentlichen Hetze und Anzeigen rechtskatholischer Kreise beim Nuntius und in Rom, dass wir eine häretische Gemeinde wären, diese Attacken der Anfangsjahre. Nach dem plötzlichen Weggang einiger hervorragend theologisch gebildeter PSK-Sprecher im Jahr 1996 bildete sich ein neuer Sprecherkreis aus sogenannten kirchlichen Laien, um den sonntäglichen Gottesdienst ehrenamtlich aufrechtzuerhalten. Dieser Sprecherkreis organisierte u. a. themenzentrierte Wochenenden, so 1998 in den Vogesen zum Thema »Spiritualität«, eine Schifffahrt nach Seligenstadt oder einen Spaziergang durch die Landesgartenschau Hanau. Bei ihrem Tagesausflug im September 1999 nach Heidelberg entdeckten die PSKler direkt neben der modernen Synagoge, die sie besichtigt hatten, eine Gedenktafel. Wir alle waren tief berührt, unter den dort genannten Opfergruppen auch »Homosexuelle« zu entdecken. War es doch in den 1990er Jahren noch nicht selbstverständlich, dass unsere ermordeten Brüder in der deutschen Öffentlichkeit überhaupt als Opfer benannt wurden. Der damalige Bundespräsident von Weizsäcker erntete heftige Proteste von KZ-Opfergruppen, weil er auf der Tafel der »Berliner Wache« auch uns genannt hatte. Man wollte nicht mit den Perversen in einem Atemzug genannt werden. Dort in Heidelberg stand: *Die Pfarrgemeinde St. Bonifatius gedenkt der Frauen und Männer aus ihrer Nachbarschaft, die während der nationalsozialistischen Diktatur verfolgt und ermordet wurden: Juden, Sinti und Roma, Behinderte, Kommunisten, Sozialdemokraten, Gewerkschaftler, Homosexuelle, Kriegsdienstverweigerer, Deserteure, Kriegsgefangene, Zwangsarbeiter, Verzweifelte, die sich selbst umgebracht haben. Christen, die Gott mehr gehorchten als den Menschen. Denn besser ist es, Du bist ein naher Nachbar als ein ferner Bruder*. Schweigend und in Erinnerung an unsere eigenen jährlichen Shoah-Gottesdienste gingen wir auf die alte Neckarbrücke zu.

Jährlich wiederkehrende Feste im PSK sind der Gründonnerstag, der zugleich Gedächtnistag der Gemeindegründung ist, und das Straßenfest der Pfarrei Maria Hilf, auf dem das PSK mit einem Bewirtungsstand vertreten ist. Darüber hinaus, Papa, ist das PSK zu allen Jubiläumsfeiern der Pfarrei eingeladen. Außerdem nimmt es mit einem Auftaktgottesdienst und Stand der christlichen Lesben- und Schwulengruppen Frankfurts jeden Sommer am CSD teil. Eine besondere Herausforderung für das PSK war sein 10. Gemeindejubiläum im Jahr 2001. Die Idee zu einer monatelangen festlichen Gestaltung kam von Burkhard. Er sah für die Gemeinde die Chance, das Jahr zur themenzentrierten Diskussion, Besinnung, Stärkung, vielleicht auch zur Veränderung und Erneuerung zu nutzen. Gemeindemitglieder sollten Gelegenheit erhalten, sich an monatlichen Themenabenden mit Referent*innen aus- und fortzubilden, und zwar unter den Aspekten: »Wo kommen wir her? – Unsere Wurzeln«, »Wo stehen wir? – Standortbestimmung« und »Wo gehen wir hin? – Weggemeinschaft«. Eine Koordinationsgruppe für das Festjahr gründete sich unter Begleitung einer Supervisorin und stellte am zehnten Gemeindetag im November 2000 die Planungen für das Jubiläumsjahr der Gemeinde vor. Das Jahresleitthema »Du deckst mir den Tisch ... darum feiern wir. Psalm 23,5« wurde an jenem Gemeindetag von den Anwesenden mittels der einzelnen Worte »Du«, »deckst mir« und »Tisch« in drei Gruppen reflektiert. Georg Terhart von der Queergemeinde Münster benannte die gemeinsam getragene Verantwortung hinsichtlich eines Such- und Frageprozesses zur eigenen Gemeindeidentität als einen dynamischen Prozess gegenüber der Macht eines Amtes. Die Verantwortlichen des PSK sahen es als Chance an, für sich selbst, für die mit der schwulen Gemeinde vernetzten Freund*innen und allen anderen

Interessierten ein Festprogramm für die Dauer eines ganzen Jahres zu gestalten.

Was ist mir, Papa, an kostbaren Perlen aus diesem Jahr geblieben, frage ich mich heute. Bestimmt die Begeisterung aller PSKler, sich an diesem großen Projekt aktiv zu beteiligen sowie neue Verbündete über die Gottesdienste, die Referenten und die Medien in Stadt und Land zu finden. Dank der Öffentlichkeitsarbeit meines Freundes Georg gelang es, nicht nur regionale und überregionale Zeitungen für unser Jubiläum zu gewinnen, sondern auch das Fernsehen; der NDR brachte einen Film zum PSK.

Trotz der vielen ängstlichen PSK-Bedenkenträger, ob unser öffentliches Auftreten dem Bischof recht wäre, ob wir uns überhaupt mit unserer Eucharistiefeier in aller Öffentlichkeit zeigen dürften und ob uns danach nicht die Kirchentüren verschlossen wären, plädierte die Mehrheit des Gemeindeforums für die Filmaufnahmen. Freunde, die sich wegen ihrer Arbeit oder wegen ihrer Familie nicht zeigen konnten, sollten sich in der Kirche so setzen, dass sie der Kamera nur den Rücken zukehrten. Es gelang, dass die Hälfte der Mitfeiernden einschließlich des Moderators Burkhard, des Predigers Georg Trettin und des Priesters Rainer Frisch so gut zu sehen waren, dass der Redakteur der Frankfurter Rundschau dieses Bild, verbunden mit einem ganzseitigen Artikel über das PSK, einige Wochen später veröffentlichte. Das muntere musikalische Gottesdienstnachspiel unserer Organistin Mechthild Floren begeisterte die Festgemeinschaft an diesem Tag. Du kannst Dir sicherlich vorstellen, Papa, dass Burkhard und ich mit den Freunden aus dem Sprecherkreis über den hervorragend gelungenen Filmbeitrag des NDR zum Thema »Schwul und katholisch« sehr erleichtert waren. In unserem damaligen PSK-Stammlokal mit dem schönen Namen »Himmelreich« führte unter einem stilisierten Apfelbaum Wilfried Köpke Interviews mit einigen PSKlern, unter anderen mit Karl Greth, dessen erster Freund ein Buchenwald-Überlebender war. Mit

Jens Sommer ist Karl der Gründer der jährlichen Shoah-Gottesdienste im PSK. Darüber hinaus berichtete dieser Film von der Tanzmeditation einer unserer verschwisterten Gruppen, dem »Netzwerk katholischer Lesben« (NkaL) in Frankfurt. Zur Freude aller ermöglichte dieses Jubiläumsjahr eine regelmäßige Gottesdienstbegegnung zwischen NkaL und PSK mit anschließendem geselligem Beisammensein. Zwischen den beiden römisch-katholischen lesbisch-schwulen Gruppen entstand Freundschaften und Zusammenarbeit – nicht nur auf dem CSD.

Der Film »schwul und katholisch« zeigte außerdem das segensreiche Wirken zweier Ordensleute in den USA. Eines unserer Gemeindemitglieder, Gertrud Ayerle, berichtete in einer ihrer PSK-Predigten: »Diese bedingungslose Liebe zu Lesben und Schwulen und zur katholischen Kirche habe ich im Engagement von Pater Robert Nugent und Schwester Jeannine Gramick erfahren. Sie versuchten eine Brücke zu bauen zwischen Lesben, Schwulen, ihren Angehörigen und zur katholischen Kirche hin. Sie wollen sie ins Gespräch und in Austausch miteinander bringen. Sie arbeiten schon seit dreißig Jahren für und mit der lesbisch-schwulen Community. Beide bekamen in den 80er Jahren Probleme mit dem Kardinal von Washington.« Die beiden engagierten Menschenrechtsvertreter erhielten von Joseph Ratzinger, dem damaligen Präfekten der Glaubenskongregation in Rom, Redeverbot. Daraufhin bat das PSK schriftlich seinen Bischof Franz Kamphaus, sich für Sr. Jeannine Gramick von den Armen Schulschwestern unserer Lieben Frau und Pater Robert Nugent, Salvatorianerpater, einzusetzen. Unseren Bittbrief beantwortete der Bischof nicht. Dennoch blieben wir vom PSK in Kontakt mit Schwester Jeannine und ihrem großartigen LGBTI*-Projekt, in dem sie, trotz der römischen Sanktionen, mit den Familien segensreich weiterarbeitet. LGBTI*, Papa, steht für Lesben, Gay (Schwule), Bisexuelle, Transidente und Intersexuelle. Zu unserer großen Freude teilte uns Schwester Jeannine letztens mit, dass sie nächstes Jahr mit der LGBTI*-Pilgergruppe »New Ways Ministry« und ihren heterosexuellen Freund*innen nach Deutschland kommt. Sie wollen mit uns am Samstag, den 27. April 2019, in der Kirche Maria Hilf Gottesdienst feiern. Du, Papa, kannst Dir sicherlich vorstellen, dass wir uns schon jetzt mit vollem Engagement auf diesen anregungsvollen Begegnungsnachmittag vorbereiten. Burkhard wird mit uns von der PSK-Liturgiegruppe eine mehrsprachige Liturgie vorbereiten. Ausklingen lassen wollen wir unser internationales Treffen nach einem festlichen Gottesdienst mit einem geselligen Abendessen. Von ihrer neuen Ordensgemeinschaft, den Schwestern von Loretto, der Jeannine Gramick inzwischen angehört, wird sie in ihrer Arbeit, Brücken zu bauen zwischen katholischen Eltern und ihren LGBTI*-Kindern, unverändert unterstützt. Die von Rom angedrohten Sanktionen schrecken sie nicht ab.

Abschließend, Papa, möchte ich Dir noch von einer letzten kostbaren Perle aus diesem Jahr, vom ersten Vernetzungstreffen der verschwisterten Gemeinden aus Basel, Münster, Stuttgart und Nürnberg berichten. Das Ziel der PSKler mit dem Programm im Jubiläumsjahr war, die Gemeinschaft zu stärken und die Vernetzung zu festigen. Daher lud Burkhard im Namen des PSK zu »Gemeindetagen« am 5. und 6. Januar 2002 nach Frankfurt am Main zum Erfahrungsaustausch und zur Mahlgemeinschaft ein. Nach einem geistlichen Impuls zur Emmausgeschichte stellten sich die Vertreter der vier angereisten Gemeinden aus Basel, Münster, Stuttgart und diejenigen der damals gerade neu gegründeten Nürnberger Initiative für einen »QueerGottesdienst« vor. Später gaben sich die Gemeinden den Namen: Lesbischwule Gottesdienstgemeinschaften (LSGG). Nach intensivem Kennenlernen entwickelten sie zukünftige Perspektiven für die Zusammenarbeit, unter anderem planten sie, mit einem gemeinsamen Stand auf dem ersten ökumenischen Kirchentag in Berlin, der im folgenden Jahr stattfinden sollte, präsent zu sein. Dieses erste Treffen endete mit dem sonntäglichen Abendgottesdienst in der Kirche Maria Hilf und dem anschließenden geselligen Beisammensein im Gemeindehaus.

Bestimmt, lieber Papa, bist Du, als ehemaliger Sanitäter, überrascht, wenn ich Dir jetzt etwas zum Thema »Doctor rerum medicinalium« berichte. Vielleicht fragst Du Dich, über wen in der Uniklinik wird er wohl jetzt schreiben? Nicht im Entferntesten wirst Du auf den Gedanken kommen, dass dieser Doktortitel in der Abkürzung Dr. rer. med. mit Deinem Sohn etwas zu tun hat, wenn ich mir deine Einschätzung zu meiner Volksschulzeit ins Gedächtnis rufe: »Aus Dir wird niemals etwas!« Statt Dich in Deiner Einschätzung meiner Lernschwäche bestätigt zu fühlen, littest Du, Papa, mit mir, als ich die Postlehrabschlussprüfung nicht mit der erwartet guten Note bestand. Mit diesem mittelmäßigen Abschluss war mir die Laufbahn zum Mittleren Postdienst, d.h. zum Schalterdienst, für immer verwehrt. Hier passt der Ausspruch des Dalai Lama: »Bedenke: nicht zu bekommen, was man will, ist manchmal ein großer Glücksfall.« Angesichts meines Abiturzeugnisses am Bischöflichen Abendgymnasium mit der noch niedrigeren Gesamtnote »ausreichend« fällt mir Deine wiederholte tröstliche Ermutigung der vorhergehenden fünf Jahre ein, dass eine 4 mit langem Strich voll genügt. Diese positive Botschaft, Papa, wie aber auch Deine anfängliche resignierende Einstellung zu meiner Lernschwäche machten mir zeitlebens Mut, es dennoch zu versuchen. Somit hast Du erheblichen Anteil an der Urkunde, die mir der Dekan des Fachbereichs Medizin der Johann Wolfgang Goethe-Universität Frankfurt am Main, Prof. Dr. med. Josef Pfeilschifter, am 8. Mai 2002 überreichte. Ich sagte ihm damals: »Statt Gregor müsste hier eigentlich auf der Urkunde Johann Schorberger stehen.« Er schaute mich verwundert an. Als ich ihm den Hintergrund erklärte, antwortete der Professor schmunzelnd: »So einen Vater hätte ich auch gerne gehabt!«

Auf der Promotionsfeier am 14. September 2002 hörte ich mit Vergnügen der Ansprache meiner Schwester Marlene zu: *»Lieber Gregor! Ich möchte stellvertretend für die ganze Familie noch ein paar Worte sagen. Sie kennen alle das Wort: ›Der Prophet gilt nichts im eigenen Land‹ – und so bleibt Gregor für mich auch immer ein wenig der kleine Bruder, dem ich bei den Schularbeiten geholfen habe. Aber später war es dann oft anders: Wir kamen nach Frankfurt zu ihm, aus unserem kleinbürgerlichen Bottrop, und haben uns bei ihm einige gute Anregungen zum Thema, welche Lebensalternativen es gibt, geholt und kamen jedes Mal geistig erfrischt zurück. Ich sage dies alles ganz besonders auch stellvertretend für unsere Mutter, die leider nicht hier sein kann und auch immer so viel Anteil an unserem Leben und Gregors Werdegang bis zu diesem Tag genommen hat – und für meine Schwester, die eben jetzt mit ihr zu Hause ist. Noch einmal: die allerherzlichsten Glückwünsche von der ganzen Familie.«* Von den bewegenden authentischen Worten und dem großen Applaus der 68 Festgäste berührt, genoss ich anschließend den Kuss und die Umarmung mit meiner stets fördernden großen Schwester.

Bestimmt wirst Du, Papa, Dich jetzt fragen: Wie kommt mein Sohn zu einer Doktorarbeit? In einem meiner letzten Briefe schrieb ich Dir, dass Professor Dr. Wolfgang Stille vom Zentrum der Inneren Medizin mir 1987 anlässlich meines ersten Buches »AIDS-Station« eine Promotion anbot, die ich damals aus ethischen Erwägungen heraus und zu Recht abgelehnt hatte. Dennoch blieb so ein Raunen in meinen Gefühlen, es doch einmal zu versuchen. War es Ehrgeiz, der unbewusste Wunsch, mich doch vor Dir, dem Vater, zu bestätigen, oder der Wunsch, meinen kirchlichen Vorgesetzten zu zeigen, dass ich wohl Kompetenzen in mir trage? Zu oft hatten sie mir signalisiert, dass ich als kleiner schwuler unerwünschter Pastoralreferent mit unüberlegten spontanen Redebeiträgen völlig unfähig wäre, irgendjemanden zu schulen. Auf jeden Fall hatte ich im Herbst 1997 das Angebot Prof. Dr. Helmut Sieferts vom Senckenbergischen Institut für Geschichte der Medizin am Klinikum angenommen, eine Arbeit über die Geschichte der Krankenhausseelsorge zu schreiben. Ja, Papa, als ehemaliger Pfleger dieser Uniklinik und jetzt als Seelsorger beflügelte es mich, in diesem Herbst über das Thema Krankenhausseelsorge zu schreiben. Seit 1973 hatte ich konstruktive Erfahrungen mit den unterschiedlichsten evangelischen und katholischen Seelsorgern an der Uniklinik erlebt. In Zusammenarbeit mit Helmut Siefert erstellte ich ein Forschungskonzept, das den Hauptteil der Arbeit in drei Bereiche fasste: die pastorale Krankenhausseelsorge von 1914 bis 1945, die missionarische von 1945 bis 1968 und die personenzentrierte von 1968 bis 1984. Für mich war das Einleitungskapitel besonders spannend: »Von der Krankenseelsorge zur Krankenhausseelsorge«. Durch eine Urkunde und einen archäologischen Befund fand ich heraus, dass ein krankes Mädchen in Frankfurt am Main schon in der Merowingerzeit seelsorglichen Beistand erhalten hatte. Auf Wunsch Helmut Sieferts fügte ich dann noch das Abschlusskapitel »AIDS und die Krankenhausseelsorge« hinzu. Gerade wegen meiner Erfahrungen auf der AIDS-Station sollte ich »mein Licht nicht unter den Scheffel stellen«, ermutigte mich mein Doktorvater. Aufgrund des eingereichten Exposés, des Lebenslaufes, meiner bisherigen Veröffentlichungen und eines Empfehlungsschreibens erhielt ich vom Dekanat der medizinischen Fakultät grünes Licht. Wie ein am Anfang stotternder, aber dann immer schneller werdender Motor gelang es mir, den Doktortitel sehr schnell zu erwerben. Zum Gelingen trug die intensive, fördernde Zusammenarbeit mit Helmut Siefert entscheidend bei. Besonderer Dank galt außerdem den vielen Verbündeten und interessierten Unterstützern. Als lebender Zeitzeuge gab mir Klinikpfarrer Martin Czapka im Alter von 85 Jahren stundenlange Interviews zu seiner priesterlichen Tätigkeit in der Uniklinik von 1957 bis 1987. Ein zweiter wichtiger Helfer im Alter von 60 Jahren war mir von Anfang an Thomas Klüsche, mein befreundeter katholischer Kollege in der Psychiatrie. Er stellte mir das Archiv der Psychiatrieseelsorge zu Verfügung und gab mir die Adresse von Pfarrer Wilhelm Pöhler, der 1966 die zweite katholische Krankenhausstelle an den Uniklinken übernommen hatte. Während meiner Weihnachtsreise 1997 nach Bottrop besuchte ich ihn in seinem Waldhaus bei Solingen-Ohligs.

Noch vor Weihnachten 2001 hatte ich die Korrektur der Gesamtarbeit beendet. Ich war zwar sehr erleichtert, dennoch überfiel mich die Angst, ob auch alle Prüfer*innen den vom Dekanat festgelegten Termin einhalten konnten. Gründe zur Verunsicherung gab es für mich genug, da Mitte 2001 Professor Hermann Hövels von der Kinderheilkunde als Zweitgutachter die Arbeit mit der Begründung, dass er ins Seniorenheim ginge, zurückgab. Immerhin hatte er die Berichte zur Kinderseelsorge durchgearbeitet und mit »gut« bewertet. Gott sei Dank war Prof. Dr. Martin Dannecker vom sexualwissenschaftlichen Institut der Universität bereit, als Zweitgutachter einzuspringen. Ebenso großes Glück hatte ich mit meinen mir vom Dekanat zugeteilten drei mündlichen Prüfer*innen. Ich war erleichtert zu hören, dass Prof. Eike Helm unter ihnen war, da ich sie von der AIDS-Station her gut kannte. Prof. Burkhard Pflug von der Psychiatrie hatte als evangelischer Christ besonderes Interesse am Verhalten der Pfarrer während der Nazizeit. In der mündlichen Prüfung diskutierte er mit mir über die Stellen in meiner Arbeit zu ökumenischen und nationalsozialistischen Einstellungen der Klinikpfarrer von 1933 bis 1945. Mein letzter Prüfer, Professor Michael Lukas Moeller von der Fakultät Medizinische Psychologie, teilte mir am 2. Mai 2002 bei der Verabschiedung schließlich mit, dass er nicht mehr leben werde, wenn ich im Spätsommer meine Promotionsfeier abhalte. Er hatte Bauchspeicheldrüsenkrebs im Endstadium. Betroffen fragte ich ihn, was er sich von mir zum Abschied wünschte. Er antwortete: »Herr Schorberger, ich bin dankbar für unser angeregtes Gespräch. Als mündlicher Prüfer habe ich gerne Ihre Arbeit gelesen. Für die Uniklinik wie für die beiden Kirchen ist Ihr wissenschaftlicher Beitrag zur ökumenischen Krankenhausseelsorge als erste Forschungsarbeit zu dieser Thematik wichtig. Heute haben Sie Ihre Promotion erfolgreich abgeschlossen. Herzlichen Glückwunsch!« Professor Moeller lächelte, als ich ihm beim Hinausgehen an der Tür wünschte, dass er bei guter Begleitung jeden Tag genießen möge, der auf ihn zukam. Schon zwei Monate nach meiner Prüfung starb er am 7. Juli 2002.

Das große Promotionsfest am 14. September des Jahres konnte in den Räumen der katholischen Klinikseelsorge nur deshalb so gut gelingen, weil Burkhard mit meiner Kollegin, Sr. Gabriele Hennig, und der Sekretärin, Doris Berger, die Raumgestaltung, das Buffet und die Blumenbouquets vorbereitet hatte. Mein Freund Georg nahm die Gelegenheit wahr, an diesem Tag seine dritte Gemälde-Ausstellung zu eröffnen. Er beendete seine kleine Ansprache mit dem Wunsch, bildnerisch ausdrücken zu können, dass in der Liebe zu einem anderen Menschen die Liebe Gottes erfahrbar wird. »Erleuchte die Augen unserer Herzen« stand über dem Tagesprogramm, und die Ansprache von Helmut Siefert auf dieser Feier beeindruckte nicht nur mich nachhaltig. Ich war ihm für seine wegweisenden Worte sprachlos dankbar. Zwei Worte, »Begleitung« und »Perspektive«, hatte er hervorgehoben. Diese Worte sind mir ein unschätzbar wertvolles Erbe von Dir, lieber Papa.

Bevor ich diesen Brief beende, möchte ich Dir noch von meinen Weihnachtserlebnissen in der Haut- und Kinderklinik erzählen. Jedes Jahr hatte das Pflegepersonal dort für seine Patienten einen echten, nach Holz und Fichtennadeln duftenden Baum im Aufenthaltsraum weihnachtlich geschmückt. So an die zehn Personen saßen wir abends um den festlich mit Kuchen und Gebäck gedeckten Tisch.

Erst nach einer Kaffeerunde lockerte sich die Atmosphäre im Raum auf. Patienten erzählten von ihren weihnachtlichen Erinnerungen, manchmal mit Tränen in den Augen. Zwischendurch sangen wir aus den von uns Seelsorgern mitgebrachten Weihnachtsliederheften: »Oh Tannenbaum«, »O du fröhliche«, »Heiligste Nacht«, »Am Weihnachtsbaume« und natürlich »Stille Nacht«. Einer von uns Seelsorgern las die Weihnachtsbotschaft aus der Bibel.

Auf einmal, beim Lied »Leise rieselt der Schnee«, hörten wir vom Flur her laute, abgehackte Schritte auf unser Festzimmer zukommen. Plötzlich stand eine fast zwei Meter große, mit knallrotem Lederkostüm und einer eleganten weißen Rüschenbluse bekleidete Frau in der Tür. Sie war, zu ihren roten Stöckelschuhen passend, vollkommen rot geschminkt. Sie blieb im Türrahmen stehen und fragte, irritiert mit ihren aufgeklebten schwarzen Wimpern klimpernd, wo denn die Weihnachtsfeier sei. Sie hieß Ulrike, war eine Patientin und eigentlich besseres an den Feiertagen gewohnt. Am darauffolgenden Tag nämlich erfuhr ich, als ich sie auf ihrem Zimmer besuchte, dass sie eher fein gekleidete Tischgäste als verwahrloste Patienten erwartete. Stolz erzählte sie mir außerdem, dass sie sich über die Anordnung der Hautärzte, sich nicht zu schminken, erfolgreich hinweggesetzt hätte. Immerhin müsse sie damit rechnen, dass einige Freier sie gerade an den Weihnachtstagen auf der Station besuchen kämen. Als ungeschminkte Dame hätte sie in ihrem Gewerbe keine Chance, Geld zu verdienen. Wäre sie dem Rat der Ärzte aufgrund ihrer Neurodermitis gefolgt und hätte sich nicht geschminkt, hätte sie sich gleich von einem Frankfurter Wolkenkratzer stürzen können. Die Krankenkasse würde ihren Lebensunterhalt nicht bezahlen. Ulrike erzählte mir, dass sie vom Dorf kam und sich als junger Mann namens Ulrich vergeblich um eine Arbeit als Steward beworben hatte. Damals wurden von der Lufthansa nur Frauen eingestellt. Also beschloss er, eine Frau zu werden, was ihm sowieso seit der Geburt wesensgemäß war. Dennoch bekam sie keine Arbeit als Stewardess. Von ihren Eltern aus der Wohnung geschmissen, war sie letztlich nach langer vergeblicher Arbeitsuche im Frankfurter Bahnhofsviertel gelandet. Immerhin habe sie sich zu einer Edelnutte hochgearbeitet, wie mir Ulrike in weiteren Einzelgesprächen berichtete. Weder an den Weihnachtstagen noch zu Beginn des neuen Jahres erhielt sie Besuch, wie ich später vom Stationspersonal erfuhr.

Als die dermatologische Station aus Kostengründen von der Verwaltung zu Weihnachten nur noch einen kleinen unansehnlichen Plastikbaum erhielt, holte ich jedes Jahr mit dem Fahrrad und der Straßenbahn zur Freude des Personals eine echte, duftende Fichte vom Niederräder Weihnachtsbaumstand. Ich wusste, dass ab den 2000er Jahren aus Brandschutzgründen kein Baum im gesamten Klinikum mehr erlaubt war, behielt aber dennoch im Einvernehmen mit dem Stationspersonal meine Weihnachtsbaumaktion bei. Einmal zu Heiligabend sah ich von weitem die Feuerwehr vor der Hautklinik stehen, da im Dach ein Schwelbrand ausgebrochen war. Freundlich grüßend ging ich mit meinem Baum unter dem Arm durch das Hauptportal an den Feuerwehrmännern vorbei in den Aufenthaltsraum der ersten Etage. Schwestern und Pfleger erwarteten mich wegen der Feuerwehr schmunzelnd und erleichtert, dass ich an ihr unbeschadet vorbeigekommen war, um den Baum mit Lichterketten, Kugeln, Lametta und Engelshaar zu schmücken. Über diese riskante Aktion bin ich noch heute überrascht, jedoch der Wille, den Patienten eine echte Weihnachtsatmosphäre zu ermöglichen, wie ich sie bei Dir, Papa, und Mama in Karnap jahrzehntelang erlebt hatte, war größer in mir.

Jedes Jahr zu Weihnachten war ich froh, direkt nach den vielen Festlichkeiten am Heiligen Abend in der Klinik mit dem Fahrrad in die schwule Szene zu meinem Lieblingslokal »Schaukel« zu fahren. Hier, in diesem völlig anderen Milieu mit Disko-Musik und meist frohen Menschen, konnte ich von den weihnachtlich-gefühlvollen Erlebnissen auf den

Schwerkrankenstationen abschalten. Mit Weihnachten 1992 änderte sich diese Tradition. Statt in die City zu fahren, ging ich gleich nach Hause, da Burkhard ein Festessen vorbereitet hatte. Er braucht an diesem Tag nicht zur Arbeit. Er hat ein leckeres Menü mit Vor- und Nachtisch zubereitet, und in geselliger Runde feierten wir bis tief in die Nacht.

An den folgenden Weihnachtstagen ergaben sich für mich vor allem mit dem Personal auf den Stationen anregende Gespräche, weil dort meistens nur noch wenige Patienten anwesend waren. Von Oberschwester Heidi aus der Strahlenklinik erfuhr ich in den Wochen vor Weihnachten, dass eine ihrer sterbenskranken Patientinnen nur noch den einen Wunsch hatte, zu Weihnachten unter einem echten Christbaum einen Gottesdienst zu erleben. Ich besuchte Frau Carolin Neureuter sofort. Für die Strahlenklinik waren weder Weihnachtsbaum noch Feier noch ein zentraler Gottesdienst im Haus vorgesehen. Als Schwester Heidi hörte, dass ich von draußen eine große Fichte mit dem Fahrrad holen würde, war sie so begeistert, dass sie festlichen Baumschmuck organisierte. Als bayrische Katholikin war sie gewohnt, im Krankenhaus eine echte Weihnachtsfeier mit Kaffee und Kuchen zu veranstalten. Papa, ich werde nie das glückliche Gesicht der sterbenden Patientin an diesem ersten Weihnachtsmorgen vergessen.

Wie den jährlichen Silvester-Sketch »Dinner for one« spielten mein Kollege Jürgen und ich jedes Jahr zu Weihnachten sowohl in der Uniklinik als auch im städtischen Krankenhaus Höchst in der Kinderabteilung die Weihnachtsgeschichte vom gestohlenen Weihnachtsbaum. Trotz weniger, armseliger Mittel – Holzbühne, Holzpuppen und Holzschlegel – waren die kleinen, von Fernsehmärchen verwöhnten Patienten im abgedunkelten Raum dennoch gespannt, aufgeregt und erwartungsvoll. Jürgen und ich fühlten uns allein durch das Klatschen der Kinder überreichlich beschenkt. Du, Papa, hast mit Mama uns Kinder in den Weihnachtstagen ebenso reichlich beschenkt. Unverändert glücklich zehre ich noch heute, nicht nur in der Klinik, sondern auch zu Hause von Eurer festlichen, ein wenig wehmütigen Heiligabend-Atmosphäre.

Da ich Dir, Papa, von Burkhard und meinem einjährigen Geburtstagserlebnis geschrieben habe, so möchte ich Dir zum Abschluss dieses Briefes noch von der Feier unseres zehnjährigen Beisammenseins berichten. Sie fand im Sommer 2002 in Freiburg statt. Dort am Hauptbahnhof angekommen, stellte ich ihn zuerst meiner inzwischen alt gewordenen Freundin Ruth vor. In ihrer dem Bahnhof nahegelegenen Wohnung voller antiquarischer Möbel empfing sie uns mit einer opulenten Kaffee-, Tee- und Kuchentafel. Zum »Nachtisch« gab es Spätburgunder Weißherbst, meinen Lieblingswein vom Kaiserstuhl. Nach diesem gastfreundlichen Empfang bezogen wir für drei Tage unser Dachzimmer im Kolpinghaus, von dem aus wir einen herrlichen Panoramablick über die wiederaufgebaute Innenstadt, auf das Freiburger Münster, die beiden mittelalterlichen Stadttore und den Schlossberg hatten.

Burkhard wollte alles, wovon ich aus meinen Freiburger Jahren geschwärmt hatte, kennenlernen: die Albertus-Burse, das alte, ehrwürdige Universitätsgebäude, die von kleinsten Gräsern bewachsene hohe Gefängnismauer, die Bächlein entlang der Fußgängerzone, die alten Stadttore und selbst das Haus von Dr. Norbert Nagel und Fritz Mahler, dem schwulen Freundespaar. Leider konnte ich wegen meiner Höhenangst und trotz seines intensiven Werbens nicht mit ihm auf den Münsterturm gehen. Von der romanischen und größtenteils im gotischen Stil erbauten römisch-katholischen Stadtpfarrkirche, die heute Sitz des Erzbischofs ist, war Burkhard so begeistert, dass er sich von ihr ein Bild mit nach Frankfurt brachte. An unserem Jubiläumstag, dem 12. Juli 2002, nahmen wir unser Frühstück mit Sekt auf der Terrasse des Schlossberg-Cafés ein. Vor unserer Rückreise wollte Burkhard noch die dem Fluss Dreisam nahegelegene Katholische Hochschulgemeinde sehen. Auf meine überraschte Frage nach dem Grund meinte er: »Gregor, hier an diesem Ort hast du nicht nur dein Coming-out gefestigt, sondern bist auch in der Zusammenarbeit mit der Freiburger Gruppe 1972 in die schwule Emanzipationsbewegung eingestiegen.« Auch mich, Papa, berührte natürlich tief, die mit diesem Ort verbundene Erinnerung, dass hier die Akzeptanz meines schwulen Lebens begann.

Das Jahr 2002 war für mich auch deshalb so entscheidend, da es für einige schwule Männer ohne gültige Aufenthaltspapiere, die mit Deutschen befreundet waren, einen Segen brachte, der für sie einer Neugeburt gleichkam. Durch das im Jahr 2001 erlassene Lebenspartnerschaftsgesetz konnten sie nach ihrem Besuch im Standesamt einen Ausweis bekommen, der sie zum ersten Mal berechtigte, sich legal in Deutschland und der EU aufzuhalten. Plötzlich konnten sie ohne Angst vor Verfolgung in der Mitte des Bürgersteiges gehen. Sie konnten legal den Arzt, Behörden und ihre Ausbildungsstätten besuchen, eine Arbeitsstelle annehmen, ohne eine Ausweisung in das Land befürchten zu müssen, aus dem sie als Schwule in Todesangst vor ihrer Großfamilie und den dortigen staatlichen Behörden geflohen waren. Einmal, Papa, durfte ich an solch einer Neugeburt Anteil haben. »Herr Schorberger, seit Wochen kommt hier täglich ein völlig verängstigter junger Mann seinen schwerkranken Freund besuchen«, teilte mir eines Tages ein Stationspfleger der Uni-Klinik mit. »Können Sie nicht mal mit ihm als Seelsorger sprechen? Wir selbst haben keinen Zugang zu ihm gefunden. Er und unser sterbenskranker 70jähriger Patient scheinen keine Angehörigen zu haben.« Bei unserem ersten Treffen erfuhr ich von Abdullah, dass er vor vielen Jahren als schwuler Mann aus Afghanistan geflohen war. Durch seinen Freund Erich hatte er Deutsch gelernt. Mit ihm wohnte er nun schon seit fünf Jahren unangemeldet in einem Hochhaus zusammen. Er hatte Angst um seinen Freund, dass er sterben würde. Er sei ganz verzweifelt, wo er dann bleiben solle.

Bestimmt müsse er danach sofort die gemeinsame Wohnung verlassen. Jeden Tag auf dem Weg zum Krankenhaus hatte er Angst, in eine Polizeikontrolle zu geraten und in Abschiebehaft genommen zu werden. Nach mehreren Treffen gelang es mir, Abdullah zu überzeugen, mit mir zu einem seriösen Anwalt zur Beratung zu gehen. Letztlich bewirkte der Anwalt eine vorläufige Aufenthaltsgenehmigung für ihn, bis sein Asylgesuch entschieden wäre. Seitdem trat Abdullah zur Überraschung des gesamten Personals als ganz anderer, stolzer Mann an der Seite seines Partners auf der Intensivstation auf. Zuletzt brauchte er die Ablehnung seines Asylverfahrens nicht mehr zu befürchten, da er ein Jahr später mit seinem inzwischen gesund gewordenen Freund auf dem Standesamt im Römer eine Lebenspartnerschaft eingegangen war.

Im Lichte dieser bahnbrechenden Ereignisse des Jahres 2002, Papa, erlebe ich mich als Schreiber wie ein Archivar, der alles an Bildern, Dokumenten, Zeitungsausschnitten, Reiseberichten und Briefen in seinen inzwischen umfangreichen Tagebüchern sammelt, einklebt und festzuhalten versucht, was letztlich nicht festzuhalten ist. Trotz aller Anfechtungen liegt Deine Botschaft, Papa, »Wer schreibt, der bleibt« wie Balsam auf meiner manchmal wunden Seele. Heute bin ich natürlich dankbar, dass ich diese überreiche, ergiebige Quelle der Tagebücher für meine Briefe an Dich nutzen und Dich somit auf vielfältige Weise und heute mit einem herzlichen Gruß erreichen kann.

Dein reichlich beschenkter Sohn Gregor

Brief über die Zeit mit ehrenamtlichen Seelsorger*innen

Frankfurt am Main, 1. April 2018

Lieber Papa,

beruflich standen Mitte der 2000er Jahre die Ökumenische Seelsorgeaus- und -fortbildung Ehrenamtlicher (ÖAK) mit meinem Freund Winfried Hess im Vordergrund. Erstaunlicherweise erhielt ich gegen Ende des ersten Jahrzehnts vom Theologischen Pastoralen Institut Mainz zusammen mit meiner Kollegin Gertud Dott den Auftrag, das Curriculum einer Trauerausbildung zu erstellen und den ersten Drei-Jahre-Kurs für qualifizierte Kolleg*innen durchzuführen. Von alledem möchte ich Dir in meinen nächsten drei Briefen berichten. Aber zuerst soll es darum gehen, wie ich unversehens zu einer zweiten Doktorarbeit kam.

Bestimmt, Papa, brauchte ich für mein Ego keinen zweiten Doktortitel mehr. Als Archivar unserer PSK-Gemeinde schlummerte in mir aber der Wunsch, einmal eine ausführliche Chronologie – gegen das Vergessen beziehungsweise Tabuisieren schwuler und lesbischer Katholiken – zu schreiben und als Buch zu veröffentlichen. Es sollte wieder eine wissenschaftliche Arbeit werden, da diese angesichts des Themas »schwul+katholisch« von Pfarreien, Vereinen, kirchlichen Organisationen, Akademien und Fakultäten eher ernst genommen würde. Als Vertreter des PSK nahm ich seit einigen Jahren an den Jahrestagungen der Arbeitsgemeinschaft »Schwule Theologie e. V.« in einer alternativen Villa in Mesum bei Münster teil. Ihr Emanzipationsanspruch in der römisch-katholischen Kirche entsprach meinem Herzenswunsch. Dank dieser Tagungen bekam ich die nötigen Inspirationen zu einer wissenschaftlich fundierten PSK-Arbeit. Aber angesichts meiner früheren Bücher, meiner emotionalen Einseitigkeit und mangelnden profunden theologischen Kenntnisse zu diesem speziellen Thema war mir, Papa, gleich klar, dass ich dieses Buch niemals alleine zustande bekommen würde. Also suchte ich mir erneut einen Professor, der mich dabei begleitete. Ich wollte dieses Buch nicht privat herausgeben, womit ich letztlich dem PSK nur einen Bärendienst erwiesen hätte.

Es war im Februar 2003 auf dem Weg zur Villa Mesum, als Arnd Bünker, damaliger wissenschaftlicher Mitarbeiter an der theologischen Fakultät in Münster, mit mir aus dem Zug stieg und sagte: »Gregor, versuche Norbert Mette in Dortmund für dein Projekt zu gewinnen. Als praktischer Theologe an der philosophischen Fakultät ist er unabhängig vom ›nihil obstat‹ eines Bischofs. Er ist ein befreiungs- und basisorientierter römisch-katholischer Theologe und steht unserem Anliegen sympathisierend nahe.« Ich bedankte mich bei Arnd. Gleich nach diesem Wochenende in Mesum telefonierte ich mit Norbert Mette. Er war sofort an meinem Vorhaben interessiert und lud mich für den 22. März 2003 zu einem Gespräch in die Fakultät der Humanwissenschaften und Theologie der Technischen Universität nach Dortmund ein. Eine Unterkunft, Papa, brauchte ich mir nicht zu besorgen, da ich zu Mamas Freude bei ihr in Bottrop übernachtete. Bei der ersten Begegnung mit Norbert Mette erhielt ich von ihm Vorschussvertrauen, weil er meine Begeisterung für dieses Thema spürte und Arnd Bünker als schwulen Theologen schätzte. Er hielt monatlich ein Doktorandenkolloquium. Als auswärtiger Promotionskandidat genügte es für mich aber, dass ich halbjährlich zu seinem ganztägigen Kolloquium anreiste.

Neben der Darstellung unserer schwulen Gemeinde war es mir wichtig, die sieben Thesen von J. Michael Clark zur schwulen Theologie auf unsere Gottesdienstgemeinschaft hin zu untersuchen, da sie mich wegen ihrer sozialen Basisnähe auf Grundlage schwuler Befreiungstheologie tief berührten und zu neuen Impulsen meiner Arbeit herausforderten. Clark benannte folgende Themengebiete: *»Es ist eine prophetische Theologie«, »Thematisierung und Problematisierung von homophober Gewalt und von AIDS: Gottes Mitleid mit den Opfern von Unterdrückung und tragischem Schicksal (Theodizee)«, »Nichts von uns kann unserer Theologie fremd sein. Inklusive der Orte/Weisen unserer schwulen Erfahrungen (Klappe, Darkroom). Dazu gehört auch die Körpererfahrung«, »Unsere Themen sind historische Einbrüche wie Verfolgung (Drittes Reich) und AIDS oder Aufbrüche (Stonewall); privat: Selbsterkenntnis und -annahme, familiäre Konflikte.«*

Alle wissenschaftlich trockenen Textkommentare der gesamten Arbeit lockerte ich mit Interviews von PSKlern auf. Dafür bin ich den 23 Freund*innen bleibend dankbar. Sie haben sich couragiert als lebende Zeitzeugen einer schwulen katholischen Gemeinde der Veröffentlichung des PSK-Buches zur Verfügung gestellt. Am Abend des 21. November 2012 schließlich feierte ich mit Christiane, Marlene und Karlheinz den erfolgreichen Abschluss meiner zweiten Doktorarbeit mit der Gesamtnote »gut«. Dennoch galt es eine letzte Hürde zum Empfang der Urkunde zu nehmen.

Ich hatte die gesamte Doktorarbeit auf einer CD und in drei gedruckten Exemplaren im Sekretariat der Fakultät Humanwissenschaften und Theologie abzugeben. Ich dachte, Papa, wie schön einfach ich diesen kleinen Gang im Januar 2013 hinter mich bringen würde. Stattdessen sollte ich noch aufregende Stunden erleben. Nach den Weihnachtstagen bei Burkhards Mutter in Irmgardeichen hatte ich in ihrer Wohnung meinen Terminkalender liegen lassen. Da ich Mitte Januar sowieso den Abgabetermin in Dortmund hatte, fuhr ich über Siegen nach Dortmund weiter. Am Siegener Bahnhof hatte mir Burkhards Schwester Sabina den Terminkalender übergeben. Beim eiligen Umsteigen im Bahnhof

Hagen in den Anschlusszug nach Dortmund nahm ich zwar meinen Rucksack mit, ließ aber die in der Fakultät abzugebende Tasche mit allen Promotionsunterlagen im Zugabteil liegen. Erst kurz vor dem Hauptbahnhof in Dortmund spürte ich plötzlich siedend heiß, dass mir die Tasche fehlte. Wie erwartet, konnte ich über die Fundstelle der Deutschen Bundesbahn nichts herausfinden. »Wie kann man nur so dumm sein!«, hättest Du, Papa, mit hochrotem Kopf und zorniger Stimme mir ins Gesicht gesagt. Da kann ich Dir nur Recht geben.

Schon bei dem Gedanken, alle Unterlagen zu Hause in Frankfurt noch einmal mühselig anfertigen zu müssen, um sie dann endlich im Dekanat abzugeben, verbrachte ich einige resignierte Tage, wie vorgesehen, in Bottrop. Am vorletzten Tag kam eine Mail von einem Herrn Müller aus Dortmund, dass er meine Tasche gefunden habe und ich sie bei seiner Freundin Frau Becker dort abholen könne. Noch vor meiner Rückfahrt nach Frankfurt erhielt ich von der Fakultät kurzfristig einen neuen Abgabetermin. In der entlegenen Dortmunder Vorstadt fand ich nach Zug- und Straßenbahnfahrt die Wohnung von Frau Becker. Vorher hatte ich einen großen Blumenstrauß besorgt. Zuerst schien mir Frau Becker beim Öffnen der Tür verunsichert, aber dann nahm sie die Blumen und einen Gutschein für zwei Abendessen entgegen, während ich glücklich die für immer verloren geglaubte Tasche mit den Promotionsunterlagen übernahm. Schon eine Woche später hatte der universitätseigene Verlag Eldorado den gesamten Text meiner Doktorarbeit »Studie zum Projekt: schwul und katholisch in der Gemeinde Maria Hilf« im Internet veröffentlicht, sodass der Übergabe der Urkunde nichts mehr im Wege stand, die ich dann auch per Einschreiben noch in der Karwoche 2013 erhielt. Obgleich seitens der Universität nicht erforderlich, gab ich dennoch mit großer Programmierhilfe meines Freundes Theo die Promotionsarbeit im Epubli Verlag in Berlin im Frühsommer 2013 als Buch unter dem Titel »schwul+katholisch. Eine christliche Gottesdienstgemeinschaft« heraus. Theo hatte mir als Informatiker mit Rat und Tat seit Beginn dieser Forschungsarbeit zur Seite gestanden. Mithilfe seiner Designer-Freundin entstand die lila-rot leuchtende Umschlaggestaltung mit dem von Burkhard gestalteten PSK-Kreuz. Das Buch erschien noch rechtzeitig zur Frankfurter Buchmesse des Jahres.

Die Zeit von 2002 bis 2007, Papa, war, wie schon in den Jahren zuvor, von den Seelsorgeaus- und -fortbildungskursen geprägt. Im Gespräch mit meinem Kollegen Winfried Hess wurde uns bewusst, dass wir im Rahmen unseres Dienstes nicht wöchentlich auf jede unserer zahlreichen Krankenstationen kommen konnten. Da wir von guter ehrenamtlicher Arbeit in der Telefon- und Notfallseelsorge wussten, planten wir 1997 den seelsorglichen Einsatz von Ehrenamtlichen im Krankenhaus. Wir erstellten ein Curriculum für einen Jahreskurs von Oktober bis Juli. Mit sieben Teilnehmer*innen, von denen der Jüngste 21 und die Älteste 68 Jahre alt waren, endete 1999 der erste Kurs. Nach der Grundausbildung verpflichteten sich die Ehrenamtlichen, für ein Jahr als Seelsorger*in in ihrem Seelsorgebereich, Krankenhaus, Gefängnis, Seniorenheim oder Hospiz, tätig zu sein. Darüber hinaus nahmen sie an einer monatlichen Gruppensupervision und an einem jährlichen Fortbildungswochenende teil. Neben der Kursarbeit mit hauptamtlichen Kolleg*innen bereitete mir dieser seit 1998 einmal jährlich stattfindende ehrenamtliche Seelsorgekurs dank der hohen Motivation der teilnehmenden Frauen und Männer besonders viel Freude. Inzwischen war aus der Initiative der Ehrenamtlichen eine eigenständige, von beiden großen Kirchen tolerierte Organisation mit dem Namen Ökumenischer Arbeitskreis Seelsorge im Krankenhaus, kurz ÖAK, hervorgegangen.

Papa, ich schätzte mich glücklich, mit Winfried diese wertvolle Organisation mit selbstbewussten, selbsttätigen und selbstverantwortlichen Seelsorger*innen aufgebaut zu haben.

In einer Kirche, in der nur der Pfarrer zu bestimmen hat, sah das Ordinariat den Einsatz von unabhängigen kompetenten Frauen und Männern in der Seelsorge darum nicht gerne. Diese ehrenamtlichen Seelsorger*innen durften auf Anordnung des Bischofs nicht einmal den Titel Seelsorger*in tragen, sondern wurden als Mitarbeiter*innen in der Seelsorge geführt. Für mich war es ein eklatanter Widerspruch zur gesellschaftlichen Akzeptanz von Notfall- und Telefonseelsorger*innen, die selbstverständlich diesen Titel trugen. Viele Bischöfe waren der Auffassung, dass nur Priestern diese Bezeichnung vorbehalten sein sollte. Dennoch wirkten die ehrenamtlichen Seelsorger*innen über viele Jahre segensreich, einige sogar bis ins heutige Jahr 2018. Zuerst waren sie nur in den Frankfurter Krankenhäusern, dann aber auch in Hospizen, auf Palliativ-Stationen, in Seniorenheimen, Gefängnissen, in Gemeinden und in der Info-Kirchen-Beratung tätig. Auf Wunsch einiger Ehrenamtlicher führten Winfried und ich seit 2006 alle zwei Jahre einen KSA-Kurs durch, der einigen engagierten Personen nach jahrelanger ehrenamtlicher Arbeit als Auffrischung oder als Weiterbildung diente. »Dann sind diese Leute ja mehr als ich!«, rief empört mein dienstvorgesetzter Pfarrer, der keine KSA-Seelsorgeausbildung absolviert hatte. Obgleich mein berührender Abschied vom ÖAK jetzt schon fünf Jahre zurückliegt, freue ich mich zu hören, dass diese Organisation, die sich heute ÖAKS, Ökumenischer Arbeitskreis Seelsorge, nennt, inzwischen mehrere Auszeichnungen der Stadt Frankfurt erhalten hat.

Im Rückblick auf meine vielen seelsorglichen Aktionen bin ich selbst überrascht, Papa, als schwuler Angestellter im Bistum Limburg überlebt zu haben, während andere hervorragende schwule Theologen vom Bischof erst gar keine Chance erhalten hatten, einen Arbeitsplatz zu bekommen. Die leitenden Ordinariatsräte wurden mich nicht los. Dazu fallen mir drei Gründe ein. Erstens lebe ich zu gerne als

Seelsorger unter den Menschen, besonders den Bedürftigen und am gesellschaftlichen Rand Stehenden, die mich motivieren und begeisterten, in dieser Seelsorgestelle bleiben zu wollen. Zweitens meine Aus- und Fortbildung, die mich nicht nur stärkte, sondern auch befähigte, den Menschen qualifizierter gegenübertreten zu können. Verbot man mir, Supervisor zu werden, fand ich Umwege, um nicht nur Supervisor, sondern auch Lehrsupervisor in der DGfP zu werden. Und drittens hatte ich das große Glück, durch meine permanente Berufsgruppenarbeit als Pastoralreferent des Bistums Limburg trotz meines offenen Schwulseins das Vertrauen der Kolleg*innen zu gewinnen. Sie schickten mich als Delegierten meiner diözesanen Berufsgemeinschaft zu den halbjährlichen Jahrestreffen der bundesweiten Arbeitsgemeinschaft der Pastoralreferenten (AGPR), die sich heute Berufsverband der Pastoralreferent*innen Deutschland e.V. nennt. Ihre Ziele bei den Halbjahrestreffen, die jeweils in einem anderen Bistum stattfinden, sind Fort- und Weiterbildung im Austausch untereinander und die Stärkung ihres Berufes. Gleichzeitig wollte man innerkirchlich und gesellschaftlich die Tätigkeit der Pastoralreferent*in aus der Grauzone der priesterfixierten Kirche zugunsten eines auf der Basis des Zweiten Vatikanischen Konzils stehenden Berufes herausholen, was nur in einzelnen Bistümern teilweise gelang. So stärkte z.B. der Osnabrücker Bischof Franz-Josef Bode im Sinne des gemeinsamen Priester*innentums aller Gläubigen schon früh diesen Beruf. Der Münsteraner Bischof Reinhard Lettmann begrüßte 1987 unseren Vorstoß, in der Deutschen Bischofskonferenz den Beruf aufgrund eines Rahmenstatuts in Deutschland zu verankern.

Als langjähriger Delegierter der AGPR lernte ich fast jeden Bischof in Deutschland persönlich kennen, da der Ortsbischof jeweils zur Tagung dazukam. Ja, Papa, Du hörst richtig, Dein schwuler, befreiungstheologisch und basisorientierter Sohn kam mit vielen Bischöfen ins Gespräch. Ich kam zu einer Begegnung mit Geistlichen, die ich mir freiwillig nicht ausgesucht hätte. Als AGPR-Delegierter erhob ich manchmal meine Stimme, wenn von einem Bischof in unserer Versammlung Unrecht verkündet wurde. Als etwa Kardinal-Bischof Joachim Meisner kurz nach dem Fall der Berliner Mauer feststellte, dass unsere Thematik eines qualifizierten Berufsprofils zu jener Zeit in der katholischen Kirche unbedeutend sei, da unsere Kirche 16 Millionen Heiden zu verkraften habe, meldete ich mich ob seiner entwürdigenden Bezeichnung ostdeutscher Menschen. »Herr Kardinal, ich bin empört über Ihre diskriminierende Bezeichnung von Menschen. Ich habe als Seelsorger ostdeutsche Patienten in der Frankfurter Uniklinik kennen und schätzen gelernt, die, obgleich keine Christen, mir in ihrer ethischen Haltung vorbildliche Personen waren«, teilte ich ihm mit.

Ein andermal, bei unserer Tagung im Bistum Trier, ging es um die Not vieler mit evangelischen Partnern verheirateten Kolleg*innen, zum Beispiel, dass sie nicht gemeinsam beim Gottesdienstbesuch zur Kommunion gehen konnten. Dazu sagte der damalige Ortsbischof Reinhard Marx: »Das ist kein Thema für unsere Kirche. Sie hätten das Problem gar nicht, wenn sie als Pastoralreferent einen katholischen Partner genommen hätten.« Seine verurteilende Haltung, gläubige, sich liebende Menschen von der Eucharistie generell auszuschließen, erzürnte mich so sehr, dass ich mich mit heftig klopfendem Herzen meldete und erwiderte: »Herr Bischof, Sie kommen doch aus dem Bistum Paderborn? Dort gibt es im südlichen Teil die Pfarrei St. Cäcilia Irmgardeichen, in der selbstverständlich seit Kriegsende die zugezogenen Lutheraner bei ihrem Gottesdienstbesuch in der katholischen Pfarrkirche im ökumenischen Einvernehmen mit den Dorfbewohnern bis heute die Kommunion erhalten. Dieses positive Beispiel, dass nicht der Priester, sondern letztlich Christus selbst alle zur Eucharistie einlädt, müsste auch meinen konfessionsverschiedenen, verheirateten Kolleg*innen zugutekommen.« Abwehrend kommentierte Bischof Marx meinen Beitrag mit der Bemerkung, dass er darum wisse. Diese Gemeinde war schon immer ein Dorn im Auge des Bischöflichen Ordinariats Paderborn, man hatte nichts dagegen unternehmen können. Schnell ging er zu einem anderen Thema über.

Von einer weiteren Bischofsbegegnung, Papa, muss ich Dir noch erzählen, und zwar von der mit Bischof Johannes Dyba von Fulda. Als eine seiner ersten bischöflichen Amtshandlungen hatte er in seinem Bistum die Ausbildung der Theolog*innen zu Pastoralreferent*innen abgeschafft. Dennoch hielten wir als AGPR aus Solidarität mit den verbliebenen wenigen Pastoralreferent*innen eine Jahrestagung in Fulda ab. Ich war auf die Begegnung mit Bischof Dyba gespannt, da ich ihn aus den Medien nur als moralischen Scharfmacher kannte. Er bezeichnete zum Beispiel die feministischen Theologinnen als Gotteslästerinnen und sprach angesichts der politischen Theologie von Unzucht. Gleichgeschlechtliche Handlungen verglich er mit Sodomie und widernatürlicher Unzucht. Auf die Frage eines Journalisten nach dieser besonderen Liebe, die schon von den Nazis genauso bezeichnet worden war, ob ihm da keine Bedenken kämen, meinte Dyba, dass es doch so in der Bibel stehe. Bei unserem AGPR-Treffen mit dem Bischof erlebte ich ihn im Gegensatz zu seinen geschminkten und gestylten Auftritten in den Medien als ein kleines Männchen, von zwei jungen stämmigen Priestern flankiert, die seine Bodyguards hätten sein können. Dyba sprach uns gegenüber vom Unglauben der Deutschen. In seiner afrikanischen Diözese wäre er als Bischof begeistert von den Massen gefeiert worden. Kurz vor seinem plötzlichen Herztod im Juli 2000 hatte er noch im Dom zu Fulda die Teilnehmer einer AIDS-Initiative als »ein paar hergelaufene Schweine« bezeichnet. Als wir lesbisch-schwule Christen am Sonntagmorgen auf unserem CSD-Stand an der Konstablerwache in Frankfurt die Information aushingen, dass der Bischof gestorben war, wollten es viele Besucher gar nicht glauben. Ein junger Mann sagte uns: »Welche wahrhaft frohe Botschaft, dass Bischof Dyba jetzt von seinen Bösartigkeiten erlöst ist und wir Schwule von seinen vielen kriminellen Hasstiraden.«

Nach manchen aufwühlenden Erfahrungen in der AGPR war ich froh, die seelsorgliche Praxis in der Uniklinik beibehalten zu haben. Als vermeintlich Gebender fühlte ich mich – nach wie vor – als der von den Patienten zuerst Beschenkte. So auch von Karl Lörmann auf der chirurgischen Abteilung. Er war als 18jähriger bei einer landwirtschaftlichen Aushilfsarbeit vom Trecker gefallen und dabei seine rechte Körperhälfte von der Maschine eingequetscht worden. Monatelang lag Karl in bedenklichem Zustand auf der Station, oftmals ratlos, da er trotz oder gerade wegen seiner vielen Operationen immer wieder Rückschläge erleben musste. Obgleich volljährig, hatte Karl das Gemüt eines Zehnjährigen. Er litt ständig unter heftigem Heimweh nach seinem geliebten Saarland. Von Anfang an verband uns eine auf gegenseitiger Sympathie beruhende Beziehung. Karl genoss es, wenn ich ihm Märchen vorlas oder ihm ob seines schmerzverzerrten Gesichtes wegen zahlreicher Krämpfe in den Füßen und Beinen eine Fußzonenreflexmassage anbot. Vor der ersten Behandlung hatte ich mir die Erlaubnis der Stationsärzte eingeholt. So konnten wir dann zusammenbleiben, wenn Karl nichts hören, nichts sprechen und nichts sehen wollte, als er nur im Schmerz darniederlag. Meine Fußmassage war ihm sehr angenehm. Täglich fragte er weinend nach seinen Eltern, die ihn nicht besuchen kamen. Also, Papa, besorgte ich mir aus der Stationsakte ihre Telefonnummer. »Wir haben kein Geld, um zu Besuch zu kommen«, war die Antwort seiner Eltern. Nach Wochen vergeblicher ärztlicher Therapie und heftigen depressiven Phasen Karls schickte ich der Familie Lörmann Geld, um ihren Besuch beim Sohn zu ermöglichen. Sie kamen tatsächlich – ganz in Schwarz, mit silbernem und goldenem Schmuck behangen.

Von den Eltern erfuhr ich, dass sie aus armen Bauernverhältnissen kamen, jedoch fast wöchentlich zu einer Gothic-Party gingen, einem schwarzen Club angehörten und einmal im Jahr zu einem großen Gothic-Event nach Leipzig fuhren. Karl war überglücklich, mit seinen Eltern für einen Nachmittag zusammen zu sein. Nach weiteren Monaten dann konnte er aus der Klinik in das betreute Wohnen einer Rehabilitierungsausbildungsstätte entlassen werden. Ich glaube, Papa, dass Karl nur zugestimmt hatte, um so schnell wie möglich nach Hause zu kommen. »Herr Schorberger, ich werde niemals dorthin gehen!«, flüsterte er mir ins Ohr. Nicht nur ich, auch das Stationspersonal blieb wegen der gegen einen Ausbildungsplatz eingestellten Eltern ohnmächtig zurück. Allein die Nachgespräche mit meiner Kollegin Gabriele beim Mittagessen in der Pizzeria auf dem Uniklinik-Gelände bauten mich wieder auf. Ich dachte an das Gedicht von Magarete Jenne: *Die Rettung liegt vielleicht im Verstehen des Trennungsgedankens.* Ergänzend dazu kam mir noch die Aussage von Ludwig Marcuse in den Sinn: *Die Zeit heilt nicht alles, aber rückt vielleicht das Unheilbare aus dem Mittelpunkt.*

Als Dein nachdenklicher Sohn
grüße ich Dich für heute herzlich

Dein Gregor

Brief über die Zeit des Unterwegsseins als schwuler Christ

Frankfurt am Main, 17. Mai 2018

Lieber Papa,

noch ganz von den vielen Menschen benommen, komme ich mit Burkhard gerade von einem Demonstrationszug nach Hause zurück. Wir waren bei einer Veranstaltung an der Hauptwache zum Tag gegen Homophobie und dann zur Kranzniederlegung der Frankfurter Lesben und Schwulen für die homosexuellen Opfer des Nationalsozialismus auf dem Klaus-Mann-Platz. Burkhard und ich sind heute wahrlich viele Wege mit unseren Freund*innen und Verbündeten durch diese Stadt gegangen.

»Wege gehen« war auch mein Leitthema damals im Jahr 2003. »Wege der Erinnerung« ist seit meinem 15. Geburtstag ein wahres Lebensthema in meinen Tagebüchern. Mein erstes Foto im neuen Tagebuch von 2003 zeigte einen unter dem Schnee nur angedeuteten Weg mit verschneiten Bäumen in einer von rotgolden glänzendem Sonnenlicht angestrahlten hügeligen Landschaft. Sogleich dachte ich an Onkel Gregor und in welcher Landschaft er wohl als Musiker in der Wehrmacht war. Von der Berliner »Deutschen Dienststelle für die Benachrichtigung der nächsten Angehörigen von Gefallenen der ehemaligen deutschen Wehrmacht«, Papa, habe ich leider gestern nur die Nachricht erhalten, dass über seine Person und Verbleib nichts gefunden werden konnte. Nicht einmal seinen Geburtstag konnten sie mir mitteilen. Ich werde weiterhin nach Onkel Gregor suchen. Vielleicht will er aber auch als Künstler nicht gefunden werden. Vielleicht will er als jüngster Sohn und Musiker nicht von seiner Familie erkannt, gefunden, entdeckt und vereinnahmt werden. Vielleicht hat er sich auf anderen Wegen als Fremder in die Fremde begeben.

»Wege gehen« prägte diese Zeit von 2002 bis 2007. Bisher hatte Burkhard als junger Architekt über zehn Jahre mit Schwerpunkt Krankenhausbau gearbeitet. Doch seine eigentliche Leidenschaft, die Sakralarchitektur, schlummerte weiter vor sich hin. Um seine umfangreichen Kenntnisse der Kirchenbauten vom frühen Mittelalter bis zur Gegenwart wissend, sagte ich zu ihm: »Du kannst das! In Trier gibt es das Deutsche Liturgische Institut, dort kannst du dich berufsbegleitend über Fernkurse in Sakralarchitektur qualifizieren!« Burkhard war schon lange auf der Suche nach einem zweiten beruflichen Standbein, daher begeisterte er sich sogleich für diese Idee. Er nahm an diesem Fernkurs des Institutes teil. Als er sein Liturgiestudium in Trier schriftlich und mündlich mit der Note »sehr gut« beendete, sagte einer der Prüfer: »Solche liturgischen Kenntnisse, wie Sie sie haben, wünschte ich mir von unseren Studierenden an der Theologischen Hochschule!« Die Zeit für Kirchenneu- und -umbauten schien günstig. Immer mehr Stadtkirchen standen leer. Burkhard beteiligte sich mit seinen Entwürfen an dem Bistumsprojekt des Umbaus von leerstehenden Pfarrkirchen zu Kirchen, die auf bestimmte Themen wie Trauer, Spiritualität und Frauen fokussiert waren. Der Baudezernent des Bistums begrüßte seine ehrenamtliche Mitarbeit in verschiedenen Planungsgruppen. Schnell gewann er vor Ort die Unterstützung und Empfehlung der Mitwirkenden. Trotz gefühlter Nebelwände zwischen kirchlichem Sachverstand und ihrer Einstellung zur Homosexualität sah ich Burkhard schon als Kirchenbaumeister.

Doch die entscheidenden Domkapitulare des Bistums Limburg, die um Burkhards jahrelange PSK-Sprecherarbeit wussten, verweigerten ihm kurz vor Beginn der Baumaßnahmen einen Architektenauftrag. Du kannst Dir, Papa, sicherlich vorstellen, wie heftig Burkhard nach der Bistumsabsage in eine tiefe monatelange, depressive Krise stürzte. Als Angestellter desselben Bistums war ich ungemein empört über die verachtende Haltung der Limburger Bistumsleitung gegenüber einem selbstbewussten, selbstaktiven und selbstverantworteten schwulen Architekten mit hervorragenden Empfehlungen. Burkhards Feststellung: »Sie wissen, dass wir befreundet sind«, konnte ich nichts entgegensetzen, zumal es mir seit meiner kirchlichen Beauftragung als Pastoralreferent selbstverständlich war, wie ich Dir bereits mehrmals schrieb, ungebeugt als schwuler Mann aufzutreten.

Burkhards Krise wurde noch von seinen vielen weiteren erfolglosen Bewerbungen auf kirchenbauliche Ausschreibungen verschiedenster Bistümer in Deutschland genährt. Obwohl der einzige Bewerber in Sakralarchitektur mit liturgischer Qualifikation, bekam er bei den Verantwortlichen nicht einmal ein Vorstellungsgespräch. Für mich war es sehr überraschend, dass Burkhard nach diesen Tiefschlägen noch als schwuler Steuerzahler Mitglied in unserer Kirche geblieben ist. Ich kannte eine Reihe von Freunden, die aus diesen Gründen enttäuscht aus der römisch-katholischen Kirche ausgetreten waren. Burkhards positive kirchliche Sozialisation als Kind, verbunden mit seiner konstruktiven Erfahrung als Sprecher des PSK und seine Solidarität mit mir als unerwünschtem geouteten schwulen Pastoralreferenten ist in der Loyalität zu Jesus Christus begründet. Er sagte mir: »Jesus hat es in der Synagoge auch nicht leicht gehabt, und am Schluss waren die Pharisäer, Priester und Sadduzäer neben dem römischen Statthalter mitverantwortlich, dass Jesus umgebracht wurde.« Gott sei Dank ließ er sich von den selbstgefälligen Limburger Domherren in seinen Auftritten sowohl als Architekt als auch als Sprecher unserer lesbisch-schwulen Gottesdienstgemeinschaft nicht herabwürdigen.

Heute, am Ostersonntagmorgen 2018, setze ich meinen Brief an Dich, lieber Papa, fort. Heute Abend feiern Burkhard und ich mit unseren Freunden in der schwulen Gemeinde die Auferstehung Jesu mit dem Lied »Christ ist erstanden«. Vorvorgestern, am Gründonnerstag, haben wir gemeinsam mit unserem ersten Gastgeber, Pfarrer Hans-Josef Wüst, den 27. PSK-Geburtstag mit dem Gottesdienst zum Letzten Abendmahl und anschließendem gemeinsamen Essen, zu dem noch der Arbeiterpriester Thomas Schmidt mit einigen Pfarrgemeinderatsmitgliedern hinzukam, gefeiert. Er fragte mich am Tisch, wann unser großes, selbst gestaltetes PSK-Kreuz vor dem Altar entstanden war. Ich erzählte ihm, dass Burkhard den Impuls zur Kreuzbetrachtung von der Stadtkirche erhalten hatte. Sie schickte anlässlich des Kreuzfestes des Bistums Limburg vom 12. bis 14. September 2003 an alle Gemeinden einen Holzrohling in Form eines griechischen Kreuzes. Burkhard stellte damals fest: »Das Quadrat steht symbolisch für das menschliche Prinzip und der Kreis für das göttliche Prinzip. Das entstandene Regenbogenkreuz steht in Andeutung eines Labyrinthes im Gegensatz zum Irrgarten. Im Labyrinth verliert man sich nicht, in ihm findet man sich.« Angesichts der Fasten- und Osterzeit 2003 wählte das PSK für die Liturgie der Sonntage folgende Themen aus: »Im Kreuz ist Segen«, »Im Kreuz ist Tod«, »Im Kreuz ist Gemeinschaft«, »Im Kreuz ist Musik«, »Im Kreuz ist Schmerz«, »Im Kreuz ist Jubel«, »Im Kreuz ist Brot«, »Im Kreuz ist Heil«, »Im Kreuz ist Leben« und »Im Kreuz ist Stille«. An einigen dieser Themen möchte ich Dir, Papa, die Wege unserer kleinen schwulen Gottesdienstgemeinde aufzeigen.

»Im Kreuz ist Segen!« Für mich ist dieses Kreuz das zentrale PSK-Symbol, das bei jedem Gottesdienst vor dem Altar liegt. Für mich ist es an jedem Sonntagabend eine intensive Einladung zur Meditation und zu spirituellem Auftanken für die kommende Zeit. Gleichzeitig steht das Kreuz für meine unveränderte Freundschaft mit Jesus und seiner frohen, befreienden Botschaft. Heute vor genau fünfzehn Jahren, im März 2003, stand das Thema »Im Kreuz ist Segen« für das

Partnerschaftsversprechen von Thomas Pöschl und Thomas Herold vor dem Altar in der Pfarrkirche Maria Hilf. Waren doch 2003 erst zwei Jahre vergangen, dass der deutsche Staat Schwulen und Lesben aufgrund ihres jahrzehntelangen Kampfes um gleiche Rechte den Zugang zum Standesamt öffnete. Burkhard und mir blieb wegen meiner kirchlichen Anstellung als Pastoralreferent dieser Zugang wegen der Kündigungsandrohungen des Bischofs versperrt. Trotz dieser ungerechten kirchlichen Sanktion verband uns beide unverändert unsere Liebe, die zu diesem Zeitpunkt schon fünfzehn Jahre währte. Ich sehe noch den empörten Gesichtsausdruck des Gemeindepfarrers Hans-Josef Wüst vor mir, als er den diskriminierenden Erlass der Deutschen Bischofskonferenz auf Geheiß von Bischof Franz Kamphaus während unseres Gottesdienstes ansprach. Papa, lesbische und schwule kirchliche Angestellte sollten sofort gekündigt werden, wenn sie wegen ihrer Liebe öffentlich mit ihren Familien und Freund*innen auf dem Standesamt feiern wollten. Dieser diskriminierende Bischofserlass war die Reaktion auf die am 16. Februar 2001 geschaffene gesetzliche Regelung des Bundestages zur eingetragenen Lebenspartnerschaft. Ganz im Gegensatz zu Teilen des Klerus freute sich die überwiegende Bevölkerung jedoch mit den Schwulen und Lesben über ihre neu errungenen Rechte.

Zusammen mit den verschwisterten lesbisch-schwulen Gottesdienstgemeinschaften aus Basel, München, Nürnberg, Stuttgart und Münster hatten Burkhard und ich bei der zweiten Jahrestagung im Januar 2003 in St. Sebastian, Münster, mit Begeisterung den ersten ökumenischen Kirchentag Ende Mai in Berlin zum Thema »Ihr sollt ein Segen sein!« vorbereitet. Wir gestalteten den Stand auf dem »Markt der Möglichkeiten« in der Messehalle und einen ökumenischen Gottesdienst. Als schwule und lesbische Christen wollten wir an diesem kirchlichen Großereignis nicht nur präsent sein, sondern auch mit den Kirchentagsbesucher*innen ins Gespräch kommen.

Wir erfuhren spannende Reaktionen seitens der Vorübergehenden: »*Ihr habt hier nichts zu suchen!*«, »*Gut, dass ihr hier seid!*«, »*Mein Sohn verkehrt in homosexuellen Kreisen. Was sagt Ihre Kirche dazu?*«, »*Mein ganzes Leben lang sehne ich mich nach einer gleichgesinnten Gottesdienstgemeinschaft, um mal als lesbische Katholikin durchatmen zu können.*«, »*Wo ist in meiner Nähe die nächste schwul-lesbische Gemeinde?*« und »*Als schwuler Vater von drei Kindern habe ich eine Menge Probleme. Können Sie mir eine Beratungsstelle empfehlen?*«. Diese und andere Lebenszeugnisse bewegten uns. Wir waren froh, am Stand anwesend zu sein, um manchmal konstruktive Hinweise geben zu können oder über unsere Flyer auf lesbisch-schwule Kirchengemeinden im deutschsprachigen Raum zu verweisen.

Einen Tag vor Beginn des Kirchentages waren wir angereist, um beim Aufbau des LSGG-Standes in der Messehalle zu helfen. Parallel zum Standdienst und zur Teilnahme an den Gottesdiensten der lesbisch-schwulen Community sammelten PSK-Mitglieder Unterschriften für eine Kirchentagsresolution. In dieser Resolution wurde eine neue Auseinandersetzung der katholischen Kirche mit der Homosexualität auf der Basis aktueller Erkenntnisse der Humanwissenschaften gefordert. Darüber hinaus sollte es um folgende Dinge gehen: Anerkennung von verantwortungsvoll gelebter Homosexualität, die volle Zulassung homosexuell lebender Mitarbeiterinnen und Mitarbeiter zu sozialem und seelsorgerischem Dienst innerhalb der katholischen Kirche und die Segnung gleichgeschlechtlicher Paare bzw. ihrer Lebenspartnerschaft im Rahmen einer Eucharistiefeier oder religiösen Feier. Diese bahnbrechende Resolution war neben einer anderen die einzige des gesamten Kirchentags, die die nötige Zahl an Unterschriften erreichte, um als offizielles Kirchentagsdokument angenommen zu werden. Durch den Druck der Amtskirchen auf die Medien wurde die Veröffentlichung unserer Resolution allerdings verhindert. Ich frage mich, Papa, ob es angesichts des gesellschaftlichen Rechtsrucks schon wieder so weit gekommen war, dass auch die Kirchenleitungen sich gestärkt fühlen konnten, uns unverändert zu tabuisieren. PSK-Mitglieder, die an der Unterschriftenaktion beteiligt waren, feierten dennoch ihren Erfolg. Nach dem Kirchentag berichtete der Gemeindebrief: »Alle Beteiligten sind sich einig gewesen, dass es sich gelohnt habe, dabei gewesen zu sein am Stand, bei den großen Veranstaltungen, und bei der Podiumsdiskussion zu den Perspektiven von Schwulen und Lesben in der katholischen Kirche.« Besonders gerührt waren Burkhard und ich bei unserer Mitfeier eines öffentlichen ökumenischen Abendmahlsgottesdienstes in der Gethsemane-Kirche in Prenzlauer Berg. Obgleich wir eine Stunde vorher dort waren, gab es in der Kirche keinen Platz mehr, sodass wir nur draußen vor der Kirche nach dem Vaterunser die Kommunion in beiderlei Gestalt empfangen konnten. Christen, Papa, verstehen die unbarmherzige Verhaltensweise der römisch-katholischen Amtskirche nicht mehr, die weiterhin den gemeinsamen Empfang des Abendmahles verbietet.

Ein Jahr nach dem ersten ökumenischen Kirchentag in Berlin fand die dritte Jahrestagung mit den verschwisterten LSGG, diesmal in St. Fidelis, Stuttgart, statt. Wie bei jeder LSGG-Tagung trafen wir uns am Freitagabend mit den anderen Delegierten aus Basel, München, Nürnberg, Münster und Stuttgart erst einmal in einer Gasstätte. Ich saß zwischen zwei Gastgebern der schwulen Gemeinde St. Fidelis. Josef, ein Notar aus Tübingen, erzählte mir von den Anfängen ihrer schwulen Gottesdienstinitiative. Plötzlich sagte er: »Gregor, jetzt haben wir ja Gott sei Dank das Lebenspartnerschaftsgesetz. Du aber als kirchlicher Angestellter darfst ja Burkhard nicht heiraten. Ist euch eigentlich klar, dass ihr euch im Krankenhaus, zum Beispiel auf der Intensivstation, noch nicht einmal besuchen dürft? Das Personal lässt nur engste Familienangehörige auf die Station. Trotz eurer langjährigen Beziehung seid ihr, gesetzlich gesehen, für die Klinik nur Fremde.« Erschreckt fragte ich zurück: »Was können

Burkhard und ich denn tun?« »Am besten, ihr kommt mich für einige Tage in Tübingen besuchen, dann werden wir alles in Ruhe besprechen. Zu eurer Sicherheit werde ich in meinem Notariat ein Papier vorbereiten.« Tatsächlich, Papa, entstand zu meiner großen Beruhigung in den folgenden Monaten dank Josefs Einsatz am 23. November 2004 ein Testament. Einige Monate später erhielten wir von ihm eine General- und Versorgungsvollmacht. Auch wenn uns durch Bischof Franz Kamphaus eine Partnerschaftseintragung verwehrt blieb, so sind Burkhard und ich seit dem 12. April 2005 durch dieses urkundliche Dokument vor Ansprüchen möglicher Erben geschützt. Für die Zeit nach unserem Tod haben wir die Hannchen-Mehrzweck-Stiftung (hms) als alleinige Erbin eingesetzt.

Die hms ist die größte private Stiftung in Deutschland, die schwule und lesbische Projekte und Initiativen unterstützt. Seit einigen Jahren hilft sie auch LGBTIQ*-Menschen, die auf der Flucht sind. Was unser gemeinsames Wohnen in Niederrad angeht, habe ich Burkhard vorsorglich ein lebenslanges Nießbrauchrecht beim Amtsgericht Frankfurt einräumen lassen. Mit Freude stelle ich gerade wieder einmal fest, welch wunderbare Frucht durch eine Begegnung in der LSGG-Gemeinschaft entstehen kann.

»Leben aus Gottes Kraft« war das Thema des Katholikentages 2004 in Ulm. »Euch schwule Säue hat man leider vergessen zu vergasen!«, war der Zuruf eines Passanten auf der Stuttgarter Straße, als er ein sich an den Händen haltendes Männerpaar unserer LSGG-Gruppe sah. Umso wichtiger ist mir, dass wir uns nicht verstecken, sondern unsere Liebe und unsere zärtlichen Gefühle in aller Öffentlichkeit zeigen. Daher waren wir umso glücklicher, die Zusage des Zentralkomitees der deutschen Katholiken (ZdK) zu erhalten, als LSGG am Katholikentag in Ulm teilnehmen zu können, was wir nicht als selbstverständlich ansahen. Und gerade darum bitten wir lesbisch-schwulen Christen angesichts der weiteren

Tabuisierung von gleichgeschlechtlich liebenden Menschen in unseren Kirchen in unserem sonntäglichen Gottesdienst um das Ende der Diskriminierung und der Benachteiligungen wie etwa Kündigungsandrohungen durch unsere kirchlichen Arbeitgeber zu kämpfen.

Drei Tage hatten die lesbisch-schwulen Gottesdienstgemeinschaften mit mehr als 20 Mitarbeitern Gelegenheit, sich an den »Orten der Begegnung« der interessierten Besucherschaft mit einem Infostand zu präsentieren. Aus vielen Einzelgesprächen war eine Menge Zuspruch für unsere Arbeit herauszuhören. »Interessant, ich wusste gar nicht, dass es so etwas wie Gottesdienst für Schwule und Lesben gibt«, war die häufigste Reaktion, wie schon im Jahr zuvor in Berlin. Aber auch Klagen Verzweifelter hörten wir: »*Mein Pfarrer hat mir die Kommunion verweigert, als er von Denunzianten erfuhr, dass ich homosexuell bin!*«, »*Aber in der Bibel steht doch, dass Sie Sünder sind! Wieso dürfen Sie hier im Namen des Kirchentages auftreten!*« Eine junge Mutter: »*Vorige Woche teilte uns unsere fünfzehnjährige Tochter mit, dass sie lesbisch ist. Was soll ich nur tun?*« Ein Mann mit schlohweißen Haaren: »*Ich kann es kaum glauben, dass wir in den Kirchen vollwertig akzeptiert sind. Als KZ-Überlebender habe ich noch die Jagd der Polizei auf Homosexuelle in der Bundesrepublik erlebt.*« Und ein christlicher Traditionalist: »*Das muss jetzt aber wirklich nicht sein, bleibt mal schön still und unauffällig!*« Dass wir uns dagegen nicht absondern wollen, sondern im Gegenteil in aller Öffentlichkeit die Mitte der Kirche und das Miteinander unter Christen suchen, hatten wir mit unserem Auftritt auf dem Katholikentag deutlich bewiesen.

Ganz anders sah es bei dem darauffolgenden Katholikentag 2006 in Saarbrücken aus. Er hatte das für uns schwule Katholiken treffende Thema »Gerechtigkeit vor Gottes Angesicht«. Trotz rechtzeitiger Anmeldung bekam die LSGG keine Teilnahmezusage. Der damalige Ortsbischof Reinhard Marx setzte sich mit seinem Verbot gegen die Zustimmung des Zentralkomitees der deutschen Katholiken (ZdK) durch. Gegen die HuK konnte Marx deshalb nicht agieren, da er sonst eine große Zahl von katholischen Basisorganisationen auf die Barrikaden gebracht hätte. Als LSGG und Netzwerk katholischer Lesben (NkaL), die ebenfalls keine Zusage erhalten hatte, waren wir als christliche schwul-lesbische Initiativen in der römisch-katholischen Öffentlichkeit noch zu jung und unbekannt. Trotzdem fanden wir Wege, nicht nur mit einem Stand, sondern auch mit einem Gottesdienstort in Saarbrücken präsent zu sein. Wir verständigten uns darauf, dass die HuK anstelle eines kleinen Zeltes ein mittelgroßes bestellte, denn die war eingeladen. Wir kooperierten also mit der HuK und beteiligten uns an den Kosten und an den Standdiensten. In diesem Zelt kam dann auch noch die NkaL unter. So fiel der Rückblick auf den Saarbrücker Katholikentag positiv aus. Ein besonderes Ereignis für die PSK-Standmitarbeiter war an einem Tag der Besuch einer Jugendgruppe, die sich mittags im Zelt niederließ, um dort ihr Taizé-Gebet zu halten. Für ihre Präsenz hatten die Jugendlichen sich bewusst unser schwul-lesbisches Zelt als Zeichen der Solidarität ausgesucht.

Beim Katholikentag 2008 in Osnabrück wiederum zeigten sich getaufte und gefirmte Lesben und Schwule als selbstbewusst Glaubende und als von Christus Berufene. Nicht austreten, sondern in die Kirche eintreten – in der gesamten Doppeldeutigkeit des Wortes –, war eines ihrer Themen. Burkhard und ich hatten auf Vermittlung des ZdK ein wunderbares Hotelzimmer mitten in der City erhalten. Zu einem der Katholikentagsthemen, »Suche nach neuen Glaubensinhalten der Kirche«, ging Burkhard in die unserem Hotel benachbarte Kirche. Noch ganz erregt erzählte er mir anschließend beim Mittagessen von dieser Veranstaltung. Nach einigen Statements sei plötzlich eine schlicht gekleidete Frau ans Mikrofon gekommen. Sie erzählte von ihren Zweifeln und Nöten, von Krankheit und Tod ihres Mannes. Von der Kirche war sie in ihrer Trauer allein gelassen worden. Bei den Pfarrern hatte sie weder Halt noch Trost gefunden. Daraufhin stellte sich ein Mann als römisch-katholischer Priester vor und betonte, dass die katholische Kirche viele wichtigere weltweite Aufgaben hätte, um die Wahrheit des Glaubens zu vermitteln. Burkhard platzte die Hutschnur. Er meldete sich, ging ans Mikrofon und sagte dem Priester: »Hören Sie nicht die Nöte dieser Frau, die einfach nur seelsorgliche Zuwendung und einen Ort für ihre Trauer benötigt? Sie möchte nur ernst genommen und angehört werden, vielleicht die Hand gehalten bekommen und jemanden haben, der ihre Nöte mitträgt. Ihre Antwort braucht sie am wenigsten.« Daraufhin erhielt Burkhard tosenden Beifall. Noch während des anhaltenden Klatschens verließ der Priester wortlos die vollbesetzte Kirche.

Auf der Terrasse unseres Restaurants hörten wir den Ruf eines Juweliers, der anbot, kostenlos alle Eheringe zu polieren. Weil unsere Ringe über die Jahre verblasst waren gingen wir zu ihm und fragten, ob er auch unsere polieren würde, obwohl wir aufgrund des Verbots noch nicht verheiratet wären. Lachend antwortete er: »Selbstverständlich werde ich Ihre Ringe so glänzend polieren, dass sie bis zum Datum Ihrer hoffentlich baldigen standesamtlichen Ehe leuchten.« Tatsächlich, Papa, am 15. November 2017, leuchteten auf dem Standesamt im Römer unsere Ringe noch so stark, als hätten wir sie gerade von dem Osnabrücker Juwelier zurückbekommen.

Als neuer PSK-Sprecher lud Georg Linde am Gründonnerstag 2002 neben den sonntäglichen Gottesdienstbesuchern auch alle Freunde und Freundinnen zu unserer PSK-Geburtstagsfeier ein. Einer unserer achtzehn Priester, Friedhelm Hengsbach SJ, feierte an jedem Gründonnerstag mit uns die Eucharistie. Er sagte: »Und dennoch hat man trotz aller Vorbereitung den Eindruck, hier entsteht die Liturgie. Glaubende erfahren eine Berufung, die uns ergreift, die zwar nur handfest ist, aber auch körperfest gemacht werden kann in der Zuneigung und Liebe untereinander. Das sind für mich ganz besondere Kennzeichen des Projektes: schwul und katholisch, an die ich mich immer gerne erinnere, die ich auch regelmäßig in der schwulen Gemeinde neu wahrnehme.« Die von Friedhelm Hengsbach angesprochene »Zuneigung und Liebe« untereinander weist auf die diakonale Dimension des PSK-Gottesdienstes hin.

Das unermüdliche Engagement Marion Belzers berührte mich im PSK-Diakoniekreis besonders. Als junge Frau arbeitete sie in einem Reisebüro. Obschon schwer herzkrank mit einer nur noch geringen Lebenserwartung war ihr keine ehrenamtliche Arbeit im PSK zu viel. Marion erfuhr etwa von einer ägyptischen Razzia im Oktober 2001 auf einem Partyschiff, das als Treffpunkt für Homosexuelle galt. 52 angeblich schwule Männer wurden dabei verhaftet und vor Gericht gestellt. Marion gründete die Regionalgruppe »Menschenrechte und sexuelle Identität« (Merßi) von Amnesty International. Diese Untergruppe setzt sich besonders für tödlich bedrohte, gefangene und gefolterte lesbische, schwule und transidente Personen ein. Burkhard, weitere PSKler und Personen aus der lesbisch-schwulen Community Frankfurts demonstrierten vor dem ägyptischen Generalkonsulat, um die Freilassung der Inhaftierten zu erreichen. Erfreulicherweise geschah dies auf Druck internationaler Proteste tatsächlich. Es blieb jedoch, durch die öffentliche Inhaftierung bedingt, ihr sozialer Tod: Verlust des Arbeits-, Studien- und Ausbildungsplatzes, familiäre Verachtung und lebenslange Bedrohung. Als »Patin« gelang es Marion sogar, Hussain, einen dieser Angeklagten, nach Deutschland zu holen, um ihm eine neue Lebensperspektive zu geben. Kurz danach hörten wir leider von ihrer Freundin, dass sie an ihrem Urlaubsort im Hotel morgens nicht mehr aus dem Schlaf erwacht war. Mir, Papa, blieben nur die Tränen, verbunden mit der Bitte um die ewige Ruhe und das ewige Licht für Marion. Noch im gleichen Monat trat ich der Gruppe Merßi-Amnesty International als Mitglied bei. Heute heißt diese Untersektion Queer-Amnesty.

Mit der ganzen Ambivalenz – frei und doch nicht frei – dieser Nachricht
grüße ich Dich herzlich

Dein betroffener Sohn Gregor

Brief über die Zeit als Trauerseelsorger

Frankfurt am Main, 29. Juni 2018

Lieber Papa,

heute, am Freitag, den 29. Juni 2018, kommen Burkhard und ich gerade von einem Trauer-Kaffee im Hotel Krone gleich gegenüber dem Niederräder Friedhof zurück. Ganja, der Lebenspartner unseres verstorbenen Nachbarn Werner Hauswart, hatte dazu eingeladen. Wir saßen einem Freundespaar gegenüber, von dem der Ältere der Pate des Jüngeren, eines irakischen Flüchtlings, war. Obgleich ich langes geselliges Beisammensein nicht gut aushalten kann, vergingen mir die drei Kaffeestunden des Nachmittags wie im Flug, da wir uns mit unseren Tischnachbarn unter anderem über die unbewältigte Trauer vieler der in Frankfurt gelandeten Rainbow Refugees austauschten.

Ich hielt Werners Traueransprache. Schon vor Monaten hatte er – immer an der Seite Ganjas – mich in der Straßenbahn gefragt, ob ich nicht seine Beerdigung übernehmen könnte. Ich sagte ihm gerne zu, da ich Werner stets als sympathischen, hilfsbereiten Nachbarn erlebt und um seine schwere Krankheit gewusst hatte. Du kannst Dir, Papa, bestimmt vorstellen, wie erleichtert ich am Abend nach der Beerdigung war. Dennoch wollten Burkhard und ich Ganja gegenüber in den nächsten Wochen aufmerksam bleiben, da er beinahe symbiotisch mit Werner in ihrem kleinen Haus nahe unserer Wohnung gelebt hatte. Ganja fragte sich, wie er den Verlust seines Geliebten überleben konnte.

Nach diesen aktuellen Trauererfahrungen will ich Dir jetzt von meinem Wechselbad der Gefühle bei Mamas Sterben, Tod und Beerdigung im Spätsommer 2009 berichten.

Anhand meiner Tagebuchaufzeichnungen kann ich Dir von meinem Erleben dieser letzten Wochen Mamas erzählen. Ich schrieb: »Von Christiane hörte ich gestern, dass Mama Dienstagabend, am 8. September, um 19.00 Uhr gestorben ist. Sie sei friedlich eingeschlafen, hatte keinen Kampf mehr und keine Qualen.« »Das Geschenk hat Mama uns gemacht«, sagte mir Christiane mit gebrochener Stimme am Telefon. Voller Tränen informierte ich Burkhard, der sofort den Fernseher ausmachte und mich lange tröstend in den Arm nahm.

Vorbereitet und doch mit schmerzlichen Gefühlen spürte ich an diesem Tag meine Beine schwer wie Blei. Meine Stimmung war plötzlich auf einen Tiefpunkt gesunken, obgleich ich noch am Sonntag in der Heiligen Messe der Schwulen im PSK eine Fürbitte für Mamas guten Tod gehalten hatte und fürs Loslassenkönnen, sowohl was Mama als auch meine beiden Schwestern betraf. Beides traf ein, und dennoch war ich betrübt. Ein wenig tröstlich war mir das Erleben mit Mama anlässlich meines 14tägigen Aufenthaltes in ihrer Bottroper Wohnung kurz zuvor. In diesem August gab ich meinen Schwestern den Hinweis, vom Angebot ambulanter Hospizhelfer Gebrauch zu machen. Über meine Trauerausbildungen hatte ich gute Erfahrung mit diesen Menschen, die angesichts eines Sterbens hilflose Angehörige in den letzten Wochen und Tagen vor Eintritt des Todes wohltuend begleiten. Mein Vorschlag wurde von Marlene jedoch heftig mit dem Argument abgewiesen, dass neben dem Pflegepersonal nicht noch mehr fremde Leute, die weder Mama noch Christiane ertragen konnten, ins Haus kommen sollten. Letztlich hatten die Schwestern dennoch im ambulanten Hospizdienst nachgefragt und eine Frau erlebt, die in Mamas letzten Tagen segensreich auf alle Anwesenden wirkte. Ihr Mann, ein Arzt, hatte in der Nacht Mamas Tod so bestätigt, dass sie noch einen Tag länger zu Hause aufgebahrt bleiben konnte.

Am 9. September 2009 brachte mich Burkhard mit meinem wieder übergroßen Koffer zum Frankfurter Hauptbahnhof. Als ich um 16.00 Uhr bei Mama ankam, lag sie zwar mit offenem Mund da, doch traf ich sie ganz friedlich in ihrem schönen Kostüm mit einem Rosenkranz in den Händen an. Still und aufmerksam wie schon einen Tag zuvor lag Gismo, unser Schäferhund, neben ihrem Bett, als wollte er sich durch seine Art von Totenwache den ganz persönlichen Abschied von Mama nicht nehmen lassen. Ihr Blick schien schon in ganz andere Weiten zu gehen. Ich durfte eine Zeitlang ganz allein bei ihr sitzen, eine brennende Honigkerze war der einzige Schmuck in ihrem Zimmer. Das offene Fenster und die weit offene Tür – beide waren mir Symbole für Mamas Seele – lockerten die Atmosphäre auf. Ich verbrachte die Stunde mit einem tiefen Gefühl des Dankes für ihr segensreiches Leben. Mehrfach gab ich ihr einen Kuss auf die Stirn, und immer wieder hielt ich ihre Hand und wurde selbst ganz still. Gleich einem Film gingen mir viele Bilder und Erlebnisse mit ihr durch den Kopf, ihr jährlicher Aufenthalt in Frankfurt etwa. Gemeinsam waren wir in das Atelier Norbert Komorowskis gegangen, den Mama als Nachbarn der Sachsenhausener schwulen WG aus den 1970er Jahren noch gut kannte. Statt der »Himmelsleiter« des Künstlers, die uns beiden auf den ersten Blick gut gefiel, entschieden wir uns letztlich für ein blau-weißes abstraktes Ölgemälde, das heute mit seinem zeitlosen Motiv im Gruppenraum der Klinikseelsorge hängt.

Nach dieser Stunde bei Mama konnte ich gelassen Abschied nehmen und mir abends mit Karlheinz, Marlene und Christiane in der Küche das Essen schmecken lassen.

Nicht nur die Trauer um sie, sondern auch um Dich, Papa, 33 Jahre zuvor wurde uns Geschwistern an diesem Abend in Mamas Gegenwart wieder ganz lebendig. Ich war vor allem über Christianes fast heiteres Auftreten erleichtert. Ihrer physischen und psychischen Überlastung der letzten Monate durch die Tag- und Nachtpflege eingedenk, hatten Marlene und ich befürchtet, dass sie zusammenbrechen und noch vor Mama sterben würde. Hatte Christiane, wie Du weißt, doch als Erstgeborene eine viel engere Beziehung zu Mama als jemals Marlene und ich. Christiane war erleichtert, in der Sterbestunde an Mamas Bett gewesen zu sein und sie beim Eintritt des Todes im Arm gehalten zu haben.

Am Montag, den 14. September 2009, wurde Mamas Sarg in der Bottroper Kirche St. Cyriakus vor dem Altar aufgebahrt. Ich war über diesen Aufbahrungsort in ihrer Kirche, in der sie so viele Gottesdienste mitgefeiert hatte, sehr glücklich. Für mich, Papa, war Mamas Requiem ein würdiger Gottesdienst mit nicht nur traurigen Liedern, da wir ja auch für ihre große Liebe zu uns zu danken hatten. Der Dechant fand in seiner Traueransprache sehr angenehme Worte. Danach ging es direkt zum Karnaper Friedhof. Die kleine Trauergruppe der wenigen noch verbliebenen Familienangehörigen von Deinen, Papa, und Mamas Geschwistern wirkte auf mich wie eine verlorene Schar. Tröstlich fand ich, dass auch Margarete, die Mama in den letzten Jahren immer wieder besucht hatte, und einige Schwestern des Pflegepersonals zur Beisetzungsfeier kamen. Anschließend gab es Kaffee und Brötchen bei Marlene. Als Burkhard, der zur Beerdigung nachgekommen war, und ich in Frankfurt zurück waren, fand ich einen Brief von meinem Doktorvater, Norbert Mette, vor. Er schrieb: »Lieber Herr Schorberger, meine herzliche Anteilnahme am Tod Ihrer Mutter. Mögen Sie die Hilfen erfahren, die Sie zur Bearbeitung dieses biographischen Einschnitts benötigen.«

Ja, Papa, jetzt ließ ich Dich doch ein wenig ausführlicher an den letzten Wochen und Tagen Mamas, Deiner geliebten Frau, die Du manchmal Lisbeth oder mit dem Kosenamen Lieb riefst, Anteil haben. Wer war Mama? Was für eine Frau war sie in ihrer Zeit, frage ich mich heute. Vor allem war Mama eine gebildete, fürsorgliche, liebevolle, zuhörende und Dich und uns Kinder fördernde Mutter. Ohne ihr bedingungsloses Ja zu meinem Überleben nach der Geburt in der entbehrungsreichen Nachkriegszeit wäre ich wohl nicht mehr am Leben. Hatte mich doch Deine Mutter, Papa, schon längst aufgegeben. Aber Mama stand zu mir, sei es, dass sie die beste Nahrung für mich besorgte, sei es, dass sie mich frühzeitig zur Genesung in Kindererholungsheime schickte, sei es, dass ich den Kindergarten besuchen durfte, oder auch durch ihre aufmerksame Anteilnahme an meiner Schulausbildung und Lehrzeit bei der Post.

Auch für meine seelischen Nöte hatte sie jederzeit ein offenes Ohr. Mit allen Problemen und vor allem nach unseren heftigen Auseinandersetzungen, Papa, konnte ich mit meinen Klagen immer zu ihr kommen. Sie hörte mir aufmerksam zu, tröstete mich und gab mir hilfreiche Weisungen, um nicht in der Krise mit Dir zu bleiben.

Mama wusste, dass mir gute Freunde ein Lebensbalsam waren. Sie hatte dies spätestens während ihres Besuches in Freiburg gelernt. Sie zeigte echtes Interesse und wahrhaftige Anteilnahme am Ergehen meiner Freunde. Außerdem wies sie mich wiederholt darauf hin, dass bei allem ehrenamtlichen Engagement meine Ausbildung nicht zu kurz kommen durfte. Ja, Mama sprach wohl aus eigener Erfahrung. Sie war als ehemalige Erzieherin nicht nur eine vielseitig belesene, sondern auch gebildete und aufgeschlossene Frau. Und schlussendlich, Papa, ist es Mama trotz aller traditionsbedingten Vorurteile gelungen, sich ein anderes, ein eigenes Bild von homosexuellem Menschen zu machen.

Von Mamas Briefstil begeistert, schriebst Du, Papa, mir in den 1970er Jahren: »Hätte sie die richtige Ausbildung, so wäre Mama Schriftstellerin geworden!« Mamas große, sorgfältige, leicht luftige, jedoch auch schüchtern wirkende Buchstaben neigten sich auf ihrem Briefpapier alle nach links, während Deine, eng geschrieben, bestimmend auftretend, sich alle nach rechts neigten. Da fällt mir gerade auf, dass ich seit Kindheitstagen von Mamas Händen fasziniert war. Ich empfand Mamas zärtliche Berührung als wohltuend, wenn sie mich streichelte, in den Arm nahm oder im Krankheitsfall pflegte. Noch heute genieße ich aufgelegte kühle Hände, wie ich es bei Mama erlebt habe. Selbst einige Patienten bedankten sich bei einer Segnungsfeier über meine Handauflegung mit den Worten: »Ihre kühlenden Hände taten mir gut!« Mamas feingliedrige, lange Finger sehe ich noch wie als Kind vor mir. Wenn sie, wie so häufig, die frisch gewaschenen Gardinen wieder aufhängte, dachte ich mir als kleiner Junge, dass der dünne Ring an ihrer rechten Hand, der Ehering, sie daran erinnert hatte, dass es wieder Zeit war, Gardinen aufzuhängen.

Angesichts ihrer vielen Haushalts- und Gartenarbeiten erlebte ich Mamas Hände einerseits voller Kraft und Vitalität, aber andererseits auch spirituell, wenn sie betete. Oft hielt sie im Gottesdienst ihre Hände gefaltet oder über das Gesicht gelegt. Mit ihren Händen segnete Mama uns Kinder morgens vor dem Schulweg aus dem Weihwasserbehälter, der gleich neben der Wohnungstür hing. Für mich, Papa, war es immer ein Ausdruck ihrer Frömmigkeit. Kein Wunder, dass Mama mir zur Kommunion die gefalteten Hände von Albrecht Dürer als Holzschnitt schenkte. Überraschenderweise erfuhr ich in diesen Tagen von einem Kunststudenten, dass der ehemalige Leiter der Nürnberger Kunstsammlung, Matthias Mende, Albrecht Dürers Schwulsein aufgrund seiner vielen Männerfreundschaften für bewiesen hielt. Zu unserer Zeit, Papa, vor allem in der christlichen, heteronormativen Gesellschaft, musste Albrecht Dürers unerwünschte sexuelle Identität ein bestens gehütetes Geheimnis bleiben.

Besonders freuten wir Kinder uns über Mamas erworbene Porzellan-Muttergottes im weiten blauen Kleid mit dem Jesuskind. Diese teure Figur hatte sie nur deswegen zum halben Preis kaufen können, da dem Jesuskind der Kopf abgefallen war. Zu Hause hatte sie ihn so gut aufgeklebt, dass ich beim Betrachten der Figur auf unserem Wohnzimmerschrank keinen Unterschied mehr sah. Erschreckend dagegen empfand ich das im Schlafzimmer über den Betten hängende, bedrohlich wirkende Kreuz. Noch heute sehe ich die blutigen Wundmale Christi auf dem fleischigen Corpus vor mir. Wie kam Mama nur zu dieser sehr realistischen Kreuzdarstellung, Papa?

Gerade fällt mir zu Mamas ineinander gefalteten Händen noch ein ganz anderer Ausdruck ein. Immer wenn sie besonders nervös war und es verstecken wollte, drehten sich unter ihren gefalteten Händen die beiden Daumen wie ein Hamster im Rad. Die Kinderpsychologie sagt, dass gerade Eltern, die sich über sich selbst geärgert haben oder sehr nervös sind, ihre Kinder aus dem Affekt heraus schlagen. Weder Mama noch Du, Papa, habt mich jemals geschlagen, sondern mich mit Euren Händen sicher gehalten, getröstet, gestreichelt und gestärkt. Papa, ich muss wohl zu Händen eine besondere Affinität haben, dass mir so viel dazu eingefallen ist. Dachte ich bisher, dass ich mein Schreibtalent – »Wer schreibt, der bleibt!« – allein von Dir habe, erkenne ich heute, dass auch Mama durch ihre feinen, jedoch sehr wertvollen Hinweise in ihren zahlreichen Briefen an mich mir für das Bücherschreiben ein großes Vorbild gewesen ist.

Ihrer Lieblingsbeschäftigung, sich über Bücher zu bilden, ging sie bis ins hohe Alter nach, obwohl sie mit dem Haushalt allein schon sehr gut ausgelastet war. Die abwertend gemeinten drei Ks, Kinder, Kirche und Küche (dazu gehört auch die Waschküche), mochten für manche Hausfrauen zutreffen, aber für Mama griffen sie zu kurz. Zu ihrer spirituellen Haltung fällt mir gerade die Geschichte von Jesu Besuch im Haus der Schwestern Maria und Martha ein. Meiner Meinung nach hatte Mama von beiden Schwestern etwas, einerseits hörte sie gerne im Gottesdienst oder in Andachten Jesu Botschaft und andererseits war ihr weder eine Hausarbeit zu viel, noch hatte sie sich jemals darüber beschwert, wie es Martha Jesus gegenüber tat. Im Haushalt war Mama ganz vielfältig. Es gibt ein anschauliches, großes Foto aus den 1930er Jahren. Es zeigt einen Kreis von sieben Kolleginnen, die alle mit weißer Haube und Schürze um einen weißen Keramikherd voll silberner Töpfe versammelt sind. Inmitten dieser fleißigen Schar sehe ich Mama, wie sie allen aus einem Buch vorliest.

Wie Du, Papa, übernahmen wir Kinder alle Anweisungen von Mama. Ihrer kirchlichen Tradition entsprechend, führte sie nicht nur uns Kinder, sondern auch Dich zur Kirche. Morgen-, Tisch- und Abendgebete waren selbstverständlich. Mama freute sich mit mir, über den sonntäglichen Gottesdienstbesuch hinaus werktags in Salve- und Rosenkranzandachten zu gehen. Ist doch das Rosenkranzgebet mit seinen ständig sich wiederholenden Gebetsversen eine wunderbare Gelegenheit, zur Ruhe und Entspannung zu kommen. Oft sah ich sie in der Kirchenbank mit übers Gesicht gelegten Händen. Bekümmert fragte ich mich als Kind, ob es ihr nicht gut ginge. Heute weiß ich dank meiner Sehlehrerausbildung, dass diese Haltung eine tiefe Form der Entspannung und Erholung ist, da zum einen durch das Abdecken des Gesichtes mit den Händen die größere Dunkelheit den Augen und der Gesichtsregion gut tut und zum anderen die Heilkraft der Hände dem gesamten Körper zugutekommt. Mamas kirchliches Vorbild stärkte mich in meiner eigenen Glaubenspraxis. Bestimmt beobachtete sie, im Gegensatz zu ihren Töchtern, mit Besorgnis meine intensivere Hinwendung als Jugendlicher zur kirchlichen Praxis. Vielleicht spürte Mama schon sehr früh, dass ich sie eines Tages verlassen würde. Als sie von meinem bevorstehenden Klostereintritt Ende der 1960er Jahre hörte, war es für Mama nur schrecklich, ihren Sohn an die von ihr so verehrte Kirche zu verlieren. Allein ihr ängstlicher Augenausdruck beim Abschied auf dem Bahnsteig des Essener Hauptbahnhofs zeigte mir, wie sehr sie ihre schmerzhaften Gefühle beherrschte und unterdrückte. Manchmal hatten diese Gefühle bei Mama Kopfschmerzen und Migräne zur Folge, aufgrund derer sie sich mit einem kühlen Waschlappen auf der Stirn ins dunkle Schlafzimmer zurückzog. Heute frage ich mich, ob sie durch ihr beherrschtes, kontrolliertes Auftreten ihre Todesängste in den Bombennächten des Krieges überwand, tatkräftig blieb und deswegen mit ihrer kleinen Tochter Christiane überlebte.

Mama blieb für mich zeitlebens eine attraktive Frau. Schon als Kind gefielen mir ihr Aussehen, ihr Körperduft, ihre schmale Gestalt, ihr schwarzes Haar und ihre braunen Augen. Kein Wunder, Papa, dass dunkelhaarige, braunäugige und schmale Männer mich stets mehr als blonde erotisierten. Gerne ließ ich mich von ihr in den Arm nehmen, auch wenn diese Umarmungen viel seltener vorkamen als Deine. Überrascht lese ich in ihren Personalangaben, dass sie nur 1,60 Meter groß war und damit zehn Zentimeter kleiner als Du. Mir kam Mama immer sehr groß vor, was bestimmt nicht nur an ihrem gelegentlich getragenen kleinen Hut, sondern eher an ihrer Ausstrahlung lag. Mama war eine Frau, die in ihrem Auftreten wegen ihrer vielseitigen Talente Größe signalisierte, ohne sie groß benennen oder zeigen zu müssen. Mama war und bleibt ein Juwel in meinem Leben. Kein Wunder, dass die Ordensschwestern der Albertus-Burse bei ihrem Freiburger Besuch von ihrem Auftreten begeistert waren. Sie konnte mit ihren Augen Sympathie ausstrahlen, einladend, herzlich, liebend, ermutigend und tröstend sein, aber auch Strafen signalisieren, Enttäuschungen oder Angst zeigen. Nie hat Mama uns Kinder geschlagen, aber durch ihre harten Blicke konnte sie, als ehemalige Erzieherin, mich heftig tadeln. Zu Hause in Karnap erlebte ich Mama meistens in einer Küchenschürze – mit Ausnahme des Sonntags, da trug sie ein feines Sonntagskleid –, aber selbst in ihrer Schürze strahlte sie noch Größe aus.

Es spricht für Mamas gebildeten Charakter, dass sie sich nach Deinem Tod im Alter von 68 Jahren noch einmal eine neue

Lebensgestaltung schuf. Ihr hattet ja oft darüber gesprochen, und es war Dein ausdrücklicher Wunsch, als erster von Euch beiden zu sterben. Dennoch hast Du, Papa, noch in den 1970er und 1980er Jahren miterlebt, welch großes Glück für sie darin lag, ihre Enkelkinder versorgen zu können, besonders in der Zeit, als Marlene und Karlheinz an verschiedenen Schulen lehrten. Hier wurde sie noch einmal gebraucht. Ebenso wie Mama mit ihnen waren ihre drei Enkelkinder mit ihr glücklich. Nicht nur während Mamas Krankheit blieben sie ihr gegenüber aufmerksam und hilfsbereit. So war es für Fabian selbstverständlich, seine Oma zu meiner Promotionsfeier 2002 nach Frankfurt fahren zu wollen, was ihr letztlich krankheitsbedingt doch zu anstrengend schien.

1979, drei Jahre nach Deinem Tod, zog Mama mit Christiane nach Bottrop in das Haus von Marlene und Karlheinz. Trotz aller Kinderversorgung ging sie in ihrer Freizeit noch tanzen und schwimmen. Du hättest bestimmt Deine Freude daran gehabt, Mama so unternehmungslustig zu erleben. Ihre Reiseunternehmungen waren Dir ja wohlvertraut, Du hast sie zeitlebens gerne unterstützt. Wie ich wirst auch Du überrascht sein, von ihr zu hören, dass sie sich in ihrer letzten Lebensphase mit anderen Frauen anfreundete und sich mit ihnen auch einmal zum Nachmittagskaffee traf. Mama, die sich früher in Karnap eher schwertat, mit fremden Menschen in Kontakt zu treten, freute sich, in Bottrop mit anderen Frauen außer Haus zusammen zu sein.

Ob ich, Papa, mich in der Rente auch noch mal wie Mama stark verändern werde, fragte ich mich fünf Jahre vor meinem Berufsende. Aber noch war ich unverändert gerne in der Seelsorgepraxis der Kinder-, Haut-, Augen- und Strahlenkliniken und zum anderen in der seelsorglichen KSA-Fort- und Weiterbildung Ehrenamtlicher und Hauptamtlicher. Zum Leidwesen Burkhards war ich wegen der Klausurkurse der Ökumenischen Seelsorge – Aus- und Fortbildung (ÖAKS) für Ehrenamtliche – oftmals nicht zu Hause. »Auch wenn du, mein Bär, bald in Rente bist, wird es nicht anders werden!«, prophezeite er in einem Gemisch aus Stolz, dass ich in meiner Kompetenz gefragt war, und dem Gefühl, dass ich ihm zu Hause fehlte. 2007 bis 2009 kamen noch zusätzliche Wochen durch eine Trauerausbildung für neun hauptamtliche Kolleg*innen der Bistümer Fulda, Limburg, Mainz und Trier hinzu.

Bestimmt bist Du, Papa, jetzt auch überrascht, zu hören, dass ich gegen Ende meiner Dienstzeit diesen neuen Auftrag erhielt. Hinsichtlich der Vorgeschichte ihrer Entstehung sehe ich, dass ich an ihrem Zustandekommen nicht ganz unschuldig war. Da das spezielle, umfangreiche Thema »Sterben, Tod und Trauer« in der pastoralen Ausbildung für hauptamtliche Seelsorger*innen zu kurz kam, war es uns Kursleitern gelungen, über den Regens des Priesterseminars in Limburg die Freistellung der Kolleg*innen für ein Drei-Tage-Seminar zu erreichen. Inzwischen hatten pastorale Kolleg*innen als sogenannte Laien vom Bischof einen Beerdigungsauftrag erhalten. Einige nahmen zur Steigerung ihres beruflichen Ansehens diesen Auftrag gerne an. Auf meine Frage: »Welche Pfarreiaufgaben, zum Beispiel Kommunion- und Firmvorbereitung, Religionsunterricht, Jugendarbeit, Wortgottesfeiern oder einige von den zahlreichen Dienstsitzungen, haben Sie dafür abgegeben?«, kam ihre erstaunte Antwort: »Daran haben wir noch nicht gedacht.« Auf meine Folgefrage, welche Kompetenz zu dieser differenziert schwierigen Seelsorgearbeit einer Trauerbegleitung sie sich angeeignet hätten, stieß ich sogar auf Unverständnis.

Als einer, der durch seine lange seelsorgliche Krankenhauspraxis etwas von der zeitintensiven, fachlich gut vorzubereitenden spirituellen Begleitung Trauernder vor und nach der Bestattung ihrer Angehörigen erfahren hatte, war ich empört. Empört war ich auch über den Bischof und die verantwortlichen Dezernenten, die diese hochsensible Arbeit unausgebildeten Kolleg*innen und dazu noch weitere Lasten aufbürdeten, die ein großer Teil der Gemeindepfarrer nicht mehr wollte. Taufen und Hochzeitsassistenz in den Kirchen haben die Priester an ihre sogenannten pastoralen Mitarbeiter*innen nicht abgegeben. Längst, Papa, war bekannt geworden, dass Katholiken ihre Liebsten nicht mehr von ihrem Heimatpfarrer, sondern durch einen selbstgewählten weltlichen Trauerbegleiter bestatten lassen wollten. Ganz anders als gestresste kirchliche Mitarbeiter*innen nahmen diese sich dank ihrer fachkundigen Ausbildung viel Zeit, um nach eingehenden Gesprächen mit den Hinterbliebenen sowohl bei der Trauerfeier als auch bei der Beerdigung den Verstorbenen ausführlich und persönlich zu würdigen.

Immerhin war zu dieser Zeit in der katholischen Kirche Österreichs bereits ein Beerdigungsritual entstanden, das speziell für die Trauer um verstorbene Kinder, Unfallopfer, Suizidenten, Obdachlose und andere ganz persönliche liturgische Trauerfeiern anbot. Die deutsche Bischofskonferenz gab dagegen am Anfang des 21. Jahrhunderts über das Deutsche Liturgische Institut ein neues Beerdigungsritual heraus, das noch anonymer und jeglicher Trauer unangemessen war und den Kolleg*innen zur Verfügung gestellt wurde. Als ich meine Vorgesetzten damit konfrontierte, sagte mir der Personalchef: »Ja, Herr Schorberger, in Österreich ist das nur möglich geworden, weil im Gegensatz zur deutschen Bischofskonferenz die dortigen Bischöfe nicht in Rom um Erlaubnis gebeten hatten.« Papa, ob meine helle Empörung ausschlaggebend war, dass gerade ich, den einige Herren des Bischöflichen Ordinariats gerne losgeworden wären, überraschenderweise mit meiner Kollegin Gertrud Dott den Auftrag erhielt, ein Curriculum für eine Trauerausbildung zu erstellen? Im Rahmen des Theologischen Pastoralen Instituts der Diözesen Limburg, Mainz und Trier begann unsere Ausbildung im Januar 2007. Da alle Teilnehmer*innen nur berufsbegleitend daran teilnehmen konnten, benötigten wir einen Zeitraum von drei Jahren. Nach Erhalt ihrer Zertifikate stellten die Teilnehmer*innen ihre Trauerprojekte vor. Ihre lebensnahe, breite und facettenreiche kirchliche Trauerbegleitung veröffentliche das Theologische Pastorale Institut in dem Buch »Selig (nicht nur) die Trauernden. Anregungen für eine zeitgemäße Trauerpastoral«. Dank dieses Intensivkurses, Papa, konnte ich selbst meine vielen ungeweinten Tränen über tief verdrängte Trauererfahrungen der letzten Jahrzehnte »Seelsorge« zulassen. In dieser Zeit haben Burkhard und ich beschlossen, auf dem Friedhof, der unserem letzten Wohnort nahe liegt, begraben werden zu wollen.

Erst in diesem Jahr, Papa, habe ich wieder einmal mit Auf- und Wegräumen begonnen. Aus sieben großen Aktenordnern zu den Themen Sterben, Trauer, Tod, Forschung und Ausbildungskurse habe ich eine einzige Akte gemacht und fühle mich jetzt wie befreit. Auch die drei Aktenordner zu meiner Berufsgruppe »Pastoralreferent*innen« habe ich aufgelöst und nur ganz wenige Seiten über den Berufsverband der Pastoralreferenten behalten. Der Berufsverband der Pastoralreferent*innen (BVPR) hat wirklich hervorragende Arbeit geleistet, nachdem er nicht mehr in die permanente Verteidigungshaltung gegenüber der Klerikerkirche gehen musste, die uns, Papa, nacheinander die Predigt, die Pfarrbeauftragtenrolle und die Leitung von Wortgottesfeiern am Sonntag verbot. Dennoch gelang es dem BVPR, unsere Berufsqualität, theologische Definitionen und Forschungen zur Stellung der Pastoralreferent*innen in Deutschland in den Vordergrund zu stellen. Wie sehr es der Deutschen Bischofskonferenz gelungen war, unseren Beruf in der Öffentlichkeit auf die Stufe von Mitarbeiter*innen des Priesters herabzustufen, zeigte sich mir an der Reaktion evangelischer Pfarrer*innen: »Ach so, das wussten wir ja gar nicht, dass Sie als Pastoralreferent auch an der Universität studiert haben!« Trotz seiner Tabuisierung durch die deutschen Kleriker liebe ich diesen Beruf, der nach dem Zweiten Vatikanischen Konzil aufgrund des gemeinsamen Priester*innentums aller Gläubigen entstanden ist.

Bei der Jahrestagung im Frühjahr 2012 in Passau verabschiedete ich mich nach 22 Jahren Berufsgruppenverbandsarbeit als Pastoralreferent von der überdiözesanen Kolleg*innenschar. Ebenso, Papa, verabschiedete ich mich einige Monate später, im Sommer von den Ehrenamtlichen Seelsorger*innen der ökumenischen Seelsorgeaus- und -fortbildung Frankfurt (ÖAKS). Ganz berührt war ich von den Abschiedsworten meines Freundes und Kollegen Winfried Hess, mit dem ich 1998 und 1999 den ersten Jahres-Grundkurs Ehrenamtlicher in der Krankenhausseelsorge durchgeführt hatte. Überreichlich beschenkt brachte mich ein von uns Anfang der 1990er Jahre ausgebildetes Ehepaar der Festgesellschaft in ihrem Auto nach Hause. Burkhard lud sie sogleich zu einem Umtrunk ein.

Die Verabschiedungsfeier im Haus der Klinikseelsorge mit kleinem Imbiss, an der auch Burkhard teilnahm, verlief in heiterer Atmosphäre. Locker und aufrecht konnte ich mich beim Referenten des Bistums Limburg für sein Kommen bedanken und ihn nach seinem Ergehen fragen. Dennoch kamen mir bei seinem Anblick spontan die vielen Kündigungsandrohungen unserer bischöflichen Behörde in den Sinn. Statt seiner hielt ich selbst einen kleinen Vortrag. Einige Aussagen aus meiner Rede an die Festgemeinschaft möchte ich Dir, Papa, nun noch mitteilen: »Liebe Festgemeinschaft, voll Dankbarkeit, jedoch auch mit Wehmut, da mir viele Menschen ans Herz gewachsen sind, schaue ich auf die 33 Jahre meiner Zeit als Seelsorger in der Universitätsklinik zurück. In dieser Zeit durfte ich Genesenden, Krankbleibenden, Sterbenden und deren Angehörigen begegnen. Sie alle haben auf vielseitige Weise mein Leben bereichert. Belastung, Leiderfahrung, Ärger und Schmerz in der Klinik konnte ich einerseits immer wieder auffangen, da ich mich in einer Gemeinschaft vorfand, sei es im Stationsteam mit Raumpfleger*innen, Sozialarbeiter*innen, Pflege- und Ärztepersonal, sei es im Gespräch mit Ehrenamtlichen, Auszubildenden oder den Kolleg*innen der evangelischen und der katholischen Krankenhausseelsorge, mit denen ich Leid- und Freudeerfahrung hier am Ort der Universitätsklinik teilen konnte.«

Ich selbst, Papa, war überrascht, eine so lange Rede vor dieser Festgemeinschaft halten zu können. Meine Freundin und Kollegin Sr. Gabriele Hennig hatte mich zu ihr ermutigt: »Gregor, da wirst du nicht fremdbestimmt, sondern kannst selbst sagen, was Dir am Herzen liegt!« Das tat ich auch.

Dankbar für den bei Dir erlernten und oftmals in meiner Dienstzeit praktizierten Widerspruch verabschiede ich mich für heute mit einem herzlichen Gruß

Dein Sohn Gregor

Brief über die Pilgerzeit

Abtei St. Matthias, 12. Dezember 2018

Lieber Papa,

ich glaube es kaum, aber es stimmt: Sechs Jahre bin ich schon in Rente. Manchmal frage ich mich bei den vielfältigen Arbeitsaufgaben im Haushalt, in der schwul-lesbischen Community und in unserer schwulen Gottesdienstgemeinde, ob die Zeit jetzt nicht noch schneller als im Beruf vergeht. Ob Dir die Tage als Rentner auch im Fluge vergingen? Ich kann mich noch an Deinen wohligen Seufzer am ersten Tag Deiner Rente erinnern: »Endlich habe ich genügend Zeit für die Pflege der Hühner, Kaninchen und Tauben. Christianes Katzen haben mich jetzt noch mehr im Garten und im Stall zum Verwöhnen. Langeweile werde ich keine haben!« Öfter als früher trafst Du Dich mit Deinem Cousin Franz Skorupa zum Schachspielen. Er ist der einzige in unserer westdeutschen Familienlandschaft, der noch den Nachnamen Skorupa trägt.

Am ersten Tag dieser neuen Zeitrechnung, am 1. Oktober 2012, war ich mit Burkhard auf dem Standesamt, und ein Jahr später folgte unsere kirchliche Hochzeit – das waren natürlich die überwältigenden Höhepunkte der ersten Rentenjahre. Des Öfteren habe ich Dir, Papa, aus aktuellem Anlass kurz von unseren Festen berichtet. Heute will ich Dir über den wunderbaren Verlauf unserer kirchlichen Feier in der Pfarrkirche St. Cäcilia Irmgardeichen erzählen. Nach dem Glockengeläut an diesem sonnigen Samstagnachmittag, dem 7. September 2013, und nach dem Eingangslied »Unser Leben sei ein Fest« begrüßte Pia Arnold-Rammé, die katholische Liturgin und begnadete Predigerin, zu Beginn der Segnungsfeier die Gottesdienstgemeinschaft. Pias Predigt lag die Emmaus-Geschichte aus dem Lukasevangelium zugrunde. In dieser Erzählung wird von zwei Jüngern berichtet, denen sich auf dem Weg nach Emmaus der auferstandene Christus beigesellt. Pia meinte, dass diese biblische Stelle gut als Metapher auf unser inzwischen 20jähriges Beisammensein passt. Vor ihrer Predigt hatte Petra, Deine Nichte, die Lesung »Von der Liebe« aus dem Buch »Der Prophet« von Khalil Gibran vorgetragen. Die Einführung zum Segen sprach unser Pfarrerfreund Winfried Hess.

Nach unserem Kuss und Winfrieds Segen salbte Marlene uns die Stirnen und die Handflächen. Burkhards Schwester Sabina überreichte uns eine Kerze als Segenserinnerung. Sowohl Sabina als auch Marlene waren schon ein Jahr zuvor unsere Trauzeugen auf dem Standesamt im Römer gewesen. Nach Fürbitten, Vaterunser und Agape, dem Liebesmahl, sang der Männerchor Cäcilia Irmgardeichen zum Abschluss den Hymnus »You raise me up«. Burkhard hatte in unserem liturgischen Gottesdienstbegleitheftchen den Text des Hymnus in englischer und deutscher Sprache abdrucken lassen. Nicht nur einigen Mitfeiernden kamen bei diesem Lied die Tränen, auch uns beiden. Die zwölf Männer des Chores waren von unserer Feier so positiv angeregt, dass sie im Nachgang noch einige zusätzliche Lieder sangen. Bestimmt, Papa, war ihre Zugabe auch eine Honneur für Burkhard, ihren langjährigen Tenorsänger. Selbst sein Vater Lothar hatte schon in diesem Chor gesungen.

Beim Verlassen der Kirche wartete der Stammtisch mit einer großen Baumsäge auf uns. Mit aller Kraft sägten Burkhard und ich zu unserem Vergnügen und dem der zuschauenden Dorfbewohner einen dicken Baumstamm durch. Es war auch der Wunsch des Stammtisches gewesen, als sie damals von unserer standesamtlichen Eintragung hörten, dass wir hier im Dorf feiern sollten, lag doch Irmgardeichen genau in der Mitte zwischen Bottrop und Frankfurt. Wir willigten gerne ein. Burkhard und mir war es lediglich wichtig, vor Beginn unserer Festvorbereitungen offiziell das Einverständnis des zuständigen Stadtdekans aus Netphen für unsere Partnerschaftssegnungsfeier in der Pfarrkirche St. Cäcilia zu erhalten.

Mit allen Gästen zusammen feierten wir bis zum frühen Morgen in dem der Kirche gegenüberliegenden Gasthof Ley. Für Burkhard und mich hatte das befreundete Ehepaar Ley das Hochzeitszimmer reserviert. Die meisten unserer Gäste kamen im Gästetrakt der Burg im Nachbardorf Hainchen unter. Vor dem Festessen dankten wir Frischgetrauten allen unseren Gästen und Liturgen, die diese Feier mitermöglicht hatten. Unsere Münchener Gäste Egon und Thérèse begrüßten wir besonders und gratulierten ihnen. Sie hatten sich durch unsere Lebenspartnerschaft anregen lassen, nach Jahrzehnten des Zusammenseins ebenfalls zu heiraten. Ihre kirchliche Hochzeit, Papa, war genau ein Wochenende später, wozu sie uns beide und Marlene mit Karlheinz eingeladen hatten. Natürlich erhielten sie schon vorab nach ihrer kleinen Dankesrede von der Festgemeinschaft tosenden Applaus.

Ich war in dieser Nacht über mich selbst überrascht, so wach und aufmerksam zu bleiben, was mir aber auch nicht schwerfiel, da unsere Gäste uns mit ihren künstlerischen Darbietungen überraschten. Die Männer des Stammtisches sangen »We are family«, in verschiedenen Kostümen zum Lied tanzend. Familienangehörige berichteten in Versform von Ereignissen aus unserem Zusammensein. Freund*innen wie Tom Rees sangen zur Musik des aramäischen Discjockeys romantische Songs, etwa Klaus Hoffmanns »Mein Weg ist mein Weg, ist mein ureigenster Weg«. Zwischendurch wurde getanzt, wobei Burkhard und ich den Auftakttanz zu absolvieren hatten. Selten, Papa, sind wir so dankbar, glücklich und beseelt an diesem Morgen für einige Stunden ins Bett gefallen. Die obligatorischen Flitterwochen haben Burkhard und ich uns dennoch gerne erspart. Beim diesjährigen Adventstreffen in unserem Haus zeigte ich auf Wunsch eines Nachbarn unser Hochzeitsfoto vor der Kirche. Papa, alle unsere Verbündeten sind auf diesem Bild zu sehen: die Familienangehörigen aus Bottrop und Irmgardeichen, die Freundinnen und Freunde, die PSK-Freunde aus der Maria Hilf-Kirche in Frankfurt, die Männer des Stammtisches mit ihren Frauen und nicht zuletzt auch Gäste aus dem Dorf selbst. Unser eritreischer Nachbar und Familienvater kam aus dem Staunen nicht mehr heraus und wollte noch viel mehr zum Verlauf unserer Hochzeitsfeier hören. Ich erzählte ihm gerne anhand eines kleinen Fotoalbums noch einiges von der sich nach dem Gottesdienst anschließenden Feier. Ebenso interessiert schaute sich meine Freundin Angela Spindler die Hochzeitsbilder an und sagte anlässlich meiner neuen Rentenzeit: »Gregor, mindestens einmal im Jahr will ich Dich sehen!« Angela, Papa, ist eine Freundin aus den Anfängen meiner Seelsorgezeit in der Uniklinik. Sie arbeitete damals als Sozialarbeiterin mit mir in der Kinderklinik. Ich konnte ihr nur zustimmen, da ich sie nicht nur unverändert gerne habe, sondern mir auch der aktuelle Erfahrungsaustausch mit Angela guttut. Gleichzeitig wurde mir wieder deutlich, Papa, wie rasant die Monate vorbeiziehen, ohne mit ihr ein Treffen ausgemacht zu haben. Da ist es besser, gleich feste Jahrestermine mit entfernteren Freund*innen festzulegen, um sich auch bestimmt wiederzusehen.

Völlig überrascht war ich im Herbst 2010 über den Anruf von Roswitha Wogenstein: »Gregor, du gehst doch jetzt in Rente. Ich plane einen neuen KSA-Kurs in Lehnin bei Brandenburg. Hatten wir uns 1993 nicht versprochen, wieder einmal einen Sechs-Wochen-Kurs gemeinsam zu leiten?« Ich freute mich auf die erneute Zusammenarbeit mit Roswitha. Dieser Ort Lehnin, in der Mark Brandenburg gelegen, schreibt sich mit »h« und geht auf eine alte Zisterzienserabtei aus dem Jahre 1180 zurück. Heute noch ist dort ein altes ehrwürdiges Gemäuer aus dieser Zeit erhalten, in dem sich unser Seminarraum befand. Trotz aller Anstrengungen, Papa, die ein KSA-Langzeitkurs aufgrund der verschiedenen Persönlichkeiten mit ihren unterschiedlichsten biographischen Hintergründen mit sich bringt, konnte ich durch die Begegnung mit den Teilnehmer*innen für mich selbst viel lernen.

Auf einer Tagung des katholischen KSA-Arbeitskreises 2013 in Mainz sagte mir ein Kollege: »Gregor, die NRW-Bistümer brauchen einen Lehrsupervisor für ihre Krankenhaus-Seelsorgeausbildungen. Ich lege meinen Auftrag dort nieder. Hast du nicht Lust, mit der jungen Essener Kollegin Petra Kerperin zusammenzuarbeiten? Petra ist in der Supervisionsausbildung und darf allein noch keine KSA-Kurse leiten. Du bist doch in Rente.« Die Seelsorgebeauftragten der drei Bistümer luden mich zum Kennenlerngespräch ein und erteilten mir eine Woche später den Auftrag, mit Petra ihre Krankenhausseelsorger*innen auszubilden. Im August 2014 begann in Essen, Papa, unserer gemeinsamen Heimatstadt, im ehemaligen Priesterseminar, dem heutigen Kardinal-Hengsbach-Haus, unser erster fraktionierter 12-Wochen-KSA-Kurs. Die ersten sechs Wochen fanden in landschaftlich wunderschöner Umgebung auf einem Hügel über dem uralten Stadtteil Essen-Werden statt. Den zweiten Kursteil leiteten wir im Frühjahr 2015 im Haus der Diakonie und Pastoral des Bistums Münster nahe der Innenstadt. Petra und mir machte es Freude, die Kursteilnehmer*innen über Praxis und Theorie der KSA zu qualifizieren und alle zum zertifizierten Abschluss zu führen. Von unserem Leitungsstil überzeugt, baten uns die Bistumsbeauftragten gleich, einen Anschlusskurs zu leiten. In Frankfurt zurück, wartete schon mein KSA-Freund Winfried Hess auf mich, um mit mir zusammen einen interreligiösen Sechs-Wochen-KSA-Kurs zu leiten. Statt auf Burkhard zu hören: »Gregor, mach doch mal Rente, mach doch mal Pause. Geh schön Spazieren, ins Café oder wieder einmal ins Kino!«, nahm ich auch diese ganz neue Kurs-Herausforderung gerne an. Für Burkhard war es beruhigend zu wissen, dass der größte Teil der Ausbildung in Frankfurt und nur drei einzelne Klausurwochen im Kloster Salmünster bei Fulda stattfanden. In der Kursvorbereitung gelang es Winfried und mir, eine Buddhistin zu gewinnen, die mit einer Muslima und uns beiden das Kurscurriculum erstellte.

Im Herbst 2015 erhielt ich von der Diakonie den Auftrag, eine monatliche Gruppensupervision für Mentor*innen von Flüchtlingen zu leiten. Es war für mich spannend, von diesen ehrenamtlichen Männern und Frauen, von ihren Erfahrungen in der Begleitung von Flüchtlingen vor allem aus Afrika und dem Vorderen Orient zu hören. Sie hatten zuvor die einjährige Ausbildung zu den Themen »Kommunikation und Beratungskompetenz«, »Angebote in der Stadtgesellschaft für Zugewanderte«, »Integration, Recht und Politik« und »Selbstreflexion« absolviert. Als »Rainbow Refugees« von meiner Arbeit in der evangelischen Flüchtlingsinitiative erfuhr, baten sie mich, die Verantwortlichen ihrer Organisation monatlich an einem Abend zu supervisieren. Ich sagte gerne zu, da ich mich mit den Zielen von »Rainbow Refugees«, die sich für den Schutz und die Integration von schwulen, lesbischen, bisexuellen und transgeschlechtlichen Geflüchteten einsetzen, als schwuler Mann besonders verbunden fühle. Wie ich Dir, Papa, mehrmals berichtete, sind lesbische, schwule, bisexuelle oder transidente Menschen in ihren Herkunftsländern vor allem in Osteuropa, Asien, Arabien und Afrika mehrfach lebensgefährlich bedroht. Als Flüchtlinge, selbst wenn sie hier in Deutschland angekommen sind, werden sie von ihren eigenen Landsleuten und Familienangehörigen attackiert. Einige fühlen sich zusätzlich zu ihren Traumata der Flucht permanent bedroht, da sie mit Denunziation nicht nur hier, sondern auch in ihrer Heimat rechnen müssen, wenn ihre sexuelle Identität bekannt wird. Das Outing ihrer Person hat nicht nur für sie, sondern auch für ihre Familien manchmal den sozialen Tod zur Folge, wie durch einige Vorfälle in Ägypten bekannt wurde. Erfreulicherweise hat die Stadt Frankfurt »Rainbow Refugees« deshalb ein eigenes Wohnheim für ihre Betreuten zu Verfügung gestellt.

Parallel zur Flüchtlingsarbeit gehe ich, Papa, nach wie vor ins Gefängnis, diesmal im Auftrag des PSK. Bin ich doch Dein über einer Gefängniszelle geborener schwuler Sohn. Ein Liebespaar, Sebastian und Gabriel, hatte sich im Herbst 2005 über den katholischen Gefängnisseelsorger an uns im PSK mit der Bitte um seelsorgliche Begleitung gewandt. Gerne übernahm ich von unserem Diakoniekreis den Auftrag, die beiden monatlich in der JVA Diez zu besuchen. Dort hörte ich von ihrem ernsthaften Verlangen, sich zu verpartnern. Mit Hilfe meines HuK-Freundes Manfred Bruns gelang es mir, für Sebastian und Gabriel über einen Notar im Sommer 2006 einen Partnerschaftsvertrag zu vermitteln. Verwaltungs- und Notarkosten wurden aus Kollektengeldern des PSK-Gottesdienstes bestritten. Ein halbes Jahr später lud das Paar die katholische schwule Gemeinde in die JVA zu ihrer Feier der standesamtlichen Partnerschaftseintragung ein. Mit der Unterstützung von Anstaltsbediensteten gestalteten sie an diesem Tag ein schönes Fest, an dem Personal aus der JVA, ein weiterer Häftling, ein mit ihnen befreundeter Pfarrer und fünf Gäste vom PSK teilnahmen. Andere PSK-Mitglieder, die nicht kommen konnten, schickten eine Glückwunschkarte. Neben Segenswünschen zitierte das Paar folgende Stelle aus dem ersten Korintherbrief: *Jetzt aber leben wir mit Vertrauen, Hoffnung und Liebe, diesen drei Geschenken. Und die größte Kraft von diesen dreien ist die Liebe.* Für die überwiegend katholischen Anstaltsbediensteten aus dem Westerwald war die Präsenz der PSK-Mitglieder an dieser außergewöhnlichen »Hochzeitsfeier« besonders wichtig: Erstmalig erlebten sie die Solidarität christlicher schwuler Männer untereinander.

Ohne rückfällig zu werden, begann Sebastian nach Diez und mehrjährigem Aufenthalt in der Sozialtherapeutischen Anstalt Ludwigshafen ein neues Leben in Freiheit. Als Gabriel von den Therapieerfolgen seines Partners hörte, wünschte auch er, einmal aus der JVA Diez dorthin verlegt zu werden. Endlich, Papa, erhielt er nach langjähriger Wartezeit in diesem Sommer einen Therapieplatz in Ludwigshafen. Zeitlich ist die Zugfahrt von Frankfurt nach Ludwigshafen für mich nicht weiter als nach Diez.

Wie Du, Papa, zu Beginn dieses Briefes gesehen hast, bin ich wieder im Kloster St. Matthias in Trier angekommen. Schon öfters habe ich Dir in meinen Briefen von dem erholsamen Aufenthalt hier berichtet. Wie mit Außenseitern, Kranken, Gefangenen und Flüchtlingen habe ich ein lebenslanges Verlangen, zeitweise auch unter Ordensleuten zu leben, bin ich doch insgeheim ein Kleiner Bruder Jesu geblieben. Gerade in der Adventszeit entspanne ich mich dort in der Ruhe des großen Klostergeländes. Ich nehme Abstand vom Alltag, vom Treiben der Großstadt, den Freund*innen und auch vorübergehend von Burkhard. Ich lebe in der Abtei St. Matthias in der Hoffnung, nach meinem Aufenthalt wieder umso erholter und spirituell, körperlich wie psychisch gestärkt in Frankfurt präsent zu sein. Sicher bin ich bedürftig und sehr dankbar, mit meinen Anliegen und allen mir Verbündeten in das Chorgebet der Mönche mit aufgenommen zu sein. Gerne gehe ich meditativ durch das lange Kirchenschiff, lasse meine Augen durch den vielfältig gestalteten Raum schweifen und nehme den weihrauchgeschwängerten Duft der uralten, leicht morbiden, großen Abteikirche aus dem Gründungsjahr 1148 wahr. Meine Mitfeier der Gottesdienste und das Mitsingen der Gregorianischen Gesänge der Mönche, die mir, Papa, tief unter die Haut gehen, erfüllen mich für ein ganzes Jahr. Der Benediktinerregel »Beten und Arbeiten« entsprechend, vermag ich im Kloster beides zu verbinden: die Teilhabe am Gebetsleben der Mönche mit dem Studium der jeweils aktuell mitgebrachten Unterlagen.

Als die Mönche 1992 von meiner gerade entstandenen Freundschaft mit Burkhard erfuhren, luden sie ihn sogleich für das darauffolgende Jahr zu einem mehrtägigen Aufenthalt in die Abtei ein. Ich war glücklich, ihm alles in dem altehrwürdigen Kloster zu zeigen, seinen halb verwilderten Garten mit der Wasserfontäne und die Mosellandschaft drum herum. Während seines Studiums der Liturgie und Sakralarchitektur am Deutschen Liturgischen Institut in Trier war er ein gern gesehener Gast dort. Sein damaliger Mentor Artur Waibel erzählte ihm von der langjährigen, guten liturgischen Zusammenarbeit seines Instituts mit der Abtei St. Matthias. 2005 gratulierten die Brüder Burkhard zu seinem erfolgreichen liturgischen Abschluss. Damals, Papa, hätte ich nicht gedacht, dass ich, seinem Vorbild folgend, selbst Anfang der 2010er Jahre an diesem Institut mit Hilfe seines Mentors Artur Waibel für meine zweite Doktorarbeit: »schwul+katholisch« zum Schwerpunktthema »Gottesdienst« studieren sollte.

Über die HuK lernte ich neben dem klösterlichen das schwule Trier mit seinen Cafés, Lokalen wie die weit über Trier hinaus beliebte schwule Gaststätte »Palette« und das queere Kulturzentrum »SCHMIT-Z« mit seinen vielfältigen Gruppen kennen. Als ich im Mai 2014 von der dort beheimateten Gruppe OASE zur Buchlesung »schwul+katholisch« eingeladen war, freute ich mich, in der Abtei St. Matthias Hinweise zu dieser Veranstaltung zu entdecken. Der neue, stets sympathisch lächelnde Gastbruder Daniel Blau war auf meine Anfrage hin sogleich bereit, an diesem Abend einige Textstellen von interviewten PSK-Mitgliedern vorzutragen. Für die zahlreichen Gäste war es belebender, neben meiner auch noch eine andere Stimme zu hören. Papa, selbst mein Mentor vom Deutschen Liturgischen Institut, Artur Waibel, war mit seiner Frau zu diesem Abend ins SCHMIT-Z gekommen. Ein Jahr nach unserer Buchlesung ließ sich Bruder Daniel von mir für das Projekt einer Seelsorgestelle mit und für Schwule und Lesben im Bistum Trier begeistern. Inzwischen gibt es im bischöflichen Ordinariat vierteljährlich einen runden Tisch von Bistumsangehörigen, Schwulen, Lesben und Transmenschen. Bei der letzten Sitzung sind für 2019 konkrete Schritte zu den Themen »Theologische Fragen/queere Theologie«, »Queeres Gottesdienstangebot«, »Arbeit des runden Tisches öffentlich machen« und »Pädagogische Angebote zu theologischen und kirchenrechtlichen Fragen im Zusammenhang mit LGBTI*« entstanden. Leider verabschiedet sich Bruder Daniel im kommenden Februar aus Trier, um neue Aufgaben in der Abtei Huysburg zu übernehmen. Zusammen mit ihm habe ich dieser Tage Ausschau nach einem adäquaten Nachfolger am queeren runden Tisch im Bischöflichen Ordinariat gehalten.

Von einem besonderen Erlebnis in der Abtei St. Matthias möchte ich Dir ebenfalls noch berichten. Während meiner Seelsorgearbeit auf der AIDS-Station fragte mich der Patient Norbert Norden: »Sie erzählen so begeistert von Ihren Klosteraufenthalten in Trier. Meinen Sie, ich könnte auch einmal als Gast dort einige Tage verbringen? Bevor Sie mich beerdigen, möchte ich nochmals geistlich auftanken. Vielleicht finde ich dort einen Pater, mit dem ich über die Probleme mit meiner dominanten Mutter reden kann.« Die Brüder luden ihn herzlich ein. Gleich im darauffolgenden Sommer verbrachten wir einige Tage in der Abtei. Obgleich schwerkrank war Norbert so positiv von der Klosteratmosphäre und seinen Gesprächen mit den Mönchen angeregt, dass er kurz vor seinem Tod zu Weihnachten 1991 mit mir ein zweites Mal nach Trier fuhr. Ich war im Nachhinein erleichtert, dass er, diesmal als Pilger, die Abtei St. Matthias ein zweites Mal erleben konnte.

Mir, Papa, wurde während dieser Adventstage in der Abtei wieder einmal bewusst, wie sehr Kontemplation und seelsorgliche Aktion und die frohe Botschaft Jesu wie die beiden Seiten einer Medaille zusammengehören. In der halbdunklen Kirche am Sonntagnachmittag – die letzten Pilger hatten die Krypta verlassen – kam mir das Gedicht »Zusammenhang« von Rose Ausländer in den Sinn: *Ohne mich wäre alles anders/Die Erde denkt durch mich/Mein Licht schenke ich den Sternen/In den Bäumen rauscht meine Sehnsucht/Meine Seele wogt im Meer/Ich/ein Stäubchen Stoff/ein Fünkchen Geist.* In meditativer Stimmung ließ ich dankend noch einmal einige Erlebnisse der letzten Jahrzehnte an mir vorbeiziehen, bis auch ich den inzwischen dunkel gewordenen Kirchenraum verließ. Innerlich spürte ich, Papa, dass diese Stadt Trier mit der Abtei St. Matthias als Pilgerort nach Essen, Besançon, Freiburg und Frankfurt für mich ein fünftes Zuhause geworden ist.

War das erste Jahrzehnt des neuen Jahrhunderts vom Schreiben über unser PSK geprägt, so forderten mich in diesem schon wieder zu Ende gehenden zweiten Jahrzehnt viele Einladungen zu Lesungen in verschiedenen Städten heraus. Genau vor sechs Jahren, im Herbst 2013, hatte ich zur Frankfurter Buchmesse meine erste Lesung aus »schwul+katholisch« in der vollbesetzten schwulen Buchhandlung »Oskar Wilde« gehalten. Trotz intensiver Vorbereitung war ich, Papa, ziemlich aufgeregt, wie die Veranstaltung laufen würde. »Wie geht das, schwul und katholisch, trotz der unveränderten homophoben Haltung der Amtskirche?«, »Könnt ihr euch überhaupt trauen, euch als Katholiken in der lesbisch-schwulen Community zu outen?«, »Was ist das Geheimnis, dass ihr jetzt schon 21 Jahre im PSK ununterbrochen Gottesdienst feiert?« – das waren nur einige der vielen Fragen, die an diesem Abend heiß diskutiert wurden. Leider musste der Besitzer Harald Eck diesen beliebten Frankfurter LGBTI*-Buchladen aufgeben, da wegen der neuen digitalen Medien immer weniger Kunden kamen. Ich, Papa, ärgere mich heftig über das Kaufverhalten der Schwulen, Lesben und Transidenten, die ihre Bücher nur noch elektronisch bestellen und dadurch ihre einzige kommunikative schwule Fachbuchhandlung in Frankfurt verloren haben.

Ermutigt durch die vielen Auftritte, etwa bei den Jahrestagungen der HuK, der AG Schwule Theologie und der LSGG, nahm ich die Anfrage der Basisinitiative »Wir sind Kirche« gerne an, bei ihren Veranstaltungen »am Jakobsbrunnen« auf den Kirchen- und Katholikentagen in Regensburg, Stuttgart und Leipzig aus meinem Buch zu lesen. Allein in diesem Jahr hatten mich gleich drei Katholische Hochschulgemeinden in

Mannheim, Marburg und Kaiserslautern sowie das Lesben- und Schwulenreferat der Freiburger Universität eingeladen, unsere PSK-Gottesdienst- und Seelsorgepraxis auch in die katholische akademische Öffentlichkeit zu tragen. Oder um mit den Worten Harvey Milks zu sprechen: »Nur durch Outing und Begegnung in der Öffentlichkeit wie am Arbeitsplatz und in Familienkreisen werden wir einen bleibenden Stand in der Gesellschaft erreichen.« So hoffte ich, durch meine Auftritte einen emanzipatorischen Teil dazu beitragen zu können. Allein durch beharrliche Gespräche mit dem Rektor Ansgar Wucherpfennig SJ war es gelungen, an seiner Philosophisch-Theologischen Fakultät St. Georgen die Veranstaltung »lesbisch sein, schwul sein, katholisch sein« im Herbst 2017 zu realisieren. Unter den zahlreichen Gästen – der Hörsaal war voll –, freute ich mich besonders, den dem PSK wohlwollend verbundenen Frankfurter Stadtdekan Johannes zu Eltz zu sehen. Als ich dann im KSA-Kurs Lehnin vom Erscheinen meines Buches »schwul+katholisch« erzählte, schlug mir der teilnehmende Flughafen- und Krankenhausseelsorger Wolfgang Felber SJ vor, dass sein Mitbruder Peter Knauer in Brüssel eine Rezension in der Jesuitenzeitung schreiben könnte. Wie es sich manchmal so trifft, Papa, kannte Wolfgang Felber als damaliger Hausleiter in Brüssel meinen Hochschullehrer, der sich nach seiner Pensionierung als ehemaliger Fundamentaltheologe in Frankfurt dort im Konvent niedergelassen hatte. Wir waren beide bewegt, wieder voneinander zu hören. Auch mein Mentor, Artur Waibel, vom Deutschen Liturgischen Institut in Trier schrieb zu meiner Überraschung im »Liturgischen Jahrbuch« über die Bedeutung meiner Arbeit für die Kirche unter anderem folgende Worte: *Fallstudienartig gewährt die vorliegende Arbeit Einblick in eine gesellschaftliche und kirchliche Wirklichkeit, die weithin verdrängt wird. Die Fülle des Materials und das oft leidenschaftliche Engagement des Autors stellen Fragen an die bestehenden Ordnungen und fordern auch die Liturgiewissenschaft heraus, sich mit dem Phänomen basiskirchlicher Sondergruppen und ihren Gottesdiensten zu befassen.*

Mit diesen Worten von Artur, die mir in meinem schwulen Engagement
an Burkhards Seite Hoffnung und Kraft geben,
will ich mich für heute von Dir, lieber Papa,
mit einem herzlichen Gruß verabschieden

Gregor

Brief über die Patenschaft

Frankfurt am Main, 9. November 2019

Lieber Papa,

mit großer Aufmerksamkeit und Zustimmung hörten Burkhard und ich heute vor genau einem Jahr im Fernsehen die Rede von Bundeskanzlerin Angela Merkel. Sie sprach anlässlich der Pogromnacht vor 80 Jahren in der Berliner Synagoge Rykestraße.

Im Artikel der Süddeutschen Zeitung las ich dazu folgende Worte, die auch ganz meinen Befürchtungen entsprechen: *Sie* [Die Bundeskanzlerin] *verweist auf die Tatsache, dass »immer schon gehegte Vorurteile nun ungestraft in offene Gewalt umschlagen« könnten. Merkel nennt die AfD [die neue Partei im Bundestag] nicht ein einziges Mal beim Namen. Aber je länger die Kanzlerin redet, desto klarer wird, dass sie die Vergangenheit auf die Gegenwart überträgt. Nicht indem sie sie gleichsetzt, aber indem sie an schleichend alles vergiftende Wirkmächte erinnert.* Und diese vergiftenden Wirkmächte, Papa, haben, auch, was uns schwule Männer betrifft, nicht erst mit der nationalsozialistischen Zeit begonnen. Mit Beginn meiner Briefe an Dich begann ich, mein Unwissen zu diesen historisch bedeutsamen Jahren ein wenig aufzuhellen. Also habe ich im vorletzten Jahr intensiv in der Fachliteratur und in verschiedenen Militär-, Bundes-, Landes-, und Stadtarchiven über das Verhalten der Polizei in der Weimarer, Nationalsozialistischen-, und Bundesrepublikanischen Zeit gesellschaftlichen Minderheiten gegenüber geforscht, da ich mich mit all den Menschen, vor allem meinen Freund*innen, Familienangehörigen und schwulen Zeitzeugen, die vor mir gelebt haben, verbunden fühle.

Das war im Sommer 2018. Da habe ich begonnen, auch wenn es für mich schmerzlich ist, auf die ungeheuren Verbrechen meiner Vorfahren gegen die Menschlichkeit noch einmal neu zu schauen. Klar ist mir, Papa, dass diese Schandtaten des deutschen Volkes weiter in meinem Unterbewusstsein wirken, aber sich verändern, da ich begonnen habe, mich ihnen bewusst zu stellen. Es tut weh, von den Gräueltaten unzähliger deutscher Bürger nicht nur an uns Schwulen, Lesben und transidenten Menschen in der Vor- und Nachkriegszeit zu hören. Als Dein schwuler Sohn will ich Verantwortung übernehmen und vor Ort mitwirken, dass uns und anderen Minderheiten nie mehr Menschenrechte abgesprochen werden. Oft frage ich mich: Hätte ich in der Zeit von 1933 bis 1945 anders gehandelt? Ich glaube, Papa, dass wir das Schweigen über die Verbrechen unserer Vorfahren mit Hilfe von konkreten historischen Ereignissen und Dokumenten von Zeitzeugen brechen können und sollten. Neben den geschichtlichen Geschehnissen ist mir die Darstellung persönlicher Schicksale aus dieser Zeit besonders wichtig. Ich bin für die nun in vielen Städten errichteten Mahnmale dankbar, die an alle Opfergruppen erinnern, insbesondere für die Holocaust-Gedenkstätte am Brandenburger Tor. Denke ich an meine Kinder- und Jugendzeit zurück, waren Berichte von jüdischen Kindern, Frauen und Männern in unserer Familie ein absolutes Tabu. So hatte ich damals als Kind zu Hause natürlich nichts von meiner Sympathie zu Joshua und Samuel auf dem Schulhof erzählt. Warum eigentlich nicht? War es doch gerade erst zwei Jahrzehnte her, dass in allen deutschen und europäischen Gebieten unvorstellbare Verbrechen an der jüdischen Bevölkerung unter den Augen ihrer christlichen Nachbarn begangen worden waren. Ich schreibe bewusst »christliche Nachbarn«, da Juden genauso wie Christen Deutsche waren. Hier beginnt mit der Etikettierung »Jude« für mich schon die bewusste diskriminierende Ausgrenzung. Als schwuler Mann erlebe ich diese genauso in der unveränderten gesellschaftlichen Etikettierung als

»Homosexueller« – als hätte das allein etwas mit Sex zu tun. Weder Mama und Du, noch Marlene und Christiane werden in der Öffentlichkeit als Heterosexuelle bezeichnet. Somit, Papa, sind wir auch im 21. Jahrhundert weiterhin als mögliche Opfergruppe erkennbar, ebenso wie Juden. Beide Opfergruppen wurden schon im Mittelalter auf dem Scheiterhaufen verbrannt, oftmals unter aktiver Mithilfe der heimischen Bevölkerung. Schwule Männer wie jüdische Personen und andere Minderheiten mussten als Sündenböcke für Kriege, Hungers- und Naturkatastrophen oder Epidemien wie die Pest herhalten.

In Darmstadt wurde 2015 der erste Stolperstein für einen schwulen Mann gelegt. »Stolpersteine« ist das Projekt des Künstlers Gunter Demnig. Anfangs wurden die Stolpersteine zuerst allein für jüdische Personen – ermordete Kinder, Frauen und Männer – verlegt. Vor einigen Jahren dann, Papa, gelang es der schwulen Regionalgruppe HuK-Darmstadt über einen Stolperstein an den ermordeten 43jährigen schwulen Theologen Heinrich Orlemann zu erinnern, ihn zu würdigen und ihm öffentlich sein Ansehen zurückzugeben. Vor seinem früheren Wohnhaus steht auf dem Gedenkstein, einer kleinen, golden leuchtenden Messingtafel, die im Bürgersteig eingelassen ist:

HIER WOHNTE HEINRICH ORLEMANN
JG 1909
VERHAFTET 1935/VERURTEILT § 175
GEFÄNGNIS DARMSTADT
ENTLASSEN 1939
1941 SACHSENHAUSEN/ERMORDET 11.7.1942

Von seiner Landeskirche, der heutigen Evangelischen Kirche in Hessen und Nassau (EKHN), wurde Orlemann nicht in Schutz genommen. Vielmehr geht aus den Akten im Archiv der EKHN hervor, dass man nicht bereit war, Orlemann in den kirchlichen Dienst zu übernehmen, nachdem er das erste Mal wegen seiner Homosexualität gerichtlich verfolgt worden war. Ich selbst, Papa, ließ mich von der »Frankfurter Initiative Stolpersteine« Anfang dieses Jahres direkt ansprechen. In unserem Gemeindebrief PSK war ihr Aufruf nach Übernahme von Patenschaften zum Gedenken an die schwulen Opfer des Nationalsozialismus veröffentlicht worden. Von den drei noch zur Verfügung stehenden Namen nahm ich den 57jährigen Jakob Kahn, den auf der Liste Erstgenannten. Vielleicht stellvertretend für Dich – soweit ich überhaupt von Stellvertretung sprechen kann – fühlte ich mich geehrt, einen solchen Stolperstein zu erwerben und damit auch die mit diesem Stolperstein verbundene Person trotz der Ermordung durch die Nazis heute in Würde wieder auferstehen zu lassen. Es geht darum, »mit dem Blick zurück nach vorne zu schauen«, wie der ehrenamtliche SPD-Stadtrat Eugenio Munoz del Rio in diesem Jahr beim »Abend der Begegnung« der Stolperstein-Initiative im Haus der Henry und Emma Budge-Stiftung sagte.

Ja, Papa, ich bin wieder Pate geworden, aber diesmal nicht bei einem Kind, sondern bei einem schwulen Mann. Ich war aufgewühlt zu hören, dass Jakob Kahn als Jude und Homosexueller gleich doppelt diskriminiert wurde, und fühlte mich einmal mehr an Dorothee Sölles erinnert: *Christus war der, der den gelben Stern und das rosa Dreieck trug*. Im diesem Jahr, am Samstag, den 22. Juni 2019, dem Tag der Taufe Deiner Urenkelin Clea Marlene, standen Burkhard und unsere Freunde Georg und Antonio beim Festakt auf der Allerheiligenstraße 26 vor dem letzten Wohnsitz Jakob Kahns als Zeugen dabei, als die »Initiative Stolpersteine Frankfurt am Main« den ihm zugedachten Stolperstein legte. Dazu wurde eine feierlich-nachdenkliche Musik gespielt.

Eingelassen in den Bürgersteig steht auf dem Gedenkstein:

JAKOB KAHN GEBURTSDATUM 5.11.1882
HAFT: 10.4.1937 UND 2.5.1939
VERURTEILT §175
F-PREUNGESHEIM 13. Juli 1939. DIEZ 8.2.1940
SACHSENHAUSEN TODESDATUM: 12.4.1940

Wie Du selbst weißt, Papa, wurden viele Beamte, Staatsanwälte und Richter, aber auch Kleriker und Politiker, die schon mit Worten und Taten unter den Nazis Männer liebende Männer verfolgt und des Verbrechens angeklagt hatten, in der BRD sofort wieder in die gleichen Positionen eingesetzt. Darüber hinaus wird mir klar, dass ich nicht wegen meiner Geburt über einer Polizeizelle, nicht wegen meiner vielen Widerworte als Kind, nicht als Jugendlicher meines vielen Beichtens und nicht meiner permanenten Schuldgefühle wegen auf Seiten der Benachteiligten, Kranken, Gefangenen, Migranten, Totalverweigerer und aller zu Unrecht verfolgten Schwulen, Lesben und Transidenten stehe, sondern weil ich einer von ihnen bin, mit allen meinen Schwächen und Stärken. Heute befreie ich mich von meinen persönlichen Schuldgefühlen, von denen ich Dir mehrmals berichtete. Heute werfe ich die mir von meiner Kirche zugeschriebene Sündenlast als schwules Kind, schwuler Jugendlicher und Familienmensch ganz erleichtert von meinen Schultern ab.

Vielleicht wird auch einmal ein Generalbundesanwalt zu den Verbrechen, die in der BRD an uns schwulen Männern begangen wurden, im Rahmen eines Wiedergutmachungsprozesses in Anlehnung an die Aussage Fritz Bauers anlässlich der Auschwitz-Prozesse sagen: »Hier stehen nicht nur einige angeklagte Täter, sondern heute stehen 50 Millionen Deutsche vor Gericht.« Nicht, Papa, um meine Mitbürger anzuklagen, habe ich diesen Wunsch, sondern um das kollektive soziale und kulturelle Schuldbewusstsein der Deutschen Schwulen, Lesben und transidenten Menschen gegenüber anzusprechen. Ich wünsche mir, dass die Gesellschaft aus den damals begangenen Verbrechen lernt und den Opfern gegenüber Verantwortung im Bewusstwerden ihrer Taten übernimmt, damit über eine Wiedergutmachung hinaus in Europa nie mehr marginalisierte Gruppen entmenschlicht werden. Mahnmale wie die Tafel am ehemaligen schwulen Lokal »Eldorado« in Essen, von dem ich Dir, Papa, schon berichtet habe, sind ein erster wichtiger Schritt.

Jagd auf uns Schwule wie in der Weimarer, Nazi- und bundesrepublikanischen Zeit ist heute in einigen Ländern Osteuropas selbstverständlich und nicht nur in Saudi-Arabien und einigen afrikanischen Ländern sogar tödlich. Und hier, Papa, in unserem Land, hat sich eine rechtsgerichtete Partei, die AfD (Alternative für Deutschland), etabliert, die »traditionelle« Familienwerte und Deutschtümelei hochschätzt und gleichzeitig gegen die errungenen Rechte von Schwulen, Lesben und Transidenten wettert. Schon heute haben die Überfälle auf Juden und Schwule in Deutschland zugenommen. Noch immer bezeichnet uns die römisch-katholische Kirche, was einvernehmliche sexuelle Handlungen angeht, per se und ohne Unterschied als Sünder. Daher war ich nicht überrascht, als vor einigen Jahren in der ARD-Talkshow »Anne Will« der Essener Bischof Franz-Josef Overbeck ganz unbefangen uns Männer liebende Männer generell als Sünder bezeichnete. Gott sei Dank war die Empörung der Bevölkerung des Ruhrgebiets und in allen Tageszeitungen entsprechend groß, sodass Bischof Overbeck sich wenige Tage später entschuldigte. Dennoch kann ein humaner gesellschaftlicher Umgang mit uns nur entstehen, Papa, wenn wir die diskriminierenden Taten unserer Vorfahren – hier allen voran die der jüngsten Geschichte – enttabuisieren und daraus lernen. Durch das Aufkommen nationalistischer und rassistischer Gruppierungen in Deutschland ist unsere Liebe wieder bedroht. Im Sommer dieses Jahres wurde einem beliebten, pädagogisch hoch geschätzten Lehrer gegen den Willen der Schüler*innen und der Elternschaft von seiner katholischen Schule im Bistum Münster gekündigt, da er öffentlich zur Liebe zu seinem Partner stand. »Wehret den Anfängen«, sagte der spätere Kirchenpräsident der Evangelischen Kirche in Hessen und Nassau, Pastor Martin Niemöller.

Erst kürzlich, Papa, am 11. Oktober 2018, stellte die neue Über-10%-Partei AfD den Antrag im Bundestag, die Ehe für alle abzuschaffen, da sie gegen das Grundgesetz verstoße. Ulle Schauws und Sven Lehmann, Sprecher der Grünen Bundestagsfraktion, sagten dazu: *»Es ist eine Offenbarung: Die AfD zeigt ihr hässliches Gesicht und will uns in die Zeiten zurückversetzen, in der die Liebe zwischen zwei Frauen oder zwei Männern gesetzlich diskriminiert wurde. Ein Jahr nach Inkrafttreten der Ehe für alle, ein Jahr nach Tausenden gleichgeschlechtlicher Hochzeiten will diese Partei den Menschen ihr Glück wieder nehmen. Das ist schäbig und zynisch.«* Dank dieser couragiert auftretenden Frauen und Männer der Grünen Partei habe ich wieder Hoffnung, dass sich diese familienpolitisch rückwärtsgerichteten Bevölkerungsgruppen am Ende doch nicht wieder durchsetzen werden. Über Deine dienstlichen Begegnungen in der Weimarer, Nazi- und BRD-Zeit mit Lesben, Schwulen, transidenten, queeren und intersexuellen Menschen ist mir mit Ausnahme Deiner Bezeichnung »die 175er« nichts bekannt, worauf ich mich hätte beziehen können. Allein Deine Sympathie und Bewunderung für Erich Wecker, unserem Karnaper Nachbarn, bei seinen Ballettaufführungen in unserer Küche Ende der 1950er Jahre habe ich noch gut in Erinnerung. War Erich doch der erste mir damals noch unbewusst/bewusst homosexuelle Mann, dem ich in meinem Leben begegnet bin. Wie oft, Papa, habe ich Dein Mitempfinden erleben dürfen, wenn es meinen schwulen Freunden schlecht ging. Ausnahmslos war ein jeder bei Dir zu Hause willkommen. Ob Du manchmal in ihnen Deinen künstlerisch talentierten Bruder Gregor wiederentdeckt hast? Sehe ich ihn auf dem Foto im gestreiften Anzug elegant gekleidet und höre von Tante Friedel von seinen gefeierten Auftritten als Musiker in Essener Nachtlokalen wie dem

»Casanova«, so kann ich ihn mir gut als schwulen Künstler vorstellen. Gibt es doch in jeder größeren Verwandtschaft mindestens einen schwulen Onkel oder eine lesbische Tante. Manchmal sogar, wenn auch versteckt, beide zugleich. Erst seit den letzten Jahren traut sich eine immer größere Zahl von Schwulen, Lesben und transidenten Personen, sich ihren Familien und ihren Verwandten gegenüber mit ihrer authentischen Orientierung zu zeigen.

Da ich im Gegensatz zu Deinen anderen Geschwistern von Onkel Gregor weder seinen Todestag noch seinen Geburtstag in meiner Familienstammbaumdarstellung hatte, fragte ich im letzten Jahr meine Schwester Christiane, ob sie mir nochmals alle Unterlagen von Dir geben könne. Tatsächlich, Papa, fand ich ein völlig vergilbtes Schulabschlusszeugnis von einem Heinrich Schorberger, der am 5. Juni 1923 in Essen-Altenessen geboren und am 24. März 1937 mit besten Schulnoten – die schlechteste Note war »gut«, sonst nur »sehr gut« und »lobenswert« – entlassen wurde. Papa, als 71jähriger glaubte ich meinen Augen nicht zu trauen. Konnte es sich hier tatsächlich um meinen Onkel Gregor handeln? Lautete sein »wirklicher Vorname« etwa Heinrich? Wenn ja, warum habt ihr den zeitlebens vor mir und allen Verwandten verschwiegen? Jetzt wundert es mich nicht mehr, dass mir die Auskunftsbehörde für vermisste Wehrmachtsangehörige (WASt) in Berlin keinen Hinweis auf einen gewissen, in Russland verschollenen Gregor Schorberger gefunden hatte. Sofort startete ich eine erneute Suchmeldung nach meinem Onkel, diesmal nicht nur bei der WASt in Berlin, sondern auch beim Roten Kreuz in München. Ich war voller neuer Hoffnung. Zu meiner großen Enttäuschung teilten beide Stellen mir aber mit, dass sie Deinen kleinen Bruder weder unter dem Namen Heinrich noch unter Gregor finden konnten, wobei das Rote Kreuz selbst in den Militärunterlagen in Moskau nach ihm geforscht hatte, wie man mir schrieb.

Deiner Devise »Wo ein Wille, da auch ein Weg« folgend, fragte ich im letzten Sommer beim Standesamt in Essen nach der Geburtsurkunde von Onkel »Heinrich« und erhielt tatsächlich das langersehnte Dokument. Dort stand schwarz auf weiß: »Gregor Heinrich Skorupa ist am 5. Juni 1923 um zwölfeinhalb Uhr vormittags in Essen-Altenessen geboren. Seit 1926 trägt er den Nachnahmen Schorberger.« Als Todestag war auf dieser Geburtsurkunde der 26. August 1943 eingetragen. Auf meine Frage, ob ich auch seine Todesurkunde einsehen dürfe, teilte mir die nette Archivarin mit, dass ich diese als Kopie im Essener Stadtarchiv erhalte. Laut der Namensgebung in der Geburtsurkunde war es doch ganz korrekt, Papa, dass Du und Deine Geschwister nur von Gregor sprachen, war dieser Vorname doch vor seinem Zweitnamen Heinrich und ohne Bindestrich geschrieben – und dennoch!

Gleich am anderen Tag war ich im Haus der Essener Geschichte/Stadtarchiv und erhielt tatsächlich die Sterbeurkunde des Grenadiers Gregor Heinrich Schorberger, versehen mit dem Zusatz, dass er in »Galtschinsky, östlicher Kriegsschauplatz«, im Alter von 20 Jahren gefallen sei. Aber wieso Galtschinsky? Galtschinsky, ein Ortsname, den ich nicht in meiner PC-Suchmaschine fand, klingt polnisch. Du aber, Papa, teiltest uns mit, dass Onkel Gregor in Russland gefallen ist, obwohl Deine Eltern und Geschwister Gregor als Musiker in Südfrankreich wussten. Sind Deinen Eltern in ihrer unermesslichen Trauer aufgrund dieser Todesnachricht nicht erhebliche Zweifel gekommen, was Land, Todesort und -zeitpunkt betraf?

Meine Zweifel an dieser von den Nazis vermutlich fingierten Sterbeurkunde, die ich postwendend im Zentrum für Militärgeschichte und Sozialwissenschaften der Bundeswehr in Potsdam auf Echtheit prüfen ließ, bestätigten sich. Am 23. September 2019 schrieb mir eine Fachreferentin aus Potsdam, dass »weder eine Ortschaft mit dem Namen Galtschinsky lokalisiert werden konnte, noch eine betreffende militärische Einheit, in der Ihr Onkel gedient haben könnte. Eine weitere Recherche über das Portal des Volksbund Deutscher Kriegsgräberfürsorge ergab ebenfalls keine Ergebnisse.« Demnach deutet vieles darauf hin, Papa, dass Onkel Gregor aufgrund von Denunziationen wegen seines möglichen Schwulseins oder wegen Desertion von den Nazis sofort getötet oder in ein Strafbataillon verlegt wurde. Wie bei vergasten körperlich und geistig behinderten Menschen oder wie bei meinem ermordeten »schwulen Patenkind« Jakob Kahn, der im KZ angeblich wegen einer Beinschwellung und einer Kreislaufschwäche zu Tode gekommen ist, sagt mir etwas, dass Onkel Gregors Sterbeurkunde von den Nazis nur als Schutzbehauptung und zur Beruhigung der Angehörigen geschrieben wurde. Aber vielleicht will Onkel Gregor gar nicht gefunden werden? Vielleicht, Papa, ist Onkel Gregor noch einmal eine ganz andere Person als die von mir vermutete?

In Gedanken an meinen Lebensweg mit allen Brüchen, Irrungen, Scheitern und Erfolgen
grüße ich Dich, Papa, heute in herzlicher Verbundenheit mit Onkel Gregor Heinrich
und meinem neuen »Patenkind« Jakob Khan

Dein Sohn Gregor

Brief über die Zeit als schwuler Aktivist

Frankfurt am Main, 1. Februar 2020

Lieber Papa,

heute, an Deinem 112. Geburtstag, drängt es mich, Dich zu Deinem Festtag zu beglückwünschen und Dir für unsere gemeinsame Zeit zu danken. Wie einen rasanten Erinnerungsfilm sah ich mir noch einmal die Inhalte meiner 19 Briefe an. Ja, Papa, dieser Brief wird vorerst der letzte an Dich sein.

Heute sehe ich viele Themen meiner Autobiographie gleich einem zusammengesetzten Mosaik als Ganzes vor mir, allerdings mit einer leeren Mitte. Auch wenn ich in diesen Briefen noch zahlreiche andere Themen wie Herkunftsfamilie, WG, Freund*innenkreise, Bildung, Berufe, Emanzipationsarbeit, Kirche, schwule Zeitzeugen und nicht zuletzt die Seelsorge angesprochen habe, so haben diese zwar einen inneren Zusammenhang, bleiben für mich aber Stückwerk. Manchmal, Papa, frage ich mich: Wer beziehungsweise was steht für diese leere Mitte? Steht sie für einen Ruhepol nach so vielen bunten, grauen und schwarzen Lebensereignissen? Oder steht sie für Gott als dem bewusst/unbewussten Adressaten meines Schreibwerkes? Trotz aller Erfolge und Niederlagen, Sonnen- und Schattenseiten, Abgründe, Depressionen bis hin zur Lebensresignation bin ich ein unvollständiger Mensch geblieben.

Auf Mamas gut gemeinte Aufforderung »Geh doch auch mal wie die andern Jungen zu Kolpingabenden!« hatte ich damals als Jugendlicher geantwortet: »Ich bin nicht wie andere Jungen. Ich bin, der ich bin!« Daher, Papa, erübrigt sich für mich die Frage: Wer bin ich? Als schwules Kind/Schüler/Jugendlicher war ich einfach anders als die anderen. »So wie du bist, bist du nicht gewollt!«, war eine bewusst/unbewusste Erfahrung, die einige Klassenkameraden in der Schule in ihrem Verhalten mir gegenüber unverhohlen zeigten. Und zu Hause, Papa? Natürlich bin ich auch wie meine Geschwister, Euer ganz natürliches Kind geworden, jedoch durch den gesellschaftspolitischen, kulturellen, heteronormativen Kontext bin ich von Anfang an »ein Anderer« geblieben. Als ganz normaler Mensch, Papa, bin ich auch durch Dich und Mama, durch Marlene und Christiane, durch Burkhard, durch verstorbene und lebende Familienangehörige, durch verstorbene und lebende Freund*innen, durch Liebhaber, durch Vorbilder, Lehrer, Vorgesetzte, Gegner, Kolleg*innen, Verbündete, Bedürftige und nicht zuletzt durch Jesus, meinen Freund, geprägt. Jesus und Eure auf mich übertragende Liebes- und Glaubenskraft ließ mich trotz aller Rückschläge immer wieder aufstehen. Kurz gesagt, ohne das »Du« wäre ich Nichts.

Zwar habe ich Dich, Papa, konkret als Adressaten meiner Autobiografie gewählt, und das ist gut so, dennoch sind viele andere Persönlichkeiten auch deshalb zu Adressaten geworden, weil ich mich in ihnen – wie in Onkel Gregor – mit meinen Lebensthemen spiegele. Für mich sind ihre Vor- und Zunamen wesentlicher Ausdruck ihrer Persönlichkeit. Heißt es doch in der Bibel: *Ich habe Dich beim Namen gerufen.* Ich habe Dir, Papa, von zahlreichen Begegnungen mit Menschen in unterschiedlichsten Milieus erzählt, und doch wurde mir bewusst, dass jeder noch einmal eine ganz andere Persönlichkeit ist, als ich sie aus meinem subjektiven Blick heraus Dir vorgestellt habe. Geborgte Identitäten sind auch die Inhalte meiner Briefe an Dich. Heute frage ich mich, Papa, was habe ich aus meiner Lebensgeschichte ausgewählt und warum? Was habe ich verschwiegen? Vollmundig erklärte ich Dir zu Beginn meiner Briefe: »Ich will Dir mein Leben erzählen.« Und doch stelle ich gegen Ende fest, dass alles Erzählte nur ein Fragment des Ganzen meines Lebens ist.

»Ihr beide habt hier in der Pfarrei Irmgardeichen/Netphen Ortsgeschichte geschrieben«, sagte ein Stammtischfreund Burkhards nach unserer kirchlichen Hochzeit. Unser selbstbewusstes, selbsttätiges und selbstverantwortliches öffentliches Auftreten als Liebespaar mit unseren Familien und Freund*innen in der Pfarrkirche St. Cäcilia 2013 hat auch auf dem Land, hier im Siegerland im Rothaargebirge, einiges berührt, verändert und geprägt, letztlich sogar zum ganz normalen Auftreten eines christlichen schwulen Männerpaares geführt. Daher, Papa, ist mir mein Freund, Manfred Bruns, ein bleibendes Vorbild seit den Anfängen der HuK. Manfred hat als Bundesanwalt an der Seite des Grünen Bundestagsabgeordneten Volker Beck entscheidend dazu beigetragen, dass die Lebenspartnerschaft 2000 und die »Homo-Ehe« 2017 in Deutschland Gesetz wurden. Darüber hinaus hat er jahrzehntelang gegen alle Widerstände einiger homophober Staatsanwälte und Richter gekämpft. Zu guter Letzt erreichte Manfred mit anderen schwulen Aktivisten nach sisyphosähnlichen Kämpfen die ersatzlose Streichung der §§ 175 und 175a und die Rehabilitation der davon geschändeten schwulen Männer. Ihre Würde wurde wiederhergestellt, indem man sie endlich aus der Verbrecherkartei strich und der Staat ihnen Wiedergutmachung leistete.

Als schwuler Pastoraltheologe erfuhr ich in meiner Emanzipationsarbeit auch von anderen engagierten Personen wie dem Stadtrat Harvey Milk aus den USA und dem deutschen Juristen Karl Heinrich Ulrichs, dem Sexualforscher Magnus Hirschfeld, dem schwulen Aktivisten Guy Hocquenghem aus Frankreich und dem unermüdlich kämpfenden Simon Nkoli aus Südafrika. Wertvolle Impulse erhielt ich von dem spirituellen Theologen und Seelsorger John J. McNeill und der zwischen den Eltern homosexueller Kinder und der katholischen Kirche Brücken bauenden Schwester Jeannine Gramick, die ich letzten Sommer während ihrer Pilgerreise durch Deutschland in unserer PSK-Gemeinde persönlich kennenlernen durfte. Sie alle gelten mir als Pioniere, ja hervorragende Propheten der lesbisch-schwulen Community. In ihrem Kampf gegen Homophobie, für die Würde der Person, für die Menschenrechte und die Gleichheit vor dem Gesetz sind sie trotz aller Anfeindungen in ihren Ländern couragiert aufgetreten. Darüber hinaus sind sie, stellvertretend für unzählige andere LGBTI*-Personen, für mich mit ihrer zentralen Botschaft des Coming-out – sich zugunsten einer normalen, gleichwertigen schwul-lesbischen Lebensart in aller Öffentlichkeit zu zeigen – zu herausragenden Vorbildern geworden.

»Wir waren schon immer da. Wir werden immer da sein. Wir haben diese Gesellschaft mitgeprägt. Wir sind ein Teil dieser Kultur.« Diese Sätze leuchteten uns, Papa, in der Vorhalle des Frankfurter Hauptbahnhofs im November 2017 entgegen, als Burkhard und ich die Ausstellung »WE ARE PART OF CULTURE« besuchten. Als ich zu meiner Freude eine Gruppe von Schülern dort entdeckte, war ich überzeugt, dass diese Schau auch zur Friedensentwicklung junger Menschen beitrug. Auf beeindruckenden übergroßen Postern zeigten die Initiatoren die Geschichten von lesbischen, schwulen, bisexuellen, transsexuellen, transgender und intersexuellen Persönlichkeiten mit ihrem jeweiligen Porträt. Ich war vollkommen überrascht, darunter Persönlichkeiten mit ihren Erfolgen, Fähigkeiten und Visionen aus allen Berufen und unterschiedlichsten Kulturkreisen zu entdecken.

Diese Entwicklung, Papa, macht mir Mut, dass die »gesellschaftliche Vielfalt auch in Deutschland ein hohes Gut ist, das es zu verteidigen gilt«, wie es Katharina Barley, die damalige Bundesministerin für Familie, Senioren, Frauen und Jugend im Vorwort zum Ausstellungskatalog schrieb.

Für eine gesellschaftliche Minderheit ist es notwendig, dass sie sich mit ihrer Vielfalt, Normalität und dem Anspruch auf gleiche Rechte permanent in aller Öffentlichkeit zeigt. »Niemand kann die Sache der Schwulen so gut vertreten wie Schwule selbst«, um noch einmal Harvey Milk sprechen zu lassen. Und er hat recht! Nur das von ihm geforderte massenhafte Coming-out, das Sichtbarwerden in ihrer Umgebung, führt dazu, dass die Stellung der homosexuellen Menschen in der Gesellschaft gefestigt und es so ermöglicht wird, damit sie nicht zuletzt auch in allen akademischen Disziplinen – Naturwissenschaften, Geschichte, Medizin, Archäologie, Politik, Philosophie und Theologie – zu sich selbst forschen und ihre Forschungsergebnisse vorlegen können.

Wie Du, Papa, öfter in meinen Briefen erfahren hast, gehen Burkhard und ich gerne auf kurze Städtereisen. Da wir keine längere Reise planen können, ist uns beiden Berlin stets ein bevorzugtes Ziel, da wir dort Freund*innen wiedersehen und selbst bei schlechtem Wetter interessante Museen erneut erleben können. Wegen des vielseitigen schwulen Lebens ist Berlin »unsere Metropole« schlechthin. In diesem Herbst erhielten wir zufällig, da alle anderen zentral gelegenen Unterkünfte ausgebucht waren, ein Zimmer in einem Hotel mitten im schwulsten Viertel der Stadt, am U-Bahnhof Nollendorfplatz. Hier ist das erste Mahnmal Deutschlands für die unter den Nazis ermordeten Schwulen entstanden. Wie ein Magnet zieht uns diese rosafarbene dreieckige Marmorplatte vor der Eingangshalle des Bahnhofs an. In großen Buchstaben steht dort:

TOTGESCHLAGEN
DEN
HOMOSEXUELLEN OPFERN
DES
NATIONASOZIALISMUS

Darunter steht auf einer Bronzetafel:

Der »ROSA WINKEL« war das Zeichen, mit dem die Nationalsozialisten Homosexuelle in den Konzentrationslagern in differierender Weise kennzeichneten. Ab Januar 1933 wurden fast alle rund um den Nollendorfplatz verteilten homosexuellen Lokale von den Nationalsozialisten geschlossen oder zur Anlegung von »ROSA LISTEN« (Homosexuellenkarteien) durch Razzien missbraucht.

Nur eine Viertelstunde Fußweg von diesem Mahnmal entfernt liegt das neue Schwule Museum am Tiergarten. Einer vertrauten Gewohnheit folgend, Papa, war ich auch im letzten Jahr in »unserem« Museum, das stets eine neue Schwerpunktausstellung, 2018 etwa zur Emanzipationsgeschichte lesbischer Frauen, hat. 2017 waren Burkhard und ich von der Winckelmann-Sonderausstellung »Auf der Suche nach dem Schönen« begeistert. Anlass der Ausstellung war sein 300. Geburtstag. Am frühen Morgen hatten wir das Glück, von einem Kunsthistoriker allein durch die Räume geführt zu werden. Bis ins Detail konnte er uns am Beispiel von Winckelmanns Bildern homoerotische Darstellungen offenlegen. Die Führung zeigte uns, dass Johann Joachim Winckelmann der erste Künstler war, der die sinnlich-homoerotische Seite der klassischen Kunst erkannte.

Ebenso ist uns zur vertrauten Gewohnheit geworden, das Paar Christian und Hartmut in Schöneberg zu besuchen. Der Fernsehregisseur Christian Modehn veranlasste mich 1986 nach seinen Dreharbeiten zum Film »Kirche und AIDS«, das Buch »AIDS-Station« zu schreiben. Zum Berliner Freund*innenkreis gehört außerdem Marga Rust-Riedel, die ich 1993 bei meinem Supervisionstraining in Stuttgart kennen und lieben lernte. Als leitende Krankenhauspfarrerin der Berlin-Brandenburgischen Kirche hatte Marga 1993 mit HIV-Infizierten, Erkrankten, deren Familienangehörigen und Freund*innen und anderen die »Ökumenische Aids-Initiative KIRCHE positHIV« gegründet. Obgleich Marga schon 87 Jahre alt ist, begleitet und unterstützt sie weiterhin mit ihrer Kollegin, Pfarrerin Dorothee Strauss, und anderen katholischen Seelsorgern die KIRCHE positHIV.

Vorletztes Jahr in Berlin nahmen Burkhard und ich uns Zeit, die Schwulenberatung in Charlottenburg-Wilmersdorf anzusehen. Das Angebot der Beratung für Lesben, Schwule, Bisexuelle und Transidente umfasst unter anderem die Themen Psychosoziales, Recht, Sucht, Medizinisches wie auch Themen zum Komplex Trennung und Scheidung. Neben den

Therapieangeboten sind in dem großen Gebäude Wohnungen von Schwulen, eine Behindertenwohngemeinschaft, die LGBTI*-Bibliothek und Gemeinschaftsräume unter einem Dach untergebracht. Als der gastfreundliche Pförtner von Burkhard erfuhr, dass wir in Frankfurt am Main ein schwules Wohnprojekt planten, ermöglichte er uns ein längeres Gespräch mit einem der Geschäftsführer im hübsch gestalteten Garten. Wir konnten von diesem Mitbegründer des einmaligen Projektes für unser eigenes Bauvorhaben viele wertvolle Anregungen und Impulse mitnehmen. Allein von der Berliner Klassenlotterie hat die Schwulenberatung über eine Million Euro an Zuschuss für ihre diversen Projekte erhalten.

Bestimmt wirst Du Dich jetzt fragen, Papa, wie kommt Burkhard zu diesem Bauvorhaben? 2014 erfuhr er im Rahmen seiner berufsbedingten jährlichen Fortbildungen bei der Architektenkammer Hessen von einem Berliner Architekten, dessen Schwerpunkt gemeinschaftliche Wohnprojekte sind. Burkhard war so begeistert, dass er sich einen Beratungstermin bei seinem Kollegen geben ließ. Mit vielen Anregungen und Plänen kam er davon nach Frankfurt zurück. Er war überzeugt, ein solches Wohnprojekt auch in unserer Stadt realisieren zu können. Als Gemeinschaftsmensch wollte Burkhard nicht isoliert mit mir alt werden, sondern wie Du, Papa, mit Familie, mit unseren Freunden das Leben teilen. Neben unseren eigenen Wohnungen wollen wir als schwules Wohnprojekt kulturelle und soziale Angebote, etwa Wohnen mit Bedürftigen, Geringverdienern und Flüchtlingen, für den Stadtteil gestalten. Tatsächlich vermochte Burkhard in den folgenden Monaten interessierte schwule Männer für dieses Projekt zu finden. Im Mai 2015 fand die erste konstituierende Gruppensitzung im Switchboard, einem lesbisch-schwulen Kulturzentrum mitten in der Frankfurter City, statt. Mit dem Namen »Baugruppe LebensRäume« wurden wir Mitglied im Frankfurter Netzwerk für gemeinschaftliches Wohnen.

Für mich, Papa, ist es – gerade jetzt als Rentner – eine äußerst einladende, außergewöhnlich neue Herausforderung, mit Burkhard und unseren Freunden zusammen das gemeinsame Wohnen als schwules Zukunftsprojekt zu gestalten. Es wird das erste schwule Wohnprojekt in Frankfurt sein. »*Gregor, für dich mit über 70 Jahren lohnt es sich doch nicht mehr, in dieser Baugruppe mitzumachen. Es ist doch fraglich, ob du jemals dort mit Burkhard einziehen wirst*«, sagte mir kürzlich mein Thekennachbar im Switchboard. Ich schmunzelte, und antwortete dem Skeptiker: »Ich schätze mich trotz meines hohen Alters glücklich, an diesem Pionierprojekt für schwules Wohnen in Frankfurt am Main mitwirken zu dürfen. Der mögliche Einzug mit Burkhard und meinen Freunden ist für mich daher sekundär.« »*Ja, dann kann ich als 53jähriger auch noch in eurer Gruppe ›LebensRäume‹ mitmachen. Wann ist der nächste Abend der Baugruppe?*« Vielleicht, Papa, hat mein Thekennachbar durch mein begeistertes Erzählen gespürt, dass es mir über unseren eigenen Wunsch nach neuen Lebensräumen in Gemeinschaft hinaus um ein schwules emanzipatorisches Zukunftsmodell geht, in dem andere, für mich total fremde schwule Männer selbst über meinen Tod hinaus wohnen werden und Lebensqualität erfahren.

Trotz aller Ohnmachtserfahrung nach mehrjähriger vergeblicher Suche nach einem passenden Grundstück werden wir in diesem Sommer in froher Runde im Haus am Dom bei einem Glas Wein unser Fünfjähriges feiern. Im Beisein zahlreicher Besucher*innen und Referent*innen aus Stadt und Land wollen wir ein Zeichen setzten, dass trotz aller Widerstände unser schwules Wohnprojekt in einem der Frankfurter Stadtteile einem Leuchtturm gleich einmal Realität wird.

Vorerst zum letzten Mal grüße ich Dich, Papa, mit diesen zuversichtlichen Zeilen,
in unveränderter Liebe verbunden, herzlich

Dein schwuler Sohn Gregor

Nachwort
Stückwerk wie alles im Leben!

»Kämpferische Gelassenheit« heißen die beiden Worte, die mir nach dem Lesen der bewegenden Briefe von Gregor Schorberger entgegenkommen. Nicht wenige meinen, dass Kampf und Gelassenheit sich nicht verbinden können. Die biografischen Briefe sind ein eindrückliches Beispiel, wie die spirituelle Grundhaltung einer engagiert-kämpferischen Gelassenheit überzeugend gelebt werden kann. Gregor nimmt die Lesenden mit auf seine innere Reise, die er dank der Kraft der Erinnerung sehr facettenreich beschreibt. Darin begegne ich einem Menschen, der seinem unerschöpflichen Wachstumspotential traut und es mit vielen Verbündeten kreativ-originell entfaltet und der zu seinen Widersprüchlichkeiten steht und auch zur Gefahr, sich grenzenlos zu überfordern. Kraftvoll und begrenzt sein, sind für Gregor keine Gegensätze, sondern die Grundlage zu einem mitfühlenden Engagement für Entrechtete, Ausgebeutete, Obdachlose und Verwundete. Emanzipatorisch wagt er den aufrechten Gang als schwuler, befreiungstheologischer und basisorientierter Mensch. Er blickt versöhnend auf sein Leben zurück, indem er mit befreiender Klarheit geschehenes Unrecht benennt, ohne jedoch in der Opferrolle stecken zu bleiben. Genau darum geht es in der Lebenseinstellung einer kämpferischen Gelassenheit: Schmerz und Verletzungen zu benennen, beharrlich Reformen einzufordern, ohne all das auszublenden, was bis jetzt schon an Veränderungen möglich geworden ist. Diese Gratwanderung gelingt ihm, weil er dank seinem dialogischen Lebensprinzip immer wieder versucht, bei sich selbst zu Hause zu sein, sich öffnet für neue Begegnungen auf Augenhöhe, in denen Wertschätzung und konstruktive Kritik einander ergänzen und er ahnt, wie er in einem größeren

Ganzen gut aufgehoben ist. Dialogisch bedeutet für ihn auch, seine Verwurzelung in der Herkunftsfamilie zu vertiefen, was er besonders im Dialog mit seinem Papa konkretisiert und in der Würdigung seiner Mama und seiner Familie. Die Frucht einer kämpferischen Gelassenheit heißt für ihn, sich mit seinem Weg zu versöhnen. Gregor tut dies nicht in einer falschen Versöhnlichkeit, indem er sich und andere im Stich lassen würde, sondern im Entfalten einer heilenden Wut, die im jesuanischen Friedensweg verwurzelt ist. So entgeht er einer verbitterten Härte, die ihn lähmen könnte, wenn er fixiert bleiben würde, auf die cholerischen Anwandlungen und Schimpftiraden seines Vaters, auf kirchenbedingte Depressionen, auf Unrechtsverhalten der Mächtigen in Kirche, Industrie, Justiz, Medizin und Politik. Als Pionier in der Aids- und Trauerseelsorge, als Gründungsmitglied der Ökumenischen Arbeitsgruppe Homosexualität und Kirche HuK, als kreativer Mitgestalter des Projekts »Schwul und katholisch in der Gemeinde Maria Hilf in Frankfurt am Main«, als Pastoralassistent im Bistum Limburg, als Buchautor ist er ein Brückenbauer, der trotz ernüchternder Rückschläge konsequent seinen Weg weitergeht: eben kämpferisch-gelassen.

Er versöhnt auch Lust und Spiritualität, indem er in einer befreienden Natürlichkeit von seinen erotischen Erlebnissen erzählt und sich sogar das Motorradfahren erlaubt! Seine engagierten Briefe lassen uns auch ein Stück Zeitgeschichte erkennen, vom zutiefst diskriminierenden § 175 bis zur Ehe für alle und vom offenen Spirit nach dem II. Vatikanischen Konzil, in dem junge Menschen in der Einzelbegleitung erfahren konnten, dass Katholischsein und Schwulsein kein Widerspruch ist, aber auch bis zur himmelschreienden Wirklichkeit, dass bis heute in den offiziellen Verlautbarungen der römisch-katholischen Kirche der § 175 immer noch besteht!! Gregor Schorberger tritt deswegen nicht aus, sondern auf. Er tut es zum Glück als Liebender zusammen mit seinem Weggefährten Burkhard, indem sie beide 2013 in ihrer kirchlichen Hochzeit öffentlich bezeugen, dass ihre Liebe ein Himmelsgeschenk ist, wofür ich als katholisch-ökumenischer Christ kein anderes Wort habe als Sakrament. All jene, die immer noch ängstlich-diskriminierend die Segnung gleichgeschlechtlich Liebender ablehnen – ein Verrat an der Liebe Gottes -, können in diesen authentischen Briefen erfahren, dass Gottes Geist weht, wo **sie** will und die Liebe immer stärker sein wird als ein angstbesetzter Machterhalt. Wie sympathisch, dass Gregor viele Verbündete würdigt, mit denen er pionierhaft Orte der Menschlichkeit geschaffen hat und im Pionierprojekt für schwules Wohnen in Frankfurt es immer noch tut. Deshalb bewegen mich diese Briefe zu einer großen Dankbarkeit, weil sie mich und sicher viele andere zu einem selbstbewussten, selbstverantworteten und selbstvergessenem Engagement ermutigen, ganz im Sinne vom Charles de Foucauld (1858-1916), der *»das Evangelium nicht durch Worte, sondern durch das Leben von den Dächern ruft«*.So wie es der Kleine Bruder Gregor bis heute tut!

Pierre Stutz, Osnabrück

Danksagung

Herzlichen Dank
für Korrektur, Impulse, Lektorat

Burkhard Cramer
Marlene Floegel
Winfried Hess
Georg Linde
Michael Ling
Christian Meier
Thomas Pregel
Sewastos Sampsounis
Ulrich Sander
Pierre Stutz
Sandra Thoms
Thomas Wagner

Junge Famile Schorberger auf der Gartenbank 1949

Oma Schorberger mit ihren drei Enkelkindern 1950

Kommunionkind mit Freund auf dem Heimweg 1957

Papa mit seinen Brüdern Gregor, Paul und Freundin 1935

Rastplatz: Wolfgang und Gregor auf Fahrradtour 1967

Schorbergers Wohnung über der Polizeiwache 1968

Pilger auf der Reise nach Taizé 1970

Abschied von Freiburg am Hbf mit Ruth und Khalil 1973

Demonstration gegen den Vietnamkrieg 1974

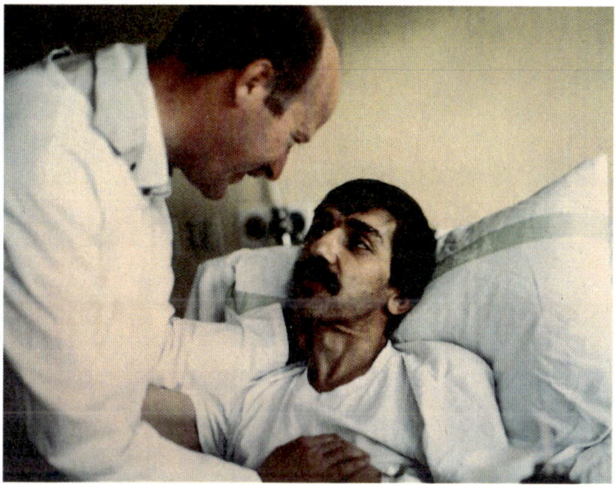

Patient mit Seelsorger auf der AIDS-Station 1985

Schulklasse zur Information über AIDS-Kranke 1988

Zusammenarbeit mit Schwester Adelheide Juchli 1989

Seelsorgeberatung 1989

Burkhard und Gregor in Sardinien 1997

Mama beim Spaziergang mit Marlene, Burkhard, Gregor 2007

Portrait des Zeitzeugen und PSK'ler Karl Greth 2007

Sr. Jeannine Gramick und Gregor beim geselligen
Beieinander. PSK'ler mit »New Ways Ministry« 2019

Kirche Maria Hilf: PSK-Gottesdienstfeier mit der Pilgergruppe »New Ways Ministry« aus den USA

Onkel Gregor, Geigenspieler und Namensgeber 1940

Stolperstein Jakob Khans vor seinem letzten Wohnsitz
Allerheiligenstraße 26 in Frankfurt am Main 2019

Biographisches

Gregor Schorberger wurde am 13. August 1947 in Essen-Karnap im Haus der Polizeiwache über einer Gefängniszelle geboren. Dort lebte er zusammen mit seinem Vater Johann Schorberger, geb. Skorupa, und seiner Mutter Elisabeth Schorberger, geb. Ruhl, mit seinen beiden älteren Schwestern Christiane und Marlene. Nach Volksschulzeit, Postlehre und Abendgymnasium trat er in die Ordensgemeinschaft der *Kleinen Brüder Jesu* ein und begann zuerst als Postulant in Frankreich und dann als Novize in Spanien sein spirituelles Leben. Es folgte ein Theologiestudium in Freiburg sowie eine Laufbahn in der Krankenpflege und als Pastoralreferent in der Klinikseelsorge bis zu seiner Rente in Frankfurt am Main. Sein Coming-out hatte er mit 25 Jahren in Freiburg. 1975 gründete er in Frankfurt am Main eine schwule WG. Seit 1972 ist er in der Emanzipationsarbeit tätig und engagiert sich in schwulen Gruppen, darunter auch christlichen. Neben seiner Glaubenskraft und seiner Liebe zu seinem Mann Burkhard, den er standesamtlich (2012) und kirchlich ein Jahr später (2013) geheiratet hat, sind weitere Hauptthemen seines Lebens seelsorgliche Begegnungen im Gefängnis, in der Flüchtlingsarbeit und in verschiedenen Krankenhäusern. In den letzten Jahren wurde die Auseinandersetzung mit seinem Vater, Essener Polizist in der Weimarer, Nazi-, und Bundesrepublikanischen Zeit, die Strafparagraphen § 175, § 175a und die Auseinandersetzung mit der permanent diskriminierende Haltung der römisch-katholischen Kirche gegenüber Lesben, Schwulen und transidenten Personen ein wichtiges Thema für ihn.

Von Gregor Schorberger sind bereits folgende Bücher veröffentlicht: »AIDS-Station – Wege humaner Begleitung. Interview mit Martin Dannecker« 1987. »Höre, was ich dir sagen will, Begleitung von AIDS-Kranken, eine Tonbildserie« 1988, »Geschichte der ökumenischen Krankenhausseelsorge an der Uni-Klinik Frankfurt am Main«, Dissertation 2002, und »Projekt: schwul und katholisch in der Gemeinde Maria Hilf, eine christliche Gottesdienstgemeinschaft von und für Schwule, Lesben und ihre Freund*innen« in Frankfurt am Main, Dissertation 2013.

Britta Röder

DAS GEWICHT ALLER DINGE

ROMAN

kartoniertes Buch
ca. 186 Seiten
Preis 13,00 EUR [D]
ISBN 978-3-95771-287-5
ET: Februar 2021

Ebook epub
ISBN 978-3-95771-288-2
Ebook PDF
ISBN 978-3-95771-307-0

Wer ist die junge Frau, die eines Morgens auf einer Parkbank aufwacht? Obwohl sie selbst keine Erinnerungen besitzt, löst sie bei jedem, dem sie begegnet, Erinnerungen aus. Ihre Spurensuche wird zum Sammeln fremder Lebensgeschichten. Oder sind diese anderen Geschichten vielleicht gar nicht fremd? Was verbindet sie mit dem trauernden Hochschullehrer Rolf? Was hat sie gemeinsam mit Charlotte, die mit ihr Erinnerungen aus der Zeit des Zweiten Weltkriegs teilt?

Je tiefer sie in die Leben der anderen eintaucht, desto intensiver kommt sie dem Leben selbst auf die Spur. Und mit der Erkenntnis, dass allem ein Gewicht anhaftet, steht sie schließlich vor der Entscheidung ihres Lebens.